사회복지행정론

김학만 지음

신정

머리말

사회가 진화되고 발전할수록 사회구성원에 대한 공동체 의식과 행복의 증진이라는 목표의식은 우리 모두의 관심사가 되고 있다. 지난 6 · 13지방선거의 지방정부 단체장 및 의회 의원 당선자 대부분은 지역주민의 삶의 질 향상을 위해 하나같이 사회복지에 대한 관심과 처방을 이슈로 삼았고, 그 덕분으로 선거에서 좋은 결과를 얻었다고 해도 과언이 아니다.

사회복지행정은 다원화된 사회에서 수많은 욕구를 가진 사회구성원들에게 사회복지를 하나의 정책으로 설정하여, 이를 제공하고 실천하는 방법에서도 현대사회의 특성에 따라 근원적인 변화를 필요로 하자 그 범위가 점차 확대된 공식적인 하나의 메커니즘이다.

요컨대, 사회복지영역에서 사회복지행정은 사회복지가 추구하는 목표를 구체화하는 합리적 과정이다.

본서는 사회복지행정의 목표와 과정을 사회복지의 시각에서 접근하여 설명하려는 핵심적인 의도가 있다.

사회복지행정의 필요성은 사회복지정책을 해석하여 적합한 실행계획으로 바꾸는 일과, 사회복지 서비스 활동을 조직하고 관리하는 일이라고 할 수 있다. 즉, 개별화되고 분화된 사회복지활동을 전체 사회적 목표 추구에 기여할 수 있도록 조정하고 지원하는 데 의의가 있다.

최근 사회적 욕구가 증가하면서 사회복지조직으로부터 서비스의 기대가 어느 때보다 높아져가는 만큼 효과적인 서비스를 위해 사회복지행정이 중요하다는 인식이 사회복지 실무자와 학계에 보편화되고 있다. 이러한 사회복지행정의 연구를 위해 학문적 특성과 소명에 대한 학자적 책임감을 배경으로 사회복지행정학분야에서 강의를 진행하면서 모아둔 강의록과 앞서 펴낸 교재들을 참고하여 본서를 출간하게 되었다.

본서의 구성 체계는 한국사회복지교육협의회에서 발간한 사회복지학 교과목 지침서의 사회복지행정론의 교과목 구성 내용을 근간으로 정리하였음을 밝혀둔다. 이는 이 과목을 수강하는 학생들에게 가장 기본적으로 알아야 할 내용을 보다 충실하게 밝히고자 하는 필자의 바람이기도 하다. 아울러 사회복지분야에 관심 있는 실무자와 학생들에게 사회복지사 1급 시험에 대비하기 위한 핵심내용을 분석 · 정리하여 도움을 주고자 하였다.

우리 사회에서 나타나는 사회적 갈등과 혼돈, 상대적 박탈감에 견주어 볼 때 1930년대 미국의 경제공황에 대한 불안과 걱정에 힘들어하는 국민들을 안심시키기 위해서, 리더(루즈벨트 대통령, Franklin Delano Roosevelt)의 불굴의 자세가 필요해 매주 『노변정담』(Fireside chat)을 통해 소통과 공감을 이끌어 내었다. 이러한 리더십이야말로 위기상황에서 국민들에게 감동을 주고, 진정한 소통을 통해 국민들의 마음을 움직인 리더십이라고 볼 수 있다.

이런 차원으로 필자는 사회복지현장의 전문가들과 교감을 넓히고자 사회복지현장의 목소리를 담기 위한 『노변정담』을 실천하고 있음을 밝혀둔다. 너무 감사한 일이고 보람된 자리라고 노변정담회원들에게 본서의 머리말을 빌려 표현하고자 한다.

이 책의 집필을 마치면서 학부와 대학원에서 사회복지행정론에 대한 아이디어를 공유해 준 학생들과 동료 교수님들께 감사드린다. 특히 권정만 박사와 황세현 선생의 헌신적인 도움은 본서가 세상에 빛을 볼 수 있도록 하는 데 큰 역할이 되었기에 고마움을 표하고자 한다. 아무쪼록 본서가 사회복지행정 분야의 이론과 실무에 다소나마 기여하기를 바라며 용기를 내어 세상에 내놓고자 한다.

2018년 8월 1일

식장산 기슭에서 김학만

차례

Chapter 03 사회복지행정조직의 이론

Chapter 04 사회복지행정조직의 구조와 유형

Chapter 05 사회복지행정조직의 환경과 조직문화

Chapter 06 사회복지서비스 전달체계

Chapter 07 리더십과 동기부여

Chapter 08 사회복지행정조직의 인적자원관리

Chapter 09 사회복지조직의 재정관리

Chapter 10 사회복지행정의 기획과 의사결정

Chapter 11 사회복지 프로그램 개발과 평가

Chapter 12 사회복지행정의 정보관리

Chapter 13 사회복지행정의 마케팅 · 홍보와 성과관리

표, 그림 차례

Chapter 01

사회복지행정의 개념과 특성

1. 사회복지행정의 개념
2. 사회복지행정의 필요성
3. 사회복지행정의 특성
4. 사회복지행정의 가치
5. 사회복지행정가의 자질과 역할

Chapter 01

사회복지행정의 개념과 특성

1. 사회복지행정의 개념

출제경향

- 협의의 사회복지행정과 광의의 사회복지행정을 비교하고, 일반행정과 사회복지행정의 공통점과 차이점을 정리하여 공부하는 것이 중요함.

핵심개념

- 일반적 개념: 사회복지정책을 사회복지실천으로 전환하는 활동으로 이해할 수 있음.
- 협의의 개념: 사회복지행정이 사회복지실천 방법의 하나로 간주됨.
- 광의의 개념: 사회복지행정은 사회복지 분야의 총체적인 집행 활동으로 간주됨.

1) 일반적인 사회복지행정의 개념

사회복지행정은 사회복지와 행정의 합성어로서 사회복지기관에서 사회복지서비스 대상자나 국민의 복지증진을 위하여 어떠한 목적을 설정하고 그것을 달성하기 위하여 노력해 나가는 조직 내에서 이루어지는 합리적인 협동 행위이다. 아울러, 수립된 사회복지정책을 보다 효과적으로 기획, 실천, 평가하도록 지원해주는 사회복지의 중요한 방법 가운데 하나이며, 궁극적으로 사람들의 사회적 기능을 강화하는데 목적을 두고 있다. 결국 사회복지행정이란 “사회복지행정의 목표를 달성하기 위한 두 사람 이상의 합리적 협동행위"라고 볼 수 있다. 이러한 사회복지행정의 개념 속에 내포된 특성을 정리해 보면 다음과 같다.

첫째, 사회복지행정의 목표는 사회복지정책을 사회복지서비스로 전환하기 위한 과정에서 설정되는 목표이다. 따라서 사회복지행정은 사회복지정책을 구체화하는 과정이다.

둘째, 사회복지행정의 목표 달성이란 사회복지조직이 사회복지서비스의 수혜대상자인 고객들에게 효율적으로 양질의 서비스를 전달하도록 기획·관리하는 과정이다.

셋째, 사회복지행정은 고도의 합리성을 추구한다. 합리성이란 목표에 대한 수단의 합리성을 말한다. 즉 사회복지행정 실천을 위한 합목적적인 행정행위를 말한다.

넷째, 사회복지행정은 협동적인 집단행동을 필요로 한다. 즉 두 사람 이상의 힘과 마음을 합한 노력 내지는 행동이다(김학만 외, 2005).

2) 협의의 사회복지행정

협의의 사회복지행정은 사회복지실천의 한 방법으로 관리자의 행정관리를 말한다. 이는 사회복지조직의 목표달성을 용이하게 하기 위해 조직관리자가 체계적으로 개입하여 수행하는 과정을 의미한다.

3) 광의의 사회복지행정

광의의 사회복지행정은 사회복지조직에서 다양하게 기여하는 조직구성원들이 협동하도록 조정하는 활동뿐만 아니라 국가의 사회복지정책을 사회복지서비스로 구체화시키는 데 필요한 사회복지 분야의 총체적인 활동을 말한다.

이해돕기 **사회복지행정의 구분**

협의의 사회복지행정	구분	광의의 사회복지행정
사회복지실천의 한 방법으로 관리자의 행정관리	개념	공공 및 민간기관을 포함한 사회복지조직 구성원들의 총체적 활동
사회사업행정으로 사회사업의 3대 방법(사회치료, 사회복지실천, 임상사회사업)과 같은 사회복지실천 방법	내용	인간의 사회적 기능을 향상시키려는 사회과학적 관리 과업

2. 사회복지행정의 필요성

출제경향 • 제11회에 출제된 적이 있음. 자주 출제되지는 않더라도 사회복지행정의 필요성을 이해하는 것은 사회복지행정론을 배우는 당위적인 측면에서 그 의미가 있음

1) 복잡한 사회 변동

산업화·도시화에 따른 복잡한 사회 변동은 빈곤·의료·주택 등 다양한 사회문제를 야기하였고, 사회 전체에 사회복지와 관련된 제도적·정책적 개입, 특히 조직활동을 기획하고, 실행하고, 평가하고 피드백하는 일련의 체계가 필요하게 되었다.

2) 인간과 사회의 상호연관성

인간은 사회적 체계와 관계 속에 존재하면서도 한편으로는 홀로 존재할 수밖에 없는 측면도 있다. 이로 인해 지역사회 내 네트워크를 통한 인적·물적 자원의 효율적인 연계에 주목하기 시작했고, 이러한 네트워크 측면에서의 합리적인 행정과정이 강조되고 있다.

3) 자원 배분의 효과성 및 효율성 향상

사회복지의 내·외부적 자원은 한정되어 있기 때문에 클라이언트에게 필요한 서비스를 적절히 제공하고 효율성을 배가시키기 위해서 전문적인 행정의 발달이 요구된다.

이해돕기 사회복지조직에서 행정활동이 없다면 발생할 수 있는 일들

- 클라이언트와 직원들은 기분이 내키는 대로 나타나기도 하고 사라지기도 할 것이다.
- 직원들은 매일 업무를 시작할 때가 되어서 무엇을 할지 결정할 것이며, 그 업무는 다른 직원들의 활동과 아무런 유기적 관련 없이 이루어질 것이다.
- 아무도 자신의 업무 또는 다른 사람의 업무에 대해 책임지려 하지 않을 것이다.
- 아무도 다른 직원과 어떠한 정보도 공유하려 하지 않을 것이다.
- 아무도 다른 사람의 업무나 프로그램 및 서비스에 대해 평가하려 들지 않을 것이다.
- 아무도 지역사회 내에서 조직이 현재 수행해야 할 역할에 대해 알지 못할 것이고, 조직의 미래에 대해서도 관심을 갖지 않을 것이다.
- 뚜렷한 리더도 없을 것이며, 직원들에 대해 분명한 역할 기대도 할 수 없을 것이다.
- 행동을 지도할 목표나 사명도 없을 것이다. 모든 직원들의 행동은 제멋대로 이루어질 것이다.
- 직원들의 지식과 기술을 향상시키기 위해 도울 수단이 없을 것이다.
- 과업의 위임도 전혀 없을 것이다.

3. 사회복지행정의 특성

출제경향 • 사회복지행정의 특성은 사회복지조직의 특성과 연관된 문제, 사회복지행정과 일반행정과의 공통점과 차이점을 구별하는 문제, 사회복지행정과 지역사회의 관련성에 대한 문제, 사회복지행정의 고유한 특성에 대한 문제가 출제되고 있음.

핵심개념 • 특성: 도덕적 가치, 사회적 책임성, 목표의 모호성, 기술의 불확실성, 전문가와 대상자의 상호작용, 성과를 측정할 척도의 부재
• 일반행정과의 비교(공통점): 문제해결과정, 목표달성을 위한 조력과정, 공공의지(public will) 실현
• 일반행정과의 비교(차이점): 일반행정 범위를 초월하는 사회복지분야의 지식 필요, 전문사회복지사의 활동에 의존, 지역사회 강조, 구성원의 행정과정 참여

1) 휴먼서비스를 기반으로 하는 사회복지행정의 특성

휴먼서비스로서의 사회복지행정은 인본주의를 지향하므로, 가치중립적이지 않고 가치지향적인 행정기술을 활용한다. 사회복지행정은 클라이언트와 조직의 변화라는 목표달성을 위해서 조직 간 연계와 협력을 강조하기 때문에, 변화하는 클라이언트의 욕구와 지역사회의 특성에 맞추어 조직의 목표를 끊임없이 수정할 수밖에 없다. 그러나 목표를 구체적이고 명확하게 설정하는 것은 쉽지 않다. 따라서 사회복지행정은 전문사회복지사에 대한 의존도가 높을 수밖에 없다.

2) 사회복지조직관리를 중심으로 하는 사회복지행정의 특성

(1) 도덕적 가치와 사회적 책임성

사회복지행정은 도덕적 가치에 기반으로 한 사회적 책임성을 갖고 있다. 사회

복지조직은 외부의 인적·물적 자원을 동원하여 비영리를 기초로 운영되므로 사회적 책임성에 대한 요구를 받는다. 따라서 사회복지조직에서 활용하는 기술은 사회적으로 정당성을 인정받아야 한다.

(2) 목표의 모호성

정부의 정책방향과 다양한 이해관계자 간의 목표를 수용하는 과정에서 조직의 목표는 한두 가지로 정의내리기 어려워, 모호하거나 불확실해질 수밖에 없다. 특히, 사회복지조직은 목표를 계량적으로 표현하기가 어려운 경우가 많다.

(3) 기술의 불확실성

인간은 복잡한 형태로 서로 연관되어 있고 다양한 속성을 지녔으며, 변동적이고 불안정한 존재이다. 인간을 대상으로 하는 사회복지행정 역시 이러한 속성을 가진다. 따라서 서비스를 제공하는 전문가의 재량에 의존하는 경우가 많으므로, 기술이 명료하지 못하고 불확실하다.

(4) 전문가와 대상자의 상호작용 강조

사회복지조직의 핵심 활동은 전문가와 클라이언트의 상호작용에 의해 이루어지므로, 전문가의 재량이 많이 발휘된다. 따라서 전문가와 클라이언트의 상호작용의 질이 조직의 목표달성에 중요한 요인이 된다.

(5) 성과를 측정할 척도의 부재

인간의 심리·정서적 변화 양상은 측정하기가 쉽지 않다. 사람을 대상으로 하는 심리·정서적 변화를 측정할 수 있는 신뢰도와 타당도가 확보된 척도를 찾기도 어렵다. 따라서 성과평가가 용이하지 않다.

3) 사회복지행정과 일반행정의 공통점

사회복지행정을 일반행정의 범주 안에 포함시키려는 입장에서 사회복지행정 지식과 일반행정 지식은 크게 다르지 않다고 볼 때, 둘의 공통점은 다음과 같다.

- 기본적으로 문제해결의 과정이다.
- 상호 관련된 부분들이 모여서 이루어진 체계이다.
- 조력과정을 공통적으로 요구한다.
- 인적·물적 자원을 동원하고 조직화하는 기능을 갖는다.
- 공공의지(public will)를 실현시키는 것과 관련이 있다.

4) 사회복지행정과 일반행정의 차이점

사회복지행정을 일반행정과 구별하여 그 둘이 서로 대등하다고 보는 입장에서 사회복지행정과 일반행정의 차이점은 다음과 같다. 즉 사회복지행정은 기본적으로 다음과 같다.

- 사회복지조직이 만들어 내는 서비스는 클라이언트의 욕구를 반영한 것이다.
- 지역사회의 정치·경제·사회적 변화에 관한 심도 깊은 지식과 관리 기술이 요구된다.
- 사회복지조직의 모든 구성원이 행정과 관리 과정에 참여하여 조직의 목표를 달성한다.
- 행정의 성패는 전문사회복지사의 업무수행 능력과 자질에 달려 있다.
- 클라이언트와 사회복지사의 관계가 효과성, 효율성에 영향을 미친다.

• 지역사회 주민의 욕구를 충족시키는 데 주요한 관심이 있으므로 지역사회와 밀접한 관계를 맺는다.

4. 사회복지행정의 가치

출제경향 • 사회복지행정의 가치는 매회 출제되었다. 사회복지행정의 가치에서는 효과성과 효율성의 개념 구분에 대한 문제, 접근성의 개념, 보편주의의 관점과 선별주의 관점에서 연관시킨 문제가 출제되고 있음.

핵심개념
• 효과성: 목표달성 정도
• 효율성: 투입대비 산출의 비율
• 공평성: 동일한 욕구를 가진 대상자에게 동일한 혜택 제공
• 접근성: 서비스에 대한 물리적 · 정보적 · 심리적 접근 정도
• 보편주의: 누구에게나 서비스를 제공하므로 공평성과 접근성의 가치를 반영
• 선별주의: 대상자의 자격과 조건 등을 엄격히 제한하여 서비스를 제공하므로 효과성과 효율성의 가치를 반영

1) 효과성

효과성은 결과 및 성과를 중시하는 개념으로 목표의 달성 정도를 말한다. 욕구충족이나 문제해결 과정에서 조직과 서비스가 어느 정도 유효한가를 뜻하는 것이다. 사회복지조직의 목표가 명확하게 설정되어 있어야만 그 달성 여부를 파악할 수 있다. 따라서 조직의 목표 설정이 선행되어야 효과성을 낼 수 있다.

2) 효율성

효율성은 투입과 과정을 중시하는 개념으로 최소의 자원으로 어떻게 최대의 효과를 거둘 것인가의 문제이다. 즉 가능한 한 적은 인적·물적 자원과 시간을 투입하여 많은 서비스를 제공할 수 있어야 한다는 것이다. 효율성은 자원이 한정되어 있는 사회복지서비스를 공급하는 데 중요한 가치이다.

한편, 자원의 한계를 넘어서 주어진 자원으로 최적의 서비스와 최대한의 만족을 클라이언트에게 주어야 한다는 뜻도 있다.

3) 공평성

공평성은 동일한 욕구를 가진 대상자에게는 동일한 혜택을 제공해야 함을 뜻한다. 다만, 기회의 평등이 확보되어 있어도 반드시 결과의 평등으로 이어지는 것을 의미하지는 않는다.

〈표 1-1〉 공평성의 두 차원과 개념

구분	개념	비고
수평적 공평성 〈보편〉	동일한 것을 동일하게 취급하는 것 (equal treatment for equals)	국민 모두가 한 표씩 투표
수직적 공평성 〈선별〉	상이한 것을 서로 다르게 취급하는 것 (uneqaul treatment for unequals)	기회균등, 의무교육, 의료급여

4) 접근성

접근성은 사회복지 대상자가 서비스를 쉽게 이용할 수 있도록 해야 함을 뜻한다. 접근성(편리성, 활용성)을 높이기 위해서는 시설의 위치나 교통수단과 같은 물리적 요소뿐만 아니라 서비스의 비화폐적 요소와 심리적으로 쉽고 편안하게 접할 수 있도록 서비스에 대한 홍보 같은 요소도 고려해야 한다.

5) 선별주의(selectivism)

선별주의는 사회복지대상자들을 사회적 · 신체적 · 교육적 기준에 따라 요건을 엄격히 제한하여 구분한 다음 복지서비스를 제공하는 것이다.

자산조사를 통해 원조의 필요가 인정되어 선별된 사람들로서 장애인, 무능력자, 도움이 필요한 노인, 빈민 등을 서비스의 대상으로 한다.

6) 보편주의(universalism)

보편주의는 사회의 모든 구성원들에게 정부가 서비스나 재정적인 원조를 제공하는 것이다. 별도의 자산조사를 하지 않으며, 특정한 인구 범주(아동, 장애인, 65세 이상 노인 등), 또는 시민/국민이라는 사실 외에 별도의 자격 요건을 필요로 하지 않는다.

〈표 1-2〉 선별주의와 보편주의 비교

구분	선별주의	보편주의
복지이념	잔여적 모형	제도적 모형
사회복지가치와 연계	효과성, 효율성	공평성, 접근성
예시	공공부조제도 빈민을 위한 공동주택	아동에 대한 의무교육 모든 65세 이상 노인에 대한 교통비 지급

5. 사회복지행정가의 자질과 역할

1) 사회복지행정가의 자질

조직을 유지하고 발전시킬 책임이 있는 사회복지행정가는 그 역할을 수행하기 위해서 우선 사회복지사로서의 지식과 기술, 경험, 그리고 사회복지사를 지휘·감독할 능력을 갖추고 있어야 한다. 다음으로 사회적 욕구를 충족시킬 수 있는 복지프로그램을 개발하고 발전시킬 수 있는 능력을 갖추어야 하며, 복지조직을 유지·관리·발전시킬 수 있는 지식과 경험이 있어야 한다.

2) 사회복지행정가의 역할

사회복지조직은 조직이나 그 구성원의 이익을 위해서가 아니라 클라이언트를 위해 존재하고, 서비스 활동의 성과를 객관적으로 계량화하기 쉽지 않다는 점에서 매우 독특하다.

따라서 사회복지행정가의 역할은 무척 중요하다. 프로그램을 관리·운영하고, 인간 상호 간을 연결하며, 주요한 의사결정을 내려야 하고, 주요 정보를 관리하는 등 다양한 기능을 수행한다. 행정가가 자신에게 부여된 역할과 기능을 충분하게 발휘한다면, 사회복지서비스의 효과와 능력이 제고되어 클라이언트의 욕구 충족 및 행정의 성과가 보다 향상될 것이다.

〈표 1-3〉 사회복지행정가의 다차원적 역할

구분	역할	사회복지행정가의 기능
인간 상호 간의 역할	명목상 수장	조직의 수장으로 특정한 상징적 의무를 수행한다.
	지도자	부하 직원들의 조직 목표를 달성할 수 있도록 동기를 부여한다.
	연락자	외부 정보체계와 상호 원조체계의 수립에 관계한다.
정보 제공의 역할	모니터	조직에 유용한 정보를 받아들여 취사선택한다.
	홍보자	수집된 중요한 정보를 받아들여 취사선택한다.
	대변인	외부 환경에 대하여 조직을 대변한다.
의사결정의 역할	기업가	새 프로그램의 시행과 현재 과정에서의 변화를 결정한다.
	갈등조정자	조직 내에 잠재된 위기 상황에 대처해야 한다.
	자원할당자	조직 내 다양한 단위 조직 간 자원 분배를 결정한다.
	협상자	단위 조직 간 적절한 환경을 유지하도록 협상하고 책임을 진다.

좀더 보기

1. 사회복지행정의 과정(POSDCoRBE)

사회복지행정의 목표를 달성하기 위한 일련의 행동 과정을 말한다.

기획 (Planning) 방법의 연구 → 조직 (Organization) 공식적 구조 → 인사 (Staffing) 우수한 인재의 노력 → 통제 (Directing) 효과적 능력 → 조정 (Coordinating) 기관 활동 상호연결 → 보고 (Reporting) 진행상황 점검 → 재무 (Budgeting) 활동 상황 지원 → 평가 (Evaluation) 기관 운영 핵심 사정(assessment)

2. 사회복지행정의 실천원칙(원리)

실천원칙(원리)	주요내용
사회복지 가치의 원칙	서비스 개발과 제공 과정에서 사회복지의 전문적 가치를 반영한다.
지역사회와 클라이언트 욕구의 원칙	지역사회와 지역사회 주민의 욕구는 사회복지관의 존립 및 프로그램 제공의 기반이 된다.
기관 목적의 원칙	기관의 사회적 목적은 명확하게 공식화되어 진술되고 이해되며 활용될 수 있어야 한다.
문화적 장의 원칙	지역사회의 문화를 충분하게 이해하고 이를 서비스 제공 과정에 반영한다.
의도적 연계의 원칙	효과적이고 의도적인 활동관계가 행정가와 직원 및 회원들 사이에 확립되어 행정가, 이사회, 직원 주민들 간에 합목적적인 업무 관련성이 확보되어야 한다.
기관 전체성의 원칙	기관은 총체성과 전체성의 관점에서 이해되어 개별 기관들은 상호 관련된 부분들로 이루어진 살아있는 유기체로 간주한다.

전문적 책임의 원칙	사회복지행정가는 공식화되고 전문적 실천의 기준에 기반을 둔 전문적 서비스를 제공할 책임을 가진다.
참여의 원칙	이사회, 직원, 주민들의 참여를 독려한다.
의사소통의 원칙	사회복지행정에서 개방적인 의사소통이 필수이므로 사회복지행정가는 의사소통 경로의 조성, 개방, 활용에 힘쓴다.
리더십의 원칙	기관의 목적 달성 및 전문적 서비스의 제공을 위해 리더십에 대한 책무성을 다한다.
기획의 원칙	지속적인 기획의 과정은 의미 있는 서비스 개발의 기본이 된다.
조직화의 원칙	사회복지행정에서 많은 사람들의 활동이 조직화된 형식으로 조성되어야 하며 그 책임과 관계가 명확히 규정될 수 있도록 구조화한다.
위임의 원칙	사회복지행정에서 여러 직원들에게 책임과 권한을 위임하는 것은 필수적이다.
조정의 원칙	사회복지행정가는 인적·물적 자원을 개발, 보존, 활용한다.
자원 활용의 원칙	사회복지행정가는 부서 간, 직원 간 효과적인 의사소통의 망을 만들어 구성원의 각 업무를 상호 조정한다.
변화의 원칙	사회복지행정가는 기관의 지속적인 변화를 유도한다.
평가의 원칙	기관의 목표를 달성하기 위해 기관의 운영과정과 프로그램을 지속적으로 평가한다.
성장의 원칙	도전적인 업무 배치, 세심한 슈퍼비전, 개인이나 집단 학습 기회 제공으로 모든 구성원의 성장과 발전을 촉진한다.

Chapter 02

사회복지행정의 발전과 영역

1. 한국 사회복지행정의 발전
2. 미국 사회복지행정의 발전
3. 사회복지행정의 영역과 범위
4. 사회복지행정의 주요 흐름
5. 사회복지행정의 과제
6. 4차 산업혁명과 사회복지 및 사회복지행정의 과제

Chapter 02

사회복지행정의 발전과 영역

1. 한국 사회복지행정의 발전

출제경향 • 한국 사회복지행정의 발달은 기틀 마련기에 해당하는 1961년 생활보호법 제정과 1970년 사회복지사업법 제정, 발달기에 해당하는 1992년 사회복지사업법 개정에 관련된 문제가 출제됨. 최근에는 전달체계의 개편에 대한 문제가 자주 출제되는 편이며, 최근 동향은 지방분권화, 민영화, 시장화, 서비스 공급 주체의 다원화 등도 출제되므로 잘 이해할 필요가 있음.

핵심개념

- 태동기(1945년 이전): 반열방(1906)과 태화여자관 설립(1921), 조선구호령 공포(1944)
- 기틀 마련기(1946~1970년대): 미군정(1946~1948) 구호 물품 중심, 생활보호법 제정(1961), 사회복지사업법 제정(1972)
- 발달기(1980~1990년대): 사회복지사 윤리 강령 제정(1982), 사회복지전문요원 배치(1987), 사회복지사업법 개정(1992), 보건복지사무소 시범운영(1995), 사회복지시설 신고제 변경(1997), 사회복지 시설평가제 도입(1997), 사회복지공동모금회 설립(1998), 한국사회복지행정학회 창립(1999)
- 확립기(2000~2010년대): 제도적 측면으로 국민기초생활보장제도 시행(2000), 사회복지사 1급 국가시험 시행(2003), 지역사회복지협의체 운영(2005), 주민생활지원서비스 전달체계 전면 시행 → 동주민센터명칭변경(2007), 희망복지전달체계 개편(공공 민간전달 체계, 사회복지통합관리망의 3분야 시범사업, 2009), 사회복지통합관리망 구축(수요자 중심의 전달체계, 2010)
- 최근(2010년대 이후~): 시·군·구 희망복지지원단 설치 운영(2012), 사회보장정보시스템 개방(2013), 사회보장정보원(2015), 행정복지센터(동 단위 지역사회보장협의체, 2016)

1) 사회복지 전문 활동의 태동기(1945년 이전)

단순한 자선이나 시혜의 성격이 강하였으며, 주로 종교적 동기나 봉사정신 차원에서 설립되고 운영되었으며, 조선총독부는 식민지 지배 통치의 일환으로 사회복지사업을 활용하였다.

1906년에는 인보관 성격의 반열방이 미국 감리교 선교사에 의해 원산에 설립되었고, 1921년에는 지금의 태화종합사회복지관인 태화여자관이 서울에 설립되었으며, 1944년에는 조선구호령*(전문 33조)이 공포되었다.

더보기	조선구호령*

"65세 이상의 노약자, 13세 이하의 유아, 임산부, 불구, 폐질, 질병, 상이 및 기타 정신 또는 신체 장애로 인하여 노동을 할 수 없는 자가 빈곤으로 생활이 불가능할 때에는 이 영에 의하여 구호한다"고 하여 생활보호법이 제정되기 전까지 우리나라 구호행정의 법적 근거가 되었다. 더불어, 근대적 의미의 공공부조의 시작이라는 점에서 의의가 있다.

2) 외국 원조기관 활동 및 사회복지행정의 기틀 마련기(1946~1970년대)

미군정하에서 일반적 구호 수준 차원에서 군정청과 위생국을 설치하여 공공복지를 제공했다. 1950년대에는 6·25전쟁 여파로 외국 원조기관에 의해 민간사회복지 기관이 설립되고 긴급 구호 위주로 이루어졌다. 이 시기에는 공공복지의 필요성은 인식되었으나, 전문적인 사회복지행정과 민간사회복지행정도 체계적으로 시행되지 못했다.

1960년대에는 1961년에 생활보호법*을 제정하여 저소득층 중심의 공공부조를 시행했다는 점이다. 1970년대에는 외국 원조기관의 철수와 지원액이 대폭 삭감되어 한국 정부의 재정부담은 증가되었다. 1970년에 사회복지사업법이 제정됨으로써 공공사회복지행정을 통해 민간 사회복지관에 대한 지원과 지도 · 감독을 할 수 있는 법적 근거가 마련되는 등 사회복지의 토착화 기반이 마련되었지만, 성장 위주의 경제 정책이 우선되어 사회복지행정은 더 이상 발전하지 못했다.

더보기	생활보호법*

생활 유지의 능력이 없거나 생활이 어려운 자에게 필요한 보호를 행하여 이들의 최저생활을 보장하고 자활을 조성할 수 있도록 제정한 법이다. 부양의무자가 없거나 부양의무자가 있어도 부양능력이 없는 자에 대하여 국가 등이 생계비 · 의료비 등을 지원하거나 시설 등에 수용하여 보호하는 것을 골자로 하며 이후 국민기초생활보장법의 모태가 되었다.

3) 사회복지행정의 발달기(1980~1990년대)

(1) 1980년대

1980년대는 여러 가지 사회문제가 증가하고 민주화 요구가 분출하면서 사회복지 관련법이 제 · 개정되고, 사회복지시설과 기관 건립이 활발해졌고, 상담이나 치료 전문 사회복지 기관의 필요성이 크게 인식되어 사회복지 전반에 큰 변화가 나타나는 시기였다.

사회복지서비스가 시설 위주에서 지역사회 보호로 전환이 시작되었다. 한편, 사회복지 전달체계를 개선해야 한다는 주장도 대두되어 사회복지행정에 대한 관심을 높이는 데 기여했다.

1982년 한국사회사업가협회의 사회복지사 윤리 강령이 제정되어, 사회복지 영역에서 전문가 책임과 역할에 대한 인식이 확산되었다.

1987년에는 저소득층 밀집지역 동사무소에 사회복지전문요원*이 배치되어 공공사회복지행정이 본격적으로 발달하는 전환점이 되었다.

(2) 1990년대

1990년대는 신보수주의의 영향으로 민간부분의 역할과 책임이 강조되었다. 사회복지법인이 종합사회복지관을 중심으로 사회복지기관을 설립하거나 위탁·운영함으로써 민간사회복지행정의 중요성이 부각되었다.

1992년 사회복지사업법이 개정되어 사회복지전담공무원과 사회복지사무소 설치의 법적 근거와 사회복지 직렬을 5급까지 설치하는 등 공공사회복지행정 인력의 제도화 발판이 마련되었다. 1995년부터는 보건과 복지 업무를 통합하고자 보건복지사무소를 시범적으로 운영했다.

1997년에는 사회복지사업법이 전면 개정되었다. 사회복지시설 설치가 허가제에서 신고제로 변경되고, 사회복지 시설평가제도가 도입되어 민간 사회복지서비스의 참여 기회 확대와 시설의 설치 및 운영의 개방성과 투명성이 높아졌다.

1998년에는 사회복지공동모금회가 설립되어 민간 사회복지조직과 재정의 자율성이 강화되는 방향으로 발전했다. 1999년에는 한국사회복지행정학회가 창립되어 사회복지행정 분야의 학문적 기틀이 마련되었다.

더보기	사회복지전문요원*

- 사회복지 업무의 효율적 추진을 위해 지방자치단체의 장이 사회복지사 자격을 갖춘 사람을 선발하여 저소득층 밀집지역 행정기관에 배치한 지방공무원을 말한다.
- 주요 업무는 생활보호 대상자 조사를 비롯하여 보호금품 지급과 생계보호, 직업훈련, 생업자금 융자, 취업알선 등의 자립 지원, 개별 상담 및 사후관리, 생활보장 대상자를 위한 후원금품 지급이나 후원자 알선 등이다.
- 사회복지전문요원의 배치와 활동으로 인해 사회복지서비스는 사회복지 전문가에 의해 제공되어야 한다는 인식 확산의 계기가 되어 공공사회복지행정이 본격적으로 발달하는 전환점이 되었다.

4) 사회복지행정의 확립기(2000년대~현재)

(1) 2000년대

2000년에는 국민기초생활보장제도가 시행되어, 요호보자를 당당한 권리가 있는 수급권자로 변모시켰으며, 수급 범위가 확대 되고 신청자가 급증하면서 사회복지행정 인력을 대거 확충했다. 2003년에는 제1회 사회복지사 1급 자격 국가시험이 시행되었다. 2004년에는 사회복지사무소를 시범적으로 운영하였고, 2006년부터는 주민생활지원서비스로 개편하였다.

2005년에는 시 · 군 · 구에서 지역사회복지협의체를 운영하였다. 2007년에는 주민생활지원서비스 전달체계를 전면적으로 시행했고, 동사무소를 동주민센터로 명칭을 변경했다. 2009년에는 희망복지 전달체계 개편 방안에 따라 공공전달체계, 민간전달체계, 사회복지통합관리망 등 크게 세 가지 분야로 시범사업을 시작했다.

2010년에는 사회복지통합관리망을 구축하여 지방자치단체에서 개인별 · 가구별로 통합관리하고, 복지급여 부정 및 중복 수급은 물론 서비스 누락을 원천적으로 차단함으로써 수요자 중심의 전달체계를 통한 국민의 복지체감도를 높이고자 했다.

(2) 2010년대 이후

2012년 4월에는 지역 단위 수요자 중심의 서비스 전달체계 구축의 일환으로 시 · 군 · 구에 희망복지지원단을 설치 · 운영함으로써 복지 이외의 다양한 서비스를 통합적 · 맞춤형으로 연계 제공하여 대상 가구의 복합적 요구에 효과적으로 대응, 복지체감도를 향상시켰다.

2013년에는 사회보장정보시스템을 완전 개통하여 각 부처별 복지사업 정보를 연계, 개인별 · 가구별 복지서비스 이력을 관리하면서 대상자의 부정 · 중복 수급을 차단하고 중앙 부처 복지사업 정보를 제공하였다.

2015년 7월에는 사회보장정보원이 출범하여, 복지 사각지대 대상자 발굴을 강화함으로써 사회보장망을 더욱더 강화해 나가고 있다.

2016년에는 동주민센터를 행정복지센터로 명칭을 변경하고, 동 단위 지역사회보장협의체를 중심으로 지역사회보호체계를 구축하여 민관협력을 강화해 나가고 있다.

더보기 **사회복지서비스 전달체계 개편의 역사***

보건복지사무소 시범사업 → 사회복지사무소 시범사업 → 주민생활지원서비스(동사무소→ 동주민센터) → 희망복지지원단 → 동복지허브화(동주민센터→행정복지센터)

2. 미국 사회복지행정의 발전

출제경향

- 미국 사회복지행정의 발전을 보면, 과거에는 정체기(1960년대)와 발달기(1970~1980년대) 위주로 출제되었으나 최근에는 도전과 응전기인 1990년 이후의 역사가 많이 출제되는 편이다.

핵심개념

- 인식기(19세기 중반~1920년대): COS와 인보관, 밀포드회의 개최
- 기초 정립기(1930~1950년대): 사회보장법으로 공공사회복지행정 확대
- 발달기(1960년대): 존슨 대통령의 "위대한 사회, 빈곤과의 전쟁"
- 침체기(1970~1980년대): 사례관리 도입, 서비스 구매계약, 보조금 지급 확대
- 도전과 응전기(1990년대 이후): 신자유주의적 기조, 서비스 공급 주체 확대, 영리조직의 경영기법 도입, 공공기관과 민간기관의 구분 모호

1) 사회복지행정의 인식기(19세기 중반~1920년대)

남북전쟁 이후 각종 사회문제 해결을 위해 자선조직협회(COS: Charity Organization Societies)와 인보관*(settlement house)이 활동하기 시작했다. 그 뒤 사회복지서비스가 증가하면서 사회복지 기관의 수도 늘고 운영에 대한 관심도 증가하였다. 특히 1929년에 개최된 밀포드(Milford) 회의에서 개별사회사업, 집단사회사업, 지역사회조직, 사회복지조사와 함께 사회복지행정이 실천방법으로 인정받았다.

이해돕기 **인보관*(settlement house)**

1886년 스탠튼 코미트에 의해 미국 최초의 세틀먼트로서 뉴욕에 설립되었다. 숙련노동자의 직능별 조합에 대응해 미숙련노동자가 많이 살고 있는 거리에 상호부조 조직의 지도를 목표로 길드라 이름 지었다. 런던의 토인비 홀의 영향을 받은 이 시설이 단서가 되어 헐 하우스 외에 수많은 세틀먼트를 미국에 발달시키게 되었다.

출처: 이철수(2013). 사회복지학사전.

2) 사회복지행정의 기초 정립기(1930~1950년대)

1930년대 초 경제대공황으로 인한 대량 실업과 빈곤의 문제 연방정부가 직접 개입하면서 미국의 공공 사회복지는 큰 변화를 겪게 되었고, 사회복지사(Social Worker)는 행정 지식과 기술을 필요로 했다.

1935년 사회보장법 제정과 공공 부문 사회복지 수요 증가와 같은 공급 복지 부분의 변화로 인해 사회복지행정은 점차 그 영역을 확대해 갔다.

1940년대 제2차 세계대전은 공공 부문에 대한 사회복지 수요가 증가하는 계기가 되어, 개별 사회사업 중심의 직접적 실천가 양성에서 공공복지 부문의 행정가 양성으로 교과과정의 방향을 전환하게 되어 사회복지행정의 기초가 형성되었다.

1950년대에는 공동모금이 전국 단위로 확대되면서 미국 사회복지공동모금 협의회로 발전했다. 특히, 1952년 미국 사회복지교육협의회에서 대학원 교과과정에 사회복지조직과 행정을 포함시키면서 사회복지행정의 개념과 학문적 기초가 정립되기 시작했다.

3) 사회복지행정의 정체기(1960년대)

1960년대 빈곤과의 전쟁* (War on Poverty; 1964년의 린든 B. 존슨 대통령)에서 사회복지기관이 제대로 된 역할을 못해 불신이 팽배되어 주민스스로 문제를 해결하고자 하는 사회운동으로 나타났다. 따라서 공공 사회복지행정기관보다 지역사회사업이 활발해지기 시작하였다.

더보기	사회복지행정의 정체기: 지역사회사업의 발달과 사회복지행정의 발달은 양립할 수 없는가?

사회복지행정의 정체기에는 지역사회사업의 발달과 사회복지행정의 발달은 양립할 수 없는 것으로 보이지만, 향후 사회복지행정의 발달기에 지역사회사업 지식이 바탕이 되어 사회복지행정 지식이 더욱 더 확장되기도 했으며, 사회복지행정 지식과 중복되기도 했다. 결국, 지역사회사업과 사회복지행정은 서로 밀접한 관계를 가지며 상호 발전된 셈이다.

4) 사회복지행정의 발달기(1970~1980년대)

1970년대 정부의 사회복지 재정 긴축정책에 따라 사회복지행정에 대한 관심은 증가하였다. 효과적이고 효율적인 사회복지서비스를 계획 · 유지 · 관리 · 평가하기 위한 새로운 관리 기법(대표적인 예: 사례관리기법)이 사회복지행정 영역에 도입되었다. 이러한 사회적 요구에 부응해 대학에서는 사회복지행정교육을 급

속도로 확대시켰다. 한편, 사회복지행정 관련 전문 문헌과 잡지 등이 대량으로 출간되어 사회복지행정의 학문적 정체성 확립에도 일조했다.

1980년대는 사회복지분야에서 연방정부의 역할을 축소시키고 공공서비스의 민영화*가 시도되었다. 서비스 구매계약과 보조금 지급이 확대되자 민간 사회복지 기관이 속속 생겨나게 되었고 사회복지행정 인력이 필요하게 되었다. 사회복지 영역에서 사회복지행정은 중요한 위치를 점하게 되었고, 사회복지실천과 사회복지행정을 연결시키려는 노력이 늘어났다.

이해돕기 **레이거노믹스***

미국 제40대 대통령 도날드 레이건(재임 기간 1981~1989)에 의해 추진된 경제 회생정책을 이르는 표현으로 '레이건'과 '이코노믹스'의 복합어이다. 연방정부의 역할 축소, 공공서비스의 민영화가 특징이다.

5) 사회복지행정의 새로운 도전과 응전기(1990년대 이후)

1990년대 미국은 보수화 경향과 신자유주의 기조 확산으로 인해 공공조직의 퇴조와 사회복지서비스 공급 주체의 다원화로 인해 민간의 역할을 증대시켰고, 민간의 역할이 강화되면서 복합적인 복지조직이 출현하게 되었다.

영리조직의 경영방식과 경영기법이 사회복지기관에 도입되었고, 컴퓨터의 발달로 인해 정보시스템이 대폭 강화되었으며, 정보화는 기관 간 연계와 네트워킹을 활발하게 하였다.

또한, 다양한 형태의 사회복지조직이 늘어나면서 사회복지행정 분야의 핵심인 최고 관리자의 리더십, 인적자원 개발 등에 대한 관심도 높아졌다.

결론적으로 최근 30여 년 동안 미국의 사회복지행정은 공공복지행정과 민간

복지행정을 막론하고 급격한 사회변화로 인해 전통적인 조직관리와 행정가의 역할에 큰 변화가 일어나고 있었다. 21세기에는 이러한 환경변화를 정확히 예측하고 효율적으로 대응하기 위해서 새로운 경영철학과 기법이 대거 사회복지행정에도 도입되어 적용될 것으로 전망된다(김학만 외, 2005).

3. 사회복지행정의 영역과 범위

핵심개념

- 사회복지행정의 영역: 사회사업행정, 사회복지행정, 사회행정으로 나눠 개념을 파악함.
- 사회복지행정의 범위: 수평적 관점, 수직적 관점, 관리기술적 관점으로 나눠 사회복지행정의 범위를 파악함.

1) 사회복지행정의 영역

사회복지행정의 관심은 전문직과 외부 사회의 관점을 연결하고 조정하는 역할을 수행하는 데 있다. 단순히 사회사업 전문직만을 위한 것이 아니라 휴먼서비스의 제반 전문직들이 함께 사회복지적 목표를 달성하도록 사회복지조직이나 프로그램들을 운영 관리하는 것이 목적이다. 이와 같이, 사회복지행정은 사회사업행정과 사회행정의 중간에 위치한다.

〈표 2-1〉 사회복지행정의 3가지 성격

구분	사회사업행정	사회복지행정	사회행정
관점	전문직(실천과 많은 관련이 있음)	전문직과 외부사회 시각의 혼합	전체 사회적 시각
기능	잔여적 기능	잔여적-제도적 기능 혼합	제도적 기능
지식과 기술	전문직의 기존 3대 사회사업방법론(개별사회사업, 집단사회사업, 지역사회조직)에 기초	휴먼서비스조직의 경영에 필요한 일반 사회 과학적 지식	전체 사회적 욕구와 자원 배분에 관한 지식
개인과 환경	개인의 치료에 관심	개인과 환경의 상호작용	구조, 환경의 변화

사회복지행정의 역할은 사회적 이념이나 정책을 해석하여 적합한 실행계획으로 구체화하고 한편으로는 서비스 활동을 조직하고 관리하는 일까지도 포함하게 되는데 이를 정리해 보면 다음과 같다(Sarri, 1987).

① 사회적으로 부여된 임무를 실행 가능한 정책과 목적으로 전환
② 프로그램 디자인과 실행
③ 자원(물적, 인적, 클라이언트, 사회적 인정 등) 확보와 할당
④ 조직 내부와 조직들 간의 운영을 관리
⑤ 인력관리와 슈퍼비전
⑥ 조직을 대표하고 사회적 관계 담당
⑦ 지역사회교육
⑧ 조직 생산성을 위한 감독, 평가 혁신

2) 사회복지행정의 범위

사회복지행정의 범위를 수평적, 수직적, 관리 기술적 관점으로 나눠 살펴볼 수 있는데 이를 정리하면 다음과 같다.

(1) 수평적 관점

사회복지행정의 영역을 평면적으로 보았을 때 그 속에 포함될 수 있는 다양한 사회복지행정 관련활동과 요소에 따라 조직관리, 환경관리, 자원관리, 프로그램 관리로 구분할 수 있다.

- 조직관리(organizational management): 조직의 유지발전을 위한 내부구조 형성, 조직기술, 조직문화, 리더십 분야
- 환경관리(environmental management): 조직에 영향을 미치는 환경적 요소를 관리하고 타 조직과의 관계를 유지 · 관리하는 분야
- 자원관리(resource management): 인적자원관리(직원선발, 직무분석, 평가, 직원개발), 물적 자원 관리(예산편성, 집행, 자원동원) 분야
- 프로그램 관리(program management): 프로그램 기획, 실행, 모니터링, 평가 분야

(2) 수직적 관점

사회복지조직 구성원이 행정활동 또는 관리활동에 관여하는 범위와 수준에 따라 정책영역, 관리영역, 서비스영역으로 구분할 수 있다.

- 최고관리자(top manager): 외부환경과의 관계를 중심으로 하는 활동으로 정부의 법령관련 업무, 이사회관련 업무, 지역사회와 관련되는 내용으로 정책(policy)활

동을 한다.

- 중간관리자(middle manager): 조정 · 통제를 중심으로 하는 활동으로 인사관리, 재무관리, 프로그램 관리 등을 내용으로 관리(management)활동을 한다.
- 일선관리자(supervisor): 서비스 전달과정 관리를 중심으로 하는 활동으로 클라이언트 관리, 문서 관리, 기록관리 등을 내용으로 서비스(service)활동을 한다.

(3) 관리 기술적 관점

사회복지조직의 관리자가 행정활동에서 필요한 관리기술의 유형에 따라 개념적 기술, 인간기술, 기능적 기술로 구분할 수 있다.

- 개념적 기술(conceptual skills): 조직의 비전을 제시하고 문제 상황을 규정하고 해결하는 기술
- 인간기술(human skills): 사람을 다루는 기술로 조직 내에서 필요불가결한 기술이며 모든 관리자에게 공통적으로 요구되는 기술
- 기능적 기술(technical skills): 상담, 사례관리, 프로그램 기획과 점검 등 클라이언트에게 서비스를 전달하는 데 필요한 기술

4. 사회복지행정의 주요 흐름

> **핵심개념** • 사회복지행정은 경쟁강화, 민영화 경향, 재구조화 경향, 마케팅 활성화, 기업 경영적 행정, 품질 관리 강화, 결과에 대한 강조, 전략적 기획 경향, 대변자 역할 중시, 클라이언트 중시 등의 경향을 보이고 있다.

신자유주의의 영향으로 사회복지행정 분야에서도 상당한 변화가 일어나고 있다. 기관들 간의 경쟁이 강화되고, 민영화가 가속화되며, 기업의 경영기법을 더 많이 수용하는 등 사회복지기관의 행정가가 적극적으로 대응하지 않으면 안 되는 상황이 벌어진 것이다. 사회복지행정의 주요 흐름을 정리해 보면 다음과 같다.

① 경쟁 강화

전통적으로 사회복지기관 간의 관계는 상호 협조적이었으나 최근 들어 기금, 프로그램, 클라이언트를 놓고 기관들 간의 경쟁이 강화되고 있다.

② 민영화 경향

공공 휴먼서비스기관의 운영권이 민영화 계약을 거쳐 민간기관으로 이양되고 있는 추세가 더욱 가속화될 전망이다.

③ 재구조화 경향

민영화와 정보기술의 발전으로 기관 규모를 축소 또는 확대하거나 전문화하고 있으며, 기관 간의 경계가 모호해지고 있어 재구조화 필요성이 증대하고 있다.

④ 마케팅 활성화

전통적인 기획과 욕구사정 기술의 중요성이 줄어들고 있어 기관의 서비스와 프로그램에 대한 마케팅 기술의 중요성이 커지고 있다.

⑤ 기업 경영적 행정

프로그램 수행 전문가보다는 새로운 정책, 프로그램, 협력, 모금 등에서 창조적이고 기업가적인 자세를 가진 행정가를 원하고 있다.

⑥ 품질관리 강화

서비스의 질 관리가 중시되고 클라이언트를 대상으로 하는 서비스 만족도 조사 등 클라이언트의 피드백을 활용하는 방법이 선호된다.

⑦ 결과에 대한 강조

과정보다는 산출과 결과가 더 중시되고 있는데, 전문적인 교육, 훈련, 직무경험이 반영되고 있고, 직무수행의 측정, 실무적 예산 수립, 계약 실무가 강조된다.

⑧ 전략적 기획 경향

외부 환경적 요인, 잠재적 클라이언트, 프로그램, 기관에의 영향 등을 사정하고 평가하는 데 있어서 보다 체계적인 접근을 하게 된다.

⑨ 클라이언트 중시

환경의 변화와 함께 클라이언트가 다시 사회복지행정의 중심이 되고 있다.

5. 사회복지행정의 과제

사회복지서비스의 속성을 인간, 조직, 환경의 측면으로 크게 구분하고, 그에 따른 사회복지행정의 특성과 과제들을 요약해서 살펴보면 다음과 같다.

① 인간적 측면

사회복지서비스는 인간을 대상으로 인간에 대한 직접적인 서비스를 제공한다. 인간이 대상이자 결과물이 되므로, 인간의 존재 가치와 도덕성, 정체성, 개별성 등의 속성이 서비스 과정에서 반영되어야 한다.

② 조직적 측면

사회복지서비스는 조직적 과정을 통해 전달되며, 워커와 클라이언트간의 전문적인 상호작용을 통해 이루어지므로 분화된 조직 기능의 체계적인 연계를 통해서만 서비스의 효과성이 신장된다.

③ 환경적 측면

사회복지조직은 환경에 의존적이어서 환경 요소의 변화에 많은 영향을 받는다. 따라서 제반 환경 요소들이 사회복지서비스와 조직에 미치는 영향에 대해 지속적으로 관심을 갖고 모니터링이나 관리를 해 나가야 한다.

〈표 2-2〉 사회복지행정의 특성과 과제

속성		사회복지행정의 특성과 과제
인간	가치와 도덕성	몰가치적 행정 배격 인간과 사회에 대한 휴머니즘 가치에 입각한 행정
	전일성과 개별성	전일적 접근 방식의 행정 구현 개별화된 클라이언트의 욕구를 구현하기 위한 행정
환경	의존성과 역동성 탄력성과 유연성	환경 요소의 영향에 대한 지속적인 관심과 관리 환경적 변화에 대한 탄력성과 유연성 구비 전략적 기획과 관리
	다면적 가치	혼합적 관리 다양한 기준의 책임성과 요구에 대한 관리
조직	전문적 상호작용과 공동 생산	전문가와 클라이언트의 창의성, 자발성, 역동성 발현을 위한 참여적 수평적 조직 구조의 구축
	조직 간의 체계적 연관성	초조직적, 개방적 조직체계의 구축 조직 간의 통합과 연계를 중시하는 행정의 구현

출처: 김영종(2010). p. 57.

6. 4차 산업혁명과 사회복지 및 사회복지행정의 과제

사회복지기관 종사자는 4차 산업혁명으로 인공지능형 로봇이 인간의 일자리를 대신할 수 없는 직종으로 더욱 강화되고 중요한 업무로 부각되고 있다. 그러므로 사회복지 전문성은 인간관계, 의사소통, 공감서비스 등과 같은 하이터치의 감성교육이 더욱 강화되어야 변화하는 미래의 사회복지 정체성에 대응할 수 있을 것이다. 아울러 복지 현장에서의 사회복지 전문성은 다양한 기술의 융합뿐만 아니라 클라이언트 중심의 인간적인 감성, 공감, 감동의 서비스를 실천할 수 있는 전문성 강화와 미래사회의 변화에 따른 대면서비스의 기술 강화, 창의성과 관리능력을 갖추어야 할 것이다.

또한, 4차 산업혁명은 경제성장의 새로운 동력임에도 불구하고 빈곤과 양극화를 심화시킬 우려를 내포하고 있다. 실업의 확대, 빈곤층의 확대는 기초생활을 보장하기 위한 새로운 사회복지제도를 필요로 한다. 전반적인 사회복지의 확충과 함께 기본소득제도의 도입이 적극 검토되어야 한다. 아울러 실업에 대응하기 위한 노동복지제도의 확충이 요구된다. 4차 산업혁명에 따른 직무 및 직업 유동성의 증대는 개별 노동자에게는 불안정성의 증대를 의미한다. 실업상태에 빠지기 쉽고 새로운 일자리를 얻기 위한 직업재교육의 필요성이 커지고 있다. 따라서 실업과 직업재교육 기간 동안 생활을 영위할 수 있는 경제적 토대를 제공할 수 있는 사회안전망의 구축이 매우 중요한 의미를 지니게 된다.

더 나아가, 4차 산업혁명이 초래할 사회경제적 문제점들에 대응하기 위해서는 앞서 언급한 몇 가지의 사회복지 정책적 대응뿐만 아니라 전반적인 사회시스템의 전환이 요구되는 시점이라고 볼 수 있다.

Chapter 03

사회복지행정조직의 이론

1. 사회복지행정조직 이론의 유형
2. 전통적 조직이론
3. 현대적 조직이론

Chapter 03

사회복지행정조직의 이론

1. 사회복지행정조직 이론의 유형

핵심개념
- 조직이론의 발전 역사는 일종의 학파분류로 시대를 구분하는 것이 전통적인 구분방법
- 조직이론의 분류는 이론의 등장시기뿐만 아니라 이론의 내용 또는 조직관을 동시에 살펴봄으로써 조직이론의 경향과 변천 과정을 학자별로 정리할 필요가 있음.

1) 왈도(Waldo)의 조직이론 변천

왈도는 조직이론이 고전적 이론, 신고전적 이론, 현대적 이론으로 변천하였다고 주장하였다. 그러나 이러한 분류법은 1970년대 이후 발전된 다양한 조직이론을 현대이론으로 총괄하는 문제점이 있다.

2) 스콧트(Scott)의 조직이론 변천

현대적 조직이론을 살리면서 조직이론을 보다 포괄하는 분류방법으로 스콧트

(Scott)는 두 가지 차원, 즉 조직 환경에 대한 관점의 포함 여부(폐쇄적 혹은 개방적 관점)와 인간이나 조직을 합리적(rational) 존재로 인식하는가 혹은 자연적(natural) 존재로 인식하는가를 기준으로 조직이론을 네 가지로 분류하였다.

〈표 3-1〉 조직이론의 네 가지 분류

두 가지 차원의 관점		조직의 환경에 대한 관점	
		폐쇄적	개방적
인간이나 조직에 대한 관점	합리적	**폐쇄적-합리적 조직이론** • 개념: 조직을 외부환경과 단절된 폐쇄체계로 이해하며, 조직구성원들이 합리적으로 사고하고 행동하는 것으로 간주한다. • 시기: 1900년대~1930년대 • 조직이론: Taylor의 과학적 관리론, Weber의 관료제론, 행정관리론 • Waldo의 고전적 조직이론	**개방적-합리적 조직이론** • 개념: 조직환경론적인 관점을 강조하지만, 조직이나 인간의 합리성 추구를 다시 강조한다. • 시기: 1960년대~1970년대 • 조직이론: 체계이론, 구조적 상황이론 등 • Waldo의 현대적 조직이론
	자연적	**폐쇄적-자연적 조직이론** • 개념: 조직을 외부환경과 단절된 폐쇄체계로 보지만, 조직구성원들을 자연적 관점으로 보는 것으로 조직구성원의 인간적 측면에 중점을 둔다. • 시기: 1930년대~1960년대 • 조직이론: Mayor의 인간관계론, 환경유관론, McGregor의 XY이론 • Waldo의 신고전적 조직이론	**개방적-자연적 조직이론** • 개념: 조직환경의 중요성을 강조하지만, 조직의 합리적인 목표 수행보다는 조직 생존이나 인간적 측면을 강조한다. • 시기: 1980년대 이후 • 조직이론: 제도주의, 개체군생태학이론 및 공동체생태학이론 등 • Waldo의 현대적 조직이론
구분		**전통적 조직이론**	**현대적 조직이론**
본서의 조직 이론 체계	사회복지 조직에 적용 가능성이 높은 이론	• 관료제이론, 과학적 이론, 인간관계론, X, Y이론	• 개방체계이론: 체계이론, 정치경제이론, 제도이론, 조직군생태이론 • 현대조직이론: 목표관리이론, 총체적 품질관리이론, 전략적 관리이론, 학습조직이론

2. 전통적 조직이론

출제경향
- 전통적 조직이론에서는 인관관계이론이 사회복지행정조직에 가장 잘 부합되기 때문에 출제비중이 높으며, 관료제도이론과 과학적 관리론의 차이점을 잘 살펴보고, 과학적 관리론과 인간관계이론의 차이점을 비교해 보아야 한다.

핵심개념
- 관료제도이론: 합법성, 위계, 권위, 규칙, 통제, 분업, 안정성 강조
- 과학적 관리론: 합리성, 동작에 따른 소요시간 표준화 강조(기계적 효율성)
- 인간관계론: 인간관계, 구성원 상호작용, 비공식 집단 강조(인간적 효율성)
- X이론: 통제와 지시 강조
- Y이론: 잠재력, 상상력, 창의력 강조
- Z이론: 자율성 강조

1) 관료제이론

관료제는 매우 다의적인 개념이며 불확정적 개념이다. 조직 구조로서의 관료제, 조직병폐로서의 관료제, 현대의 거대 정부로서의 관료제, 고발 대상으로서의 관료제 등 다양한 의미로 사용된다. 일반적으로 가설적 역할구조로 피라미드 계층의 구조적인 측면을 강조한 베버(M. Weber)의 이론을 중심으로 정의되며, 최근 동태적 조직(Dynamic Organization)에 의해 비판을 받는 전형적인 기계적 구조를 의미하기도 한다.

클라이언트의 개별성과 특수성을 강조하는 사회복지행정조직에 적용하는 데 어려움이 있다. 왜냐하면, 관료제이론은 사람보다는 규칙이나 규정을 우선하고, 분업을 강조하며 구성원이 현상유지만 하면 된다는 식의 무사안일에 빠질 수 있기 때문이다.

〈표 3-2〉 관료제의 특징과 문제점

관료제의 특징	관료제의 문제점
• 미리 정해진 문서화된 규칙(합법성) • 구성원의 전문성에 기반을 둔 분업 • 권한과 책임을 집권화한 계층 구조 • 실적, 기술에 기반을 둔 인사관리	• 상부구조로 권력이 집중되는 비민주성 • 무사안일주의 • 비인격적 조직체계, 클라이언트의 비인격화 • 형식주의, 수단인 규칙이 목표 자체가 되어버리는 목표전치(목표와 수단이 뒤바뀌는 현상)

2) 테일러(F. W. Taylor)의 과학적 관리론(scientific management)

과학적 관리론이란 최소의 노동과 비용으로 최대의 생산효과를 확보할 수 있는 최선의 방법을 찾아내기 위한 관리이론이다. 테일러는 개개의 작업을 가장 간단한 요소동작으로 분해하여 각 요소동작의 형태·순서·소요시간을 시간연구와 동작연구에 의해 표준화함으로써 하루의 공정한 작업량을 설정하고 이를 기준으로 작업 공정 관리의 과학화를 주장하였다.

따라서 과학적 관리론은 행정운영상의 합리화와 능률화를 위해서도 많은 기여를 하였으나, 인간적 요인의 과소평가와 능률원리에 입각하여 사회복지행정조직차원에서 적용하기에는 한계가 있다.

사회복지행정조직은 사람을 대상으로 하기 때문에 업무성과에 따라 차별적인 성과급을 제공하기도 쉽지 않을뿐더러 성과를 수량화하여 제시하기 어려운 측면도 있다. 또한, 사회복지행정조직은 외부환경으로부터 많은 영향을 받는다. 그런데 과학적 관리론은 조직 내·외부환경의 영향을 배제한다. 그런 점에서 사회복지행정조직에 과학적 관리론을 적용하는 데 일정한 한계가 있다.

이해돕기	테일러(F. W. Taylor, 1856~1915)

미국의 경영학자·능률기사. 필라델피아 출생. 처음에는 법률가가 되려고 시도했으나 안질(眼疾) 때문에 단념하고 기계공장의 견습공을 거쳐 미드베일 제강소의 기사장(技師長)과 베들레헴 제강소의 기사를 지냈다.

테일러는 공장에 근무하던 시절에 노동자의 쟁의행위[단체행동]와 공장의 경영난(經營難)을 목격하고 과학을 바탕으로 하는 작업관리의 필요성을 느꼈다. 그리하여 그는 과학적인 방법에 의해 전(全) 생산과정을 최소단위로 분해하여 각 요소동작(要素動作)의 형태, 순서, 소요시간 등을 시간연구와 동작연구에 의하여 표준화하고 차별능률급제를 적용하는 등 이른바 과학적 관리법이라는 새로운 관리법을 개발해 내었다. 이와 같은 과학적 관리법(scientific management → 과학적 관리론)의 이론은 경영합리화와 생산성 향상에 획기적인 기여를 하게 되었음은 말할 나위 없고 미국의 행정학을 발달시키는 데 결정적인 영향을 주었다.

출처: 행정학용어 표준화연구회(2010). 이해하기 쉽게 쓴 행정학용어사전.

3) 인간관계론(Human Relations Approach)

인간관계론은 과학적 관리론에서 가정하는 합리적인 인간관의 극복으로 1927~1932년의 호오손 실험(Hawthorne experiment)의 결과로 나타난 학술적 개념이다. 인간관계론에서는 조직을 개인·비공식집단 및 집단 상호 간의 관계로 파악하였고, 아울러 조직 내의 인간적 요인이 조직의 주요관심사로 등장하였다.

실제 인간관계론은 조직의 인간화와 민주화에 공헌하였고, 인간의 사회심리적 측면을 고려하여 과학적 관리법의 기계적 능률관의 한계를 초월하는 사회적 능률의 측면을 포괄하였다.

이해돕기 **호오손 실험(Hawthorn experiment)**

미국 시카고 교외의 서부 전기회사(Western Electric Company) 호오손 공장에서 하버드 대학의 메이요(A. Mayo)와 뢰슬리스버거(Roethlisberger) 교수의 지도와 협력 아래 1924년부터 1932년까지 8년간에 걸쳐 행해졌던 일련의 실험활동이다.

여기서는 조명실험(照明實驗)·계전기(繼電器) 조립실험·뱅크 배선(配線) 실험 등이 행해졌다.

호오손 실험의 의의는 다음과 같이 간추려 볼 수 있다.

① 모든 조직에는 비공식적인 인간관계가 존재하여 공식적인 권한의 명령 체계보다 작업의 습성이나 태도에 대하여 영향을 미친다.

② 대규모의 조직은 소단위(小單位)로 결합되기 쉬운 다수의 작업집단으로 이루어지고 있다.

③ 조직 전체를 구성하는 작업집단 사이의 상관성(相關性)에 대하여 민감한 지각을 가지는 기능은 감독자가 틈틈이 살필 일이 아니라 최고 관리층이 전력을 바칠 만한 가치가 있는 일이다.

호오손 실험의 성과로는 조직을 감정의 요인이 들어 있는 인간 협동체계로 파악하게 되고, 작업집단의 생산량을 물적 환경의 함수가 아니라 작업집단에 있어서의 사회적 행동의 한 형태로서 보게 되었다는 점이다. 또한 관리자는 협동체계 속에 존재하는 사회적 가치를 지탱할 수 있는 균형조건을 유지하는 기능을 통하여 사기(士氣)의 수호자 혹은 보전자가 되며 이러한 의미에 있어서 관리자는 권한을 갖게 된다는 결론을 얻게 되었다.

출처: 서울대학교 사범대학 교육연구소(1995). 교육학용어사전.

4) X이론, Y이론, Z이론

미국 경영학자 맥그리거(D. McGregor)는 관리와 조직에서의 인간관과 인간유형에 관한 이론으로 X, Y이론을 주창하였으며, 룬트스테트(S. Lundstedt)는 맥그리거의 X이론과 Y이론의 이분법적 인간관을 비판하면서 Z이론을 주장했다.

〈표 3-3〉 X이론, Y이론, 그리고 Z이론의 기본 가정

X이론의 기본가정	Y이론의 기본가정	Z이론의 기본가정
• 인간은 본래 일하기 싫어함. • 감독, 통제, 지시, 보상과 처벌, 설득 • 고도의 세분화, 뚜렷한 명령체계, 엄격한 통제, 중앙집권적 의사결정	• 인간은 본래 일하기 좋아함. • 자율성, 참여, 동기부여, 창의성, 자발성 • 느슨한 세분화, 느슨한 명령체계, 재량권 존중, 분권적 의사결정	• 가만히 내버려 두어도 자율적으로 업무를 수행함. • 성과를 내는 사람들이므로 통제하거나 지시해서는 안 됨.

3. 현대적 조직이론

출제경향
- 개방체계이론에서 제도이론과 체계이론의 각 하위체계의 의미를 묻는 문제와 조직군생태이론도 꼭 살펴봐야 한다.
- 현대조직이론에서는 총체적 품질관리론의 개념과 목표관리론과 비교해 특징을 꼭 알아두어야 하며, 전략적 관리이론과 학습조직이론도 살펴봐야 한다.

핵심개념
- 개방체계이론: 체계이론(생산, 유지, 적응, 경계, 관리), 정치경제이론(조직운영에서의 정치·경제요인 강조), 제도이론(사회복지조직의 구조적 유사성 강조), 조직군생태이론(조직의 장기적 변동과 구조적 관성 강조)
- 현대조직이론: 목표관리이론(명확한 목표 설정, 참여, 평가, 피드백 강조), 총체적 품질관리이론(서비스의 질 지속적 개선, 고객중심, 집단적 노력 강조), 전략적 관리이론(목표지향적, 변혁적 관리, SWOT 분석 강조), 학습조직이론(조직 내 학습 강조)

1) 개방체계이론

(1) 체계이론(System Theory)

자연과학에서 발달한 체계(System)의 개념을 가지고 어떠한 현상에 대해 접근

하는 방법이 체계이론이다. 체계로서 조직은 자기가 존재하는 환경적 상위체계와 부단히 상호작용하며, 상호 간에 의존하고 작용하는 내부의 하위체계들로 구성된다.

하위체계는 생산 하위체계(서비스 개발, 제공), 유지 하위체계(직원 유지, 관리), 적응 하위체계(조사, 연구), 경계 하위체계(홍보, 마케팅), 관리 하위체계(생산, 유지, 적응, 경계 하위 체계의 통합, 조정)로 구성된다.

체계이론은 유기체(organism) 개념을 사회나 행정조직의 연구와 문제해결에 도입함으로써 현상을 이해하고 설명하는 데 도움을 주지만 생물학적 구조와 기능을 갖는 객관적 사물처럼, 즉 물화(物化, reification: 구체화, 사물화)의 문제점이 있으며, 안정성, 균형, 유형유지(항상성) 등의 개념을 강조하기 때문에 현상을 옹호한다는 비판을 받는다.

이해돕기 **부정적 엔트로피(negative entropy)**

자연과학에서 엔트로피란 물질계의 열적 상태를 나타내는 물리량의 하나이나, 체계이론에서 엔트로피는 모든 형태의 조직이 해체 또는 소멸로 향해서 움직여 나가는 과정을 뜻한다. 따라서 개방체계가 생존하기 위해서는 엔트로피적인 과정을 없애야 한다. 즉 부정적 엔트로피를 지녀야 한다.

(2) 정치경제이론: 자원의존이론(resource dependence theory)

정치경제이론은 조직 운영에서 정치적 요인(합법성, 세력 등)과 경제적 요인(현금, 현물 등)을 중시하는 이론이다. 조직과 환경의 상호작용을 중시하여 개방체계이론에 속한다. 조직은 외부환경과 상호작용을 바탕으로 경쟁, 협력, 갈등, 계약의 전략을 사용하면서 독립성과 자율성을 확보해 나간다.

자원을 획득하고 유지할 수 있는 능력을 조직생존의 핵심으로 보는 전략적 선택이론이다. 전략적 선택이론과 다른 것은 환경에 대한 의존성을 일정 부분 인정하고, 대상 조직에 대한 중점을 두고 조직 간 분석(특정 환경)에 한정한다는 것이다. 조직은 과업을 수행하는 데 필요한 기술을 도입할 때 지역사회의 가치를 반영하기 때문에 제도화된다.

사회적·문화적·인습적 신념에 의한 제도화를 중시하는 이론으로 조직의 합리성과 효율성보다는 사회 규범적 환경에 순응함으로써 정당성을 확보하는 것이 조직생존의 기초라고 본다.

사회적 정당성을 얻기 위하여 제도적 동형화(isomorphism: 강제적 동형화, 모방적 동형화, 규범적 동형화)를 추구하며 제한된 합리성에 기초하는 사회학적 관점의 신제도주의와도 유사하다.

강제적 동형화는 법규나 규제로 인하여 조직 간에 유사성을 보이는 것이다. 우월한 조직이 열등한 조직에 대해 일방적으로 영향력을 행사함으로써 결과적으로 조직의 구조가 비슷해지는 것을 말한다.

모방적 동형화는 우수하다고 생각되는 조직을 따라하려는 경향으로 인하여 조직 간에 유사성을 보이는 것이다. 사회복지조직은 불확실성에 대응하기 위해 이미 성공을 거둔 조직이나 프로그램을 모방(벤치마킹)하는 경우가 많은데 그 과정에서 유사성이 발생한다.

규범적 동형화는 당위적이고 확정적인 규범으로 인하여 조직 간에 유사성이 보이는 것이다. 전문적 규범에 의거한 규칙을 조직이나 프로그램에 적용시키는 경우 조직들은 서로 동일화된 형태를 띠게 된다. 즉 구조 동일화 현상이 발생하는 것이다.

이해돕기 **구조동일화의 예시**

교육대학이나 사범대학을 나온 후 교사자격증을 보유한 사람만 교사로 채용할 수 있고, 대학에서 사회복지학과를 졸업한 후 사회복지사 자격증을 보유한 사람만 사회복지사로 채용할 수 있다.

(3) 조직군생태학이론

조직은 환경에 적응하는 능력에 근본적으로 한계가 있음을 인식하고 조직환경의 절대성을 강조하며, 조직을 개별조직이 아닌 조직군으로 분석하고, 제도적 동형화(isomorphism)에 의하여 형성되는 유사조직군이 중시된다.

결국, 환경적소에 의하여 선택되는 조직은 생존하고 그렇지 못한 조직은 도태(변이 → 선택 → 보존)한다는 생물학의 자연도태나 적자생존의 법칙을 사회현상에 적용한 것이다.

조직변동이 일어나는 첫 번째로 변이(variation)에는 두 가지 유형이 있다. 하나는 새로운 조직군의 등장으로 전체 조직군이 변화하는 것이고, 다른 하나는 조직 성장에 의해 복잡성이 증대되면서 나타나는 부분적인 변형이다.

두 번째로 선택(selection) 단계에서는 변이의 선택 또는 탈락 여부를 결정하는 가장 중요한 기준은 환경이다. 조직은 환경과의 적합성 여부에 따라 성공적으로 선택되어 도태되지 않기 위해서는 환경의 특성에 맞추는 방법으로 계속 변화한다.

세 번째로 보존(retention) 단계에서는 환경에 의해 성공적으로 선택된 조직 형태가 지속되고 계승되는 것이다. 선택 단계에서 긍정적으로 선택된 반응은 조직의 기여 장치를 통해 보존, 복제, 재생산된다.

한편, 조직군 생태학 이론은 조직을 지나치게 수동적·소극적 존재로 파악하고, 조직의 전략적 선택과 항상성(homeostasis)을 비중 있게 다루지 않는다는 점에서 비판을 받고 있다. 뿐만 아니라 비영리 조직인 사회복지 부문은 확대되는 추세여서 사회복지조직에 잘 부합되지 않는 이론이라고 평가받는다.

2) 현대조직이론

(1) 목표관리이론(MBO: Management by Objectives)

목표관리는 조직의 상하구성원들이 참여의 과정을 통해 조직의 목표를 설정하고, 각자의 책임영역을 규정하며, 조직단위 및 구성원들의 업적을 측정, 평가함으로써 관리의 효율화를 기하려는 포괄적 관리체계이다. 목표관리는 드러커(Drucker)가 1954년에 제창한 이론이다.

이러한 목표관리는 단기적 목표설정을 강조, 협동과 참여, 업적달성에 대한 중간 및 최종평가와 환류를 통해 조직의 생산성 향상을 이루도록 한다.

목표관리의 과정은 ① 구성원의 참여와 부하와 상사의 합의에 의해 조직목표의 명확화와 개인(하위)목표의 설정, ② 업무 수행과 중간 평가 및 환류, ③ 최종평가(개인목표의 수행실적이 설정된 목표에 비추어 어떻게 이루어졌는가를 검토 및 평가), ④ 환류(목표에 입각한 업무수행의 결과가 평가된 후에 이를 환류시켜 원래의 조직 공통적인 상위목표에 비추어 보고 필요시 목표의 재정립 및 수정)의 과정을 거친다.

〈표 3-4〉 목표관리이론의 장점 및 한계

목표관리이론의 장점	목표관리이론의 한계
① 목표를 성취하기 위해 함께 일하는 공동작업을 구조화하고 실행하는 팀제를 도입한다. ② 정확한 업무수행평가를 통하여 업무에 책임감을 부여한다. ③ 조직의 목표를 명확히 하고, 그러한 목표에 조직활동을 집중시킴으로써 조직을 효율적으로 관리한다. ④ 조직구성원의 의사결정 참여 확대로 사기를 높여준다.	① 목표와 성과측정이 어렵다. ② 단기목표와 계량화하기 쉬운 업무에 노력하고, 장기목표와 계량화하기 어려운 업무를 소홀히 다룬다. ③ 목표관리를 도입하는 데 시간이 많이 걸리고 번거롭다. ④ 관리상황이 유동적이기 때문에 성과를 거두기 어렵다. ⑤ 상황 자체가 불확실할 경우에는 의도한 목표를 달성하기가 쉽지 않다.

(2) 총체적 품질관리이론(TQM: Total Quality Management)

총체적 품질관리이론은 고객만족을 위한 서비스 품질 제고를 1차적 목표로 삼고, 구성원의 광범위한 참여하에 조직의 과정·절차·태도를 지속적으로 개선하여 나가려는 고객지향적인 총체적 품질관리 철학이다.

또한, 총체적 품질관리는 고객중심주의, 구성원에 대한 권한 이양, 벤치마킹, 지속적 개선 등을 통해 고객의 만족과 성과 향상을 모색하는 총체적인 생산성 향상 전략이다.

〈표 3-5〉 MBO와 TQM의 비교

구분	MBO	TQM
안목	단기, 미시, 양적(정량적)	장기, 거시, 질적(정성적)
지향	효과지향(대내지향)	고객지향(대외지향)
성격	관리전략, 평가 및 환류 중시(사후적 관리)	관리철학, 사전적 관리(예방적 통제)
계량화	계량화 중시	중시하지 않음
초점	결과	과정, 절차, 문화
보상	개인별 보상	총체적 헌신(집단 중심)

이해돕기 총체적 품질관리의 기본 원칙

① 고객이 품질의 최종 결정자가 된다.
② 서비스의 질이 산출의 초기 단계에서 확정된다(예방적 관리를 의미한다).
③ 서비스가 일관성이 없거나 바람직한 기준을 벗어나지 않도록 해야 한다(서비스의 변이성 방지)
④ 전체 구성원에 의한 서비스의 질 결정이 이루어진다.
⑤ 투입과 과정의 계속적인 개선
⑥ 구성원의 참여 강화
⑦ 조직의 총체적 헌신의 요구

(3) 전략적 관리이론(SM: Strategic Management)

전략적 관리이론은 신자유주의 및 신공공관리론에 입각하여 공공부문에 도입된 기업식 관리전략의 일종으로 조직과 조직이 처한 환경 사이에 가장 적합한 상태를 형성하는 것을 목적으로 조직은 우선 장기적인 관점에서 자신의 대내적 강점 및 약점, 환경으로부터의 위협 및 기회를 분석하고 확인하며, 이러한 분석을 기초로 최적의 전략을 수립하는 것이다.

전략적 관리의 기법에는 SWOT 분석에 의한 전략 기법 도출과 최근 기업에서 유행하고 있는 균형성과관리(BSC) 등이 있다.

SWOT 분석은 조직의 내부환경을 분석하여 강점(Strength)과 약점(Weakness)을 발견하고, 외부환경을 분석하여 기회(Opportunity)와 위협(Threat)을 찾아내고, 이를 토대로 외부의 기회를 이용하기 위해 내부 강점을 활용한 전략(SO전략), 외부의 위협을 회피하기 위해 내부 강점을 활용하는 전략(ST전략), 외부의 기회를 이용하기 위해 내부 약점을 극복하는 전략(WO전략), 외부의 위협을 회피하기 위해 내부 약점을 극복하는 전략(TO전략)을 수립하는 것이다.

균형성과관리(Balanced Score Card)는 조직의 비전과 전략목표 실현을 위해 4가지(재무, 고객, 내부프로세스, 학습과 성장) 관점의 성과지표를 도출하여 성과를 관리하는 성과관리 시스템으로서 단기적 성격의 재무적 목표 가치와 장기적 목표 가치들 간의 조화를 추구한다.

이해돕기 | 전략적 관리의 특징

① 전략적 관리는 조직의 목표와 조직 경계를 포함한 조직활동의 모든 영역에 걸쳐 있다.
② 조직의 활동은 환경에 부합시키는 데 관심을 둔다.
③ 조직의 내부구조, 관행, 절차 등이 조직의 목표를 달성할 수 있게 만드는 데 초점을 둔다.
④ 조직의 활동은 자원능력에 부합시키고, 기회의 이점을 제공하며, 환경의 위협을 회피할 수 있는 충분한 자원의 동원 여부를 평가한다.
⑤ 자원의 획득, 박탈, 재배분에 관심을 둔다.
⑥ 명료하고 구조화된 미래 목표로 전환시키는 데 초점을 둔다.

(4) 학습조직이론(learning organization theory)

학습조직이론은 구성원 모두가 지식을 창출하고 획득하고 전달하는 데 능숙하며, 새로운 지식과 통찰력을 경영에 반영하기 위하여 기존의 행동방식을 바꾸는 조직 내 학습을 강조하는 이론이다.

〈표 3-6〉 관료조직과 학습조직의 비교

	관료조직	학습조직
미래행동 기반	최근의 과거 경험	온라인(on-line)학습
업무의 기초	독점적 권한	공동생산
행동	합리적 목표	변화를 위한 학습
변화 발생 상황	조직의 자기정체성 및 안정성	안정적 상태의 상실, 변화
업무수행	자율, 개체적 행동	집합적(collective)행동
목표확인	계획된 일정 및 단위부서의 통제	공유된 의문과 통합된 인식
관리개선 결과	통제된 생산성	강력한 생산성, 생산적 학습

이해돕기 **학습조직이론의 특징**

① 시스템 사고: 조직에서 일이란 서로 연결되어 있다는 사고
② 개인적 숙련: 구성원 개인의 성장
③ 정신적 모형: 사물에 대한 종합적 인식
④ 공유된 비전: 모두 공감할 수 있는 공동의 비전
⑤ 팀 학습: 집단적 학습 과정, 토론의 장 필요

Chapter 04

사회복지행정조직의 구조와 유형

1. 사회복지행정조직의 구성 원리
2. 사회복지행정조직의 구조와 조직화
3. 사회복지행정조직의 유형

Chapter 04 사회복지행정조직의 구조와 유형

1. 사회복지행정조직의 구성 원리

출제경향 • 사회복지행정조직의 구성 원리는 자주 출제되므로 꼼꼼히 살펴보아야 한다.

핵심개념 • 사회복지행정조직의 구성 원리: 계층제, 통솔 범위, 분업·전문화, 조정

1) 조직 원리의 개괄

과학적 관리론을 배경으로 한 원리(이론)학파들의 고전적 조직 원리는 기술적 행정학의 퇴조와 더불어 많은 비판이 제기되었다. 특히, 행정행태론자인 사이몬(H. A. Simon)은 조직의 원리들은 경험적 검증을 거치지 않은 격언에 불과한 것이라고 비판하였다.

하지만 오늘날까지도 조직 편성 및 관리의 합리성과 경제성을 추구하기 위한 전통적 조직 원리는 유용하며, 이들을 전면적으로 부인하기는 곤란하다고 본다.

2) 사회복지행정조직의 원리의 내용

사회복지행정조직 원리는 전통적 조직 원리에서 명령 통일의 원리를 제외하고, 계층제, 통솔범위, 분업, 전문화, 조정을 그 내용으로 한다.

(1) 계층제 원리

계층제(hierarchy)란 직무를 권한과 책임의 정도에 따라 등급화하고 상하계층 간에 지휘・명령 복종관계 또는 단일의 의사결정 중추를 확립하는 역할 체계의 일종이다. 또한, 계층제는 사람을 통제하고 동기를 부여하는 수단으로 간주할 수 있으며, 다음과 같은 순기능과 역기능을 가진다.

〈표 4-1〉 계층제의 순기능과 역기능

계층제의 순기능	계층제의 역기능
• 계층제는 의사전달의 통로로서 상관과 부하의 연결을 통하여 업무의 지속성을 강화시키는 기능을 한다. • 계층제는 지휘·감독의 통로로서 상관의 권한을 통하여 부하를 조정함으로써 부하로 하여금 업무의 성과 향상을 가능하게 하여 준다. • 계층제는 승진을 통한 사기제고의 기능을 한다. • 계층제는 조직 내에 있어서 구성원간의 갈등·분쟁의 해결 및 조정의 수단이다. • 계층제는 권한 및 책임의 위임경로로서 책임의 소재를 명확하게 할 수 있으며, 내부 관리의 기초적인 지침이 된다.	• 상하의 수직적 원리가 강화되어 하위층의 창의력을 저해하고 경직성을 초래하여 환경변화에 대한 조직의 적응력이 약화되기 쉽다. • 계층수가 너무 많아질 경우에는 의사전달을 왜곡하고 형식주의를 초래하게 된다. • 상하 간의 권력의 불균형은 하위층의 근무의욕을 상실시키고 특히 자율성을 소중히 여기는 전문가를 소외시킨다. • 조직의 경직성을 초래하여 인간관계의 형성을 저해한다. • 직무수행을 위한 체제로서보다는 인간을 지배하는 상하관계를 구성한다.

(2) 전문화(분업)의 원리

전문화(specialization)란 업무를 종류와 성질별로 구분하여 조직구성원들에게 가급적 한 가지의 주된 업무를 분담시킴으로써 조직관리상의 능률을 향상시키는 것이다.

(3) 통솔범위의 원리

통솔범위(span of control)란 1인의 상관 또는 감독자가 효과적으로 직접 감독할 수 있는 부하의 수에 관한 원리로서 통제의 폭을 의미한다.

(4) 조정의 원리

조정(coordination)의 원리란 공동목적을 달성하기 위하여 구성원의 행동통일을 기하도록 집단적 노력을 질서 있게 배열하는 과정을 의미한다. 대규모 조직이 고도로 전문화되고 할거주의, 비협조, 인간소외와 무력감, 구심점의 상실이 야기되므로 전체적인 화합과 갈등해소를 위해 조정이 강조된다.

2. 사회복지행정조직의 구조와 조직화

출제경향

- 사회복지행정조직의 구조에서는 분권화, 집권화, 복잡성의 개념과 공식조직과 비공식조직의 비교를 잘 살펴보아야 한다.
- 또한 사회복지행정조직의 조직화와 관련해서는 사회복지행정조직의 부문화, 직무세분화의 부정적 영향에 대한 대처전략, 사회복지행정조직의 실제 조직으로 이사회의 구성과 이사회와 위원회의 특성 비교도 잘 살펴봐야 한다.

핵심개념

- 사회복지행정조직의 구조: 공식적(공식조직, 비공식조직), 복잡성(수직조적, 수평조직), 집권성(집권화 조직, 분권화 조직)
- 사회복지행정조직의 조직화(조직 구조의 설계): 사회복지행정조직의 부문화 기준(수, 시간, 기능, 지리적 영역, 서비스, 고객, 서비스 접근 통로), 직무세분화의 부정적 영향에 대한 대처 전략(사례관리, 사례옹호, 팀 구성, 직무확충, 직무순환)
- 사회복지행정조직의 실제 조직: 이사회와 위원회

1) 사회복지행정조직의 구조

(1) 조직 구조의 개념

조직의 구조(structure)란 물리적인 측면에서 이해할 때 조직도(organizational chart)로 이해하면 쉽다. 조직의 구조는 조직의 물리적인 구조인 수직적(계층적)으로 직무가 등급화된 것과 수평적(기능적)으로 업무가 분화된 틀을 의미한다.

(2) 조직 구조의 기본 변수와 조직

① 복잡성(Complexity)

복잡성은 분화의 정도(degree of differentiation)를 말하며 수직적 분화, 수평적 분화, 장소적 분산의 세 가지가 있다.

사업의 범위가 넓을수록, 곤란성이 클수록 조직은 복잡해지며, 복잡성이 높을수록 사업의 변동률, 구성원의 사기가 저하되고, 갈등이 증가하며, 분권화된다.

- 수직적 분화: 직무의 난이도와 책임에 따른 계층화의 정도 내지는 계층의 수를 의미한다.
- 수평적 분화: 직무(일)의 세분화를 의미하는 직무(일)의 분화와 상이한 직위의 수를 의미하는 사람의 전문화(specialization)가 있다.
- 장소적 분산: 인적 · 물적 · 시설 자원이 공간적으로 분산된 정도를 말한다.

더보기 복잡성에 따른 조직 형태

- **수직조직**: 계선(line)조직이라고도 하며, 명령과 복종관계로 대표되는 수직적 구조를 형성하여 조직의 목표달성에 중심이 되는 구조로서 사회복지행정조직 내 최고관리자인 관장을 중심으로 직무의 난이도와 책임에 따른 부장→과장→팀장→팀원 등과 같이 계층적인 형태를 띤다.

〈표 4-2〉 수직조직의 장·단점

장점	단점
권한과 책임 소재가 분명 결정이 신속 강력한 통솔권으로 안정성 확보	책임자의 독단 가능이 높음 조직 경직의 발생 가능성이 높음 책임자에게 업무량 과중

- **수평조직**: 막료조직 또는 참모(staff)조직이라고도 하며, 계선(line) 조직을 지원·조성·촉진함으로써 조직의 목표달성에 간접적으로 공헌한다. 주로 자문, 권고, 조언, 협의, 조정, 연구, 기획, 통제, 인사, 예산, 법무, 홍보, 조달 등을 수행한다(담당관제).

〈표 4-3〉 수평조직의 장·단점

장점	단점
참여적이고 객관적인 의사결정이 가능 업무의 조정과 협조가 가능 조직에 융통성과 신축성이 있음	조직 내 인사 관계가 복잡함 권한과 책임 한계를 둘러싼 갈등이 야기 운영과 행정이 지연될 수 있음 의사소통 경로에 혼란이 생김

- **장소적 조직**: 일반 회사의 경우에는 본사(본점)–지회(지부, 대리점)이며, 대학의 경우 본교–분교 등으로 공간적 인적·물적·시설 자원이 공간적으로 분산된 정도를 말한다.

② 공식성(formalization)

공식성은 조직 내의 직무가 정형화·법규화·루틴화된 정도를 말하는 것으로 규칙, 절차, 지시 및 의사전달의 명문화, 즉 표준화된 정도를 말한다.

단순하고 반복적인 직무일수록, 조직의 규모가 클수록, 안정적 조직환경일수록, 기계적 구조일 경우 공식성 정도는 높아진다.

더보기	공식적 정도에 따른 조직 형태

- **공식적 조직:** 조직 내 가시적이고 계량적이고 계획적인 구조이다. 행정책임자, 이사회, 위원회, 직원 등의 배열인 동시에 조직도에 명시된 지위와 관계를 의미한다.
- **비공식적 조직:** 조직도 내 존재하지 않는 비가시적이고 비계획적인 구조이다. 구성원 간의 접촉이나 친근성으로 말미암아 자연발생적으로 형성되는 조직으로 공식조직보다 신축성이 좋은 편이다. 비공식적 조직도 조직 내 나름의 역할이 있다.

〈표 4-4〉 비공식적 조직의 순기능과 역기능

비공식적 조직의 순기능	비공식 조직의 역기능
① 생각과 감정을 나눌 수 있는 의사소통 채널과 같은 역할을 한다. ② 행정가가 비공식적인 자리에서 대화와 제의를 받아들임으로써 집단의 응집력을 향상시킨다. ③ 공식조직의 결함이나 약점을 보완하여 조직 내 변화를 불러일으킨다. ④ 공식조직에서 일어나는 긴장과 압박감을 덜 수 있다.	① 거대한 비공식적 조직은 비합리적 의사결정을 초래할 수 있다. ② 비공식적조직의 목표에 치중한 나머지 조직의 목적이 전치될 수 있다. ③ 파벌을 조성할 경우 공식조직의 와해, 분열을 초래할 수 있다.

③ 집권성(centralization)

집권성이란 조직 내의 상하 간 권력배분 양태에 관한 것으로 권력 중추로부터 권력이 위임되는 수준을 말하는데 상층부로 의사결정권한이 집중되어 있으면 집권성이 높고, 하층부로 의사결정권한이 위임되어 있는 경우 집권성이 낮다고 본다.

- 수평적 분권: 전문구성원이나 참모(staff)로의 분권
- 수직적 분권: 일반적인 의미로 일반관리자(하급자)로의 분권

더보기 **집권화에 정도에 따른 조직 형태**

- **집권화 조직:** 집권화 조직은 의사결정의 공식적 권한이 상부에 집중되어 있는 조직이다. 단순하고 반복적이고 획일적인 업무에 유리하고, 조직이 위기에 봉착했을 시 유리하다. 하지만, 자율성과 창의성을 저해할 수 있으며, 일상적인 환경 변화에 적응하기 어렵다는 한계가 있다.
- **분권화 조직:** 분권화 조직은 의사결정의 공식적 권한이 각 계층에 위임되어 있는 조직이다. 조직이 대내외적 환경 변화가 필요한 상황에서는 신속하게 변화를 모색할 수 있다. 하지만 조직 전체의 계획과 조정 활동이 어려울 수 있으며 의사결정 과정에 대한 통제력을 획득하기 어렵다는 한계가 있다.

(3) 조직의 구조변수 간의 관계

조직의 구조란 조직구성원들이 공동목표를 달성하기 위하여 상호작용하는 공식적인 틀인 것이다. 이 틀에 의하여 조직구성원들의 상호작용이 일정한 패턴을 가지는 것으로 비교적 안정적이고 지속적인 형태를 취하는 것이다.

이와 같은 조직의 구조는 조직에서 사용하는 기술이나 규모 또는 환경의 변화에 따라서 영향을 받는다.

2) 사회복지조직의 조직화(조직 구조의 설계)

(1) 직무재설계

직무확대(job enlargements)는 한 직무에서 수행되는 과업의 수를 증가시킴으로써 지루하고 단순한 반복적 작업에 변화를 주거나 세분화된 몇몇 작업을 하나로 통합하여 직무내용을 재편성하는 것을 말한다.

직무충실(job enrichment)은 직무를 수직적으로 확대하여 직무의 난이도를 높이는 것을 말한다. 즉, 직무계획, 직무수행, 직무수행 평가에 대하여 구성원 스스로가 큰 영향력을 행사하도록 하는 등 자유재량권, 독립성을 보장함으로써 능률을 향상시키는 것이다.

이해돕기 **업무, 과업, 직무확충, 직무순환**

- 업무(job)는 작업의 종류와 수준이 유사한 직업의 집단. 업무라고도 함.
- 과업(task)은 직무를 수행하기 위한 구체적인 작업 활동
- 직무확충은 직무확대와 직무충실을 합한 개념
- 직무순환(job rotation)은 직무의 수를 증가시켜 주는 대신 직무수행자를 다른 부서로 배치하는 것

(2) 직무세분화

직무세분화는 조직 내 업무가 나뉘어 있는 정도를 일컫는 말로, 업무세분화라고도 한다. 직무 단위와 그에 따른 직위의 수가 많을수록 직무세분화는 높아진다.

〈표 4-5〉 직무세분화의 장점과 한계

직무세분화의 장점	직무세분화의 한계
• 직무와 기술의 단순화 • 전문 기술 개발 용이 • 효율성 증대 • 관리와 감독이 용이	• 구성원의 매너리즘 초래 • 클라이언트의 혼란 유발 • 직무조정에 따른 비용 증대

한편, 과도한 직무세분화가 초래하는 한계(부정적인 영향)를 상쇄하기 위해 사례관리, 사례옹호, 팀 구성, 직무확대, 직무순환 등의 방안을 활용하고 있다.

① 사례관리: 클라이언트의 복합적인 욕구를 충족시키기 위해 사례관리자가 직·간접적 개입을 실시하는 실천 방법

② 사례옹호: 클라이언트의 욕구와 권익 대변

③ 팀 구성: 세분화된 다양한 분야의 전문가들이 모여 한 클라이언트의 문제

를 공동으로 해결

④ 직무확대: 업무수행자의 매너리즘과 업무로부터의 소외현상을 극복하기 위해 개별 업무수행자들이 맡게 될 업무의 초점 확대

⑤ 직무순환: 업무수행자를 가급적 종류가 다른 업무에 순환적으로 배치

(3) 사회복지행정조직의 부문화

조직의 목적달성에 필요한 업무를 분류하고 각 부문에 할당하는 것을 부문화(departmentation)라 하고 이를 다시 부문화하는 것을 재부문화(subdepartmentation)라 한다. 부문화 및 재부문화를 통해 업무의 분장이 이루어지고, 각 부(部), 과(課), 계(係)의 분장업무가 나타난다.

사회복지행정조직에서의 부문화의 원리는 동일한 역할자의 수(數), 시간, 기능, 지리적 영역, 서비스, 고객, 서비스 접근 통로 등에 따라 일곱 가지로 유형화할 수 있다.

① 동일한 역할자의 수(數)

같은 역할을 하는 사람들을 한명의 슈퍼바이저 아래에 소속시키는 방법이다. 한 사람 밑에 사람의 수가 많으면 둘 이상의 비슷한 단위를 만들 수 있다. 그러나 조직 구성원 개인의 능력 차이를 고려하지 않고 부문화할 경우 업무 효과성이 낮아지므로 다른 부문화의 방법과 병행하도록 한다.

② 시간 기준 부문화

업무시간을 2교대, 3교대, 격주 토요일 근무 등으로 하여 업무를 부문화하는 방법이다. 24시간 서비스를 제공하는 생활 및 주거 시설이나 요양원, 병원·의원과 같은 보건의료서비스 조직 등에서 유용하게 활용할 수 있는 조직화 방법이다.

③ 기능 기준 부문화

주요한 기능에 따라 동질적 업무(사례관리팀, 서비스제공팀, 지역조직화팀, 총무팀 등)를 묶어서 부문화하는 방법이다. 이 기준은 조직 요원의 능력, 선호도, 관심 등에 근거하여 직무상 적성에 맞는 분야에 사람을 배치하는 식으로 부분화하는 방법이다.

④ 지리적 영역 기준 부문화

클라이언트의 거주 지역을 중심으로 조직을 부문화하는 방법으로 지회나 지부를 두는 방법이다.

⑤ 서비스 기준 부문화

사회복지서비스에 따라 개별사회사업, 집단사회사업, 지역사회사업 등 사회복지의 실천방법에 따라 조직을 부문화하는 방법이다. 사회복지서비스를 전문적으로 제공할 수 있는 장점이 있으나, 서비스의 파편화와 분절성이 발생하여 통합적인 서비스 제공이 어려운 단점이 있다.

⑥ 클라이언트 기준 부문화

클라이언트의 인구사회학적 특성이나 욕구에 따라 조직을 부문화하는 방법이다. 아동복지, 장애인복지, 노인복지나 비행, 학대, 방임 등으로 업무를 부문화하는 것이다.

⑦ 서비스 접근 통로 기준 부문화

클라이언트가 서비스에 접근할 수 있는 통로(유료, 무료)별로 업무를 부문화하는 방법이다. 사회복지 서비스의 경우 서비스 제공이 유료든 무료든 많은 사람이 이용할 수 있도록 다양한 서비스 조직을 설치하여 통로를 다양화한다. 뿐만 아니라 현수막, 홍보물, 기관 홈페이지 등 다양한 매체를 이용하여 서비스를 홍보한다.

3) 사회복지행정조직의 실제: 이사회와 위원회

(1) 이사회

이사회는 사회복지조직이 그 목표를 달성할 수 있도록 법률적 책임을 지고 있는 최고정책결정기구를 말한다. 사회복지조직의 필요성과 존재에 대한 철학적·사회적 근거가 되기 때문에 이사회의 설치는 법률적으로 의무화되어 있다.

민법에 따르면 사회복지사업을 하려는 민법상 법인은 재단법인이든 사단법인이든 이사를 두어야 하고, 이사의 수와 임기는 법인 정관에 규정해야 한다. 또한, 사회복지법인에 대표이사를 포함하여 이사 7인 이상과 감사 2인 이상을 두되, 민법상 특별한 관계에 있는 자가 이사 현원의 5분의 1을 초과할 수 없도록 규정하고 있다.

우리나라 사회복지법인의 이사회는 일반적으로 정관의 변경에 관한 사항, 제 규정의 제정 및 개정에 관한 사항, 법인 합병 및 해산에 관한 사항, 임원 선출에 관한 사항, 사업 계획 실적 및 예산·결산에 관한 사항, 법인이 설치한 시설의 장의 임면에 관한 사항, 법인이 설치한 시설의 운영에 관한 사항, 수익사업에 관한 사항, 그 밖의 법령이나 정관에 의해 이사회의 권한에 속한 사항 등에 대해 의사를 결정하는 기구이다.

이사회 이사는 책임감, 활동력, 지식을 보유하고 그 기관의 임무와 특별한 임무를 수행하는 데 적절한 사람으로서 지역사회를 대표하는 합법성을 가져야 하며, 이사회구성원으로서의 책임감을 충분히 이해하고 있어야 한다. 이사회와 조직의 행정책임자 및 직원의 역할(또는 권한 책임)을 이해하지 못하거나 역할 규정이 불분명하면 이사, 책임자, 직원 간에 갈등이 발생할 수 있다. 그러므로 삼자 간 관계를 분명히 하고 갈등을 피하기 위해 각자의 역할, 책임, 권한을 명시한 직무 규정을 마련하는 것이 필요하다.

(2) 위원회

위원회는 조직의 일상 업무수행기구와는 별도로 사회복지사 외에 전문가로 구성된 기구를 말한다. 위원회에는 인사나 예산 등과 관련된 업무를 처리하기 위해 상임위원회와 조직의 운영 규정을 개정하는 것과 관련된 비정규적 업무를 처리하기 위한 임시위원회 등이 있다. 위원회를 운영할 경우 위원회의 크기, 구성, 시간 활용, 책임 및 권한, 리더의 신뢰성 확보, 융통성 등을 고려해야 한다.

〈표 4-6〉 위원회 운영의 장점과 단점

위원회 운영의 장점	위원회 운영의 단점
① 의사결정의 합리성 확보 ② 여러 사람의 경험과 전문 지식 활용 ③ 개인적 편견이 배제된 공정한 결정 ④ 조직의 민주적 운영 ⑤ 각 부문 간 의견 대립을 조정하여 업무 촉진 ⑥ 인간관계의 조성과 원활한 의사소통	① 많은 시간과 경비 소모 ② 위원의 책임성 희박 ③ 이해관계가 얽힌 위원이 참여할 경우 조직의 사안을 객관적으로 바라보지 못할 수 있음 ④ 위원이 다수일 경우 소수 의견이 무시될 우려가 있음

좀더 보기

조직의 동태화(Dynamic)

Bureaucracy(기계적 관료 조직)⇒Adhocracy(유기적 동태)

최근에는 조직의 효율성을 제고하기 위한 차원에서 조직의 구조는 계층의 수가 적은 평평한 것으로 변화되어야 한다는 관점에서, 기계적 관료 조직(Bureaucracy)에서 유기적 동태(특별임시조직) 조직(Adhocracy)으로 변화에 대한 연구 등이 이루어지고 있다.

- 기계적 조직: 전통적 처방에 의한 많은 계층 및 수직화된 조직 구조로서의 조직 구조의 복잡성, 공식성, 집권성이 매우 높은 전형적인 관료 조직이다.
- 유기적 조직: 현대적 처방에 의한 낮은 계층 및 수평화된 조직 구조로서의 조직 구조의 복잡성, 공식성, 집권성이 매우 낮은 애드호크라시 조직이다.

조직의 동태화

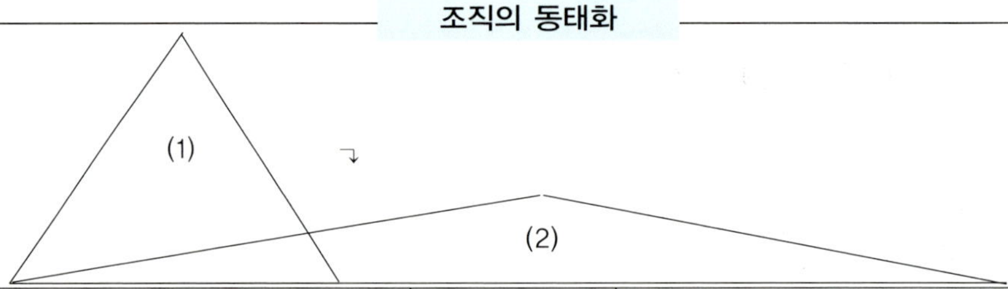

(1) 기계적 조직	동태화 ⇨	(2) 유기적 조직
높은 계층	계층(수직)	낮은 계층
덜 분화된	분화(수평)	많이 분화된
종합 및 일반적 인간 강조		전문화된 인간 강조
수직적 조직		수평적 조직
기계적		유기적
계층제(hiercracy)		애드호크라시(adhocracy)
안정 및 관리 중시		혁신 및 변화 중시
폐쇄적		개방적
관료제	탈관료제	사업부제 및 팀제

3. 사회복지행정조직의 유형

출제경향
- 사회복지행정 조직의 유형을 무엇에 따라 분류하는지 전반적으로 이해하고 있어야 한다.

핵심개념
- 권력과 복종(관여) 형태: 강제적 조직, 공리적 조직, 규범적 조직
- 클라이언트 유형: 상호수혜조직, 사업조직, 서비스 조직, 공공조직
- 업무 통제성: 관료조직, 일선조직, 전면적 통제 조직, 투과성 조직
- 클라이언트 상태와 조직 기술: 인간유별기술, 인간유지기술, 인간변화기술
- 조직 구조에 따른 조직 유형: 프로젝트조직, 매트릭스조직, 팀조직

1) 조직유형의 특징

조직유형론은 조직을 쉽게 이해할 수 있도록 일정한 기준이나 관점을 가지고 조직을 분류한 것이다. 하지만 모든 유형론이나 분류가 그렇듯이 모든 조직을 다 설명할 수는 없는 한계를 가지고 있다.

2) 사회복지행정조직의 조직유형론

(1) 에치오니(A. Etzioni)의 조직유형에 따른 사회복지조직

조직이 개인을 통제하는 수단인 권력의 형태를 강제적 권력(신체적 탄압, 위협), 공리적(功利的) 권력(물질, 금전), 규범적 권력(지위, 명예, 존엄)으로 나누고 복종(관여)의 형태를 소외적 관여(권력 행사자에 대한 강한 부정), 타산적 관여(획득된 보상에 대한 무관심), 도덕적 관여(권력 행사자에 대한 강한 긍정)로 나눠 사회복지행정조직은 규범적이면서 도덕적인 조직(C)으로 본다.

〈표 4-7〉 에치오니의 조직유형

권력/복종(관여)	소외적	타산적	도덕적
강제적	A		
공리적		B	
규범적			C

(2) 블라우와 스콧트(Blau & Scott)의 조직유형에 따른 사회복지행정조직 유형

클라이언트(조직의 수혜자)를 분류 기준으로 조직 구성원이 수혜자가 되는, 즉 1차적인 클라이언트(조직의 수혜자)가 누구냐에 따라 조직을 유형화하였다.

〈표 4-8〉 블라우와 스콧트의 조직유형

조직유형	클라이언트(조직의 수혜자)	조직의 종류
상호수혜조직	조직의 회원	정당, 종교단체, 노동조합 등
사업조직	사업체의 소유자	주식회사, 은행 등
서비스 조직	클라이언트	사회복지조직, 병원 등
공공조직	일반 대중 및 시민	군대조직, 행정기관 등

(3) 업무의 통제성에 따른 사회복지행정조직의 유형

길버트 스미스(Gilbert Smith)는 사회복지행정조직과 관련하여 업무의 통제성에 따른 조직의 유형을 다음과 같이 네 가지로 분류했다.

〈표 4-9〉 길버트 스미스의 조직유형

구분	특성	사회복지조직의 유형
관료 조직	공식적인 조직과 규정 계층적인 권위 구조 명확하고 전문화된 분업	시군구와 읍면동 등의 공공 사회복지조직
일선 조직	주도권이 일선 업무 단위에 존재 각 업무 단위는 상호 독립적으로 업무 수행 업무 단위의 직접적 통제가 어려움	민간의 센터라 불리는 사회복지조직(지역아동센터 등)

전면적 통제 조직	관리자가 전반적인 통제 행사	정신병원, 요양시설
투과성 조직	조직구성원과 클라이언트의 자발적 참여 조직의 통제가 약하며, 조직활동이 외부로 노출	자원봉사 조직

(4) 클라이언트(수혜자)의 상태와 조직기술에 따른 조직의 유형

하센펠트(Yeheskel Hasenfeld)는 클라이언트(고객)의 상태(정상 기능과 비정상 기능)와 조직기술(인간유별기술, 인간유지기술), 인간변화기술에 따라 사회복지조직을 여섯 가지로 분류했다.

〈표 4-10〉 하센펠트의 조직유형

기술유형 / 클라이언트 상태	인간식별기술 클라이언트를 식별하고 분류하여 그 변화를 시도하는 기술	인간유지기술 클라이언트의 개인적 상태 악화, 약화, 퇴보를 예방하고 현 상태를 유지하도록 하는 기술	인간변화기술 클라이언트의 복지 증진을 위해 클라이언트의 개인적 속성에 직접 변화를 주는 기술
정상 기능 사회적으로 정상적인 기능을 한다고 인정되는 개인을 가려 그의 복지를 유지 강화하는 조직	대학(신입생 선발) 신용카드 회사	사회보장청 휴양시설	공립학교, YMCA
비정상 기능 사회적으로 비정상적으로 기능하는 조직	소년법원, 보호관찰소, 진료소	공공부조사무소 요양시설	병원, 심리치료센터

(5) 조직구조에 따른 사회복지행정조직의 유형

① 전통적 조직

전통적 조직은 능률과 공식적 조직 구조에 초점을 둔 전형적인 관료제 조직으로 각각의 업무 단위를 병렬적으로 나열한 조직이다. 주로 업무를 표준화할 수 있을 때 가능한 조직 구조이므로 사회복지조직에는 부합하지 않는다.

② 사업부제조직

산출물에 기반을 둔 조직 구조로서 각 사업 부서들은 산출물별로 자율적으로 운영되며 각 부서는 자기완결적 기능단위로서 그 안에서 기능 간 조정이 용이하며, 기능구조보다 더 분권화된 구조를 가진다. 불확실한 환경이나 비정형적 기술, 부서 간 상호의존성, 외부지향적인 조직목표를 가진 경우에 유리하고, 상황적응성이 높으나 기술적 전문성이 저하되고, 규모의 불경제와 비효율성으로 인한 손실이 단점이다.

구체적인 예로 사업부제는 생산, 판매, 기술 개발, 관리 등에 관한 최고 경영층의 의사결정권한을 단위 부서장에게 대폭 위양하는 동시에 각 부서가 마치 하나의 독립회사처럼 자주적이고 독립채산적인 경영을 하는 시스템이다.

③ 프로젝트조직

새로운 프로그램이나 사업계획이 생겼을 때, 기존의 조직 내의 특정 부서만으로는 그 일을 감당할 수 없어 여러 부서 간의 협조가 필요할 때가 있다. 이때 과업조직은 계층제구조가 아니라 직무의 상호연관성이라는 직무상의 횡적 관련을 중시한다.

각 기업에서 신제품의 개발이나 신규 사업 분야의 진출과 같은 중요한 테마 또는 공해대책 혹은 업무의 기계화와 같은 문제해결을 위해 프로젝트팀이 편성되고 있다.

전통적인 관료제 조직과 공존하면서 여러 직능을 통합하기 위한 잠정적인 조직이다. 사업이 성취되면 해체되고 원대 복귀한다. 또한 여러 조직 간의 상호의존성을 중시한다(예: 올림픽조직위원회, WTO 무역협상단).

따라서 사회복지조직에서는 활용도가 높지 않은 편이다. 조직 내 이용 가능한 인적 · 물적 자원보다 훨씬 더 많은 자원을 필요로 하는 사업을 구상하거나 업무를 수행해야 하는 경우, 여러 부서의 협조가 필요하고 이 활동이 서로 밀접하게 관련되어 상호 영향을 미치거나 강력한 수평적 작업 관계가 요구될 경우 프로젝트조직 구조의 도입을 고려하게 된다.

〈표 4-11〉 프로젝트조직과 태스크 포스의 비교

구분	프로젝트(Project)	태스크 포스(Task Force)
구성원 관계	수평적	수직적(계층적)
존속기간	단기적	장기적
설치근거	법적 요건 불필요	법적 요건 필요
설치위치	부문 내	부문 간
근무방법	시간제 근무	전임제
조직규모	소규모(여러 집단의 대표자나 전문가)	대규모(다양한 분야의 전문가나 구성원)

④ 매트릭스조직(Matrix-행렬조직)

전통적인 직능구조의 역할 위에 프로젝트 구조를 통합시켜 이중적 구조로 만드는 것이다. 즉, 기능별 조직과 전문적 사업부제조직을 혼합한 이중구조적 조직으로 양 조직의 장점을 결합한 조직이다.

조직구성원들 간의 협동적 작업을 통해 조정과 통합의 문제를 해결한다. 또한 대사관 조직처럼 융통성과 창의성을 보장하는 다목적의 상설조직이다. 매트릭스 조직의 유리한 상황은 ㉮ 조직규모가 너무 크지도 작지도 않은 경우, ㉯ 환경변화가 심하고, 불확실성이 높은 경우, ㉰ 비일상적 기술을 많이 사용하는 경우, ㉱ 기술적 전문성이 높으며, 산출에 대한 쇄신도 빨라야 한다는 이원적 요구가 강한 경우 등이다.

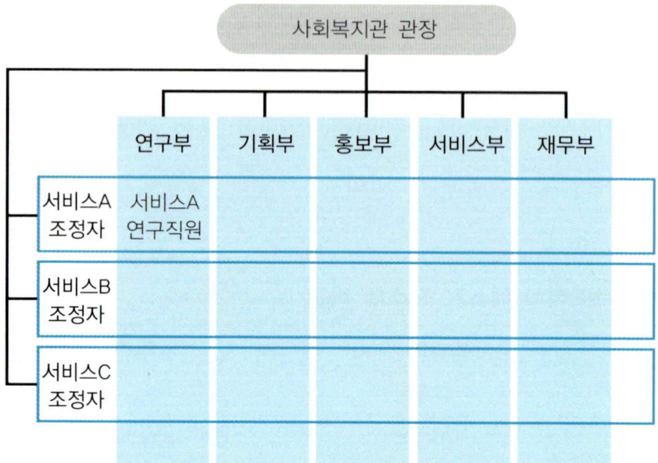

[그림 4-1] 매트릭스조직의 사례

사회복지조직에서 기획 업무를 담당하면서도 아동 · 청소년을 대상으로 하는 사업에 투입된 구성원이 있다고 할 때 그가 속한 조직을 매트릭스조직이라 볼 수 있는 것이다. 사회복지서비스 조직은 기본적으로 행렬 구조를 띠고 있다. 복수의 프로그램을 수행하고 있으면서 분과의 구분과 프로그램별 배합에 의해 업무를 할당받기 때문이다.

⑤ 팀조직

종래의 과, 계 개념 대신에 업무 중심의 팀제를 도입한다. 개인의 전문성보다는 팀조직에 책임과 권한을 부여하고 이에 따라 생산성을 측정할 수 있는 조직이다.

〈표 4-12〉 전통적 조직과 팀조직의 비교

구분	전통적 기능조직	팀조직
조직 구조	계층적·개인 중심	수평적·팀 중심
직무설계	단일 업무	전체 업무, 다수 업무
목표	상부에서 주어짐	스스로 찾아내는 데 시간 투여
리더	강하고 명백한 지도자	리더십 역할 공유
지시·전달	상명하복, 지시, 품의	상호충고, 전달, 토론
정보 흐름	폐쇄, 독점	개방, 공유
보상	개인주의, 연공주의	팀, 능력위주
책임	개인책임	공동책임
평가	상부조직에 대한 기여도로 평가	팀이 의도한 목표달성도로 평가
업무통제	관리자가 계획, 통제, 개선	팀 전체가 계획, 통제, 개선

⑥ 네트워크 조직

네트워크란 원래 둘 이상 조직 간의 지속적인 관계로 정의된다. 네트워크 조직은 전략, 계획, 통제 등 핵심기능 위주로 합리화하고 여타 생산기능은 아웃소싱(outsourcing)을 통하여 다른 조직의 자원을 저렴한 비용으로 활용하는 분권화된 공동조직(hollow organization)이다. 즉, 수직적 계층제가 아니라 망구조(網構造: 아메바 조직)로서 자유스런 의사전달 구조를 갖는다.

네트워크 조직과 연관된 유사한 네트워크 조직은 최근 다양한 이름으로 불리고 있으며, 아래 조직과 많은 공통점을 공유하고 있다.

- 가상조직(virtual organization): 사이버조직 또는 임시조직
- 모듈조직(modular organization): 유연하게 움직이면서 자율성을 갖고 상호협업하는 조직
- 이음매 없는 조직: 경계 없는 조직
- 셀방식 조직(세포형 조직, cellular organization): 준독립적인 조직들의 군집이 시

장적 요청에 협동적으로 대응하는 체계

- 연방형 조직(federal organization): 하나의 중심조직이 계열사(자회사)를 거느리는 조직

⑦ 연계조직

연계조직(linkage organization)은 사람과 서비스를 연결시켜 주는 활동을 하도록 만든 조직이다. 사회복지조직은 대부분 연계기술을 활용하고 있지만, 서비스 제공이 조직의 1차적 기능이다. 이에 비해 연계조직은 조직의 1차적 기능이 중개자라는 점에서 차이가 있다. 사회복지조직 중 푸드뱅크(food bank), 입양기관이 대표적인 연계조직이다.

Chapter 05

사회복지행정조직의 환경과 조직문화

Chapter 05 사회복지행정조직의 환경과 조직문화

1. 사회복지행정조직의 환경

출제경향

- 사회복지행정조직의 환경은 일반 환경과 과업 환경으로 구분되는데, 각 환경의 내용을 구분, 변화에 대한 저항으로 매몰비용과 기회비용, 환경 변화를 관리해 나가는 전략 등을 잘 살펴야 할 것이고, 향후 출제 경향이 높아지는 부문이다.

핵심개념

- 사회복지행정조직의 환경: 일반 환경, 과업 환경
- 환경변화에 대한 저항: 매몰비용, 기회비용
- 환경관리 전략: 협력(계약, 연합, 흡수), 권위주의, 경쟁(크리밍), 방해

1) 사회복지행정조직의 환경

사회복지행정조직의 환경은 크게 일반 환경과 과업 환경으로 구분하는 경우가 많다. 일반 환경은 사회복지행정조직뿐 아니라 모든 사회체계가 영향을 받는 환경을 말하고, 과업 환경은 사회복지행정조직이 직접적으로 영향을 받는 환경만을 별도로 부르는 말이다.

(1) 일반 환경

일반 환경은 사회복지행정조직을 둘러싼 체계로 경제적, 인구사회통계학적, 문화적, 정치적, 법적, 기술적 조건 등으로 구성되어 있다.

① 경제적 조건

경제적 조건은 조직에 영향을 미치는 국가나 지역사회의 경제 상태이며, 사회복지조직에 대한 자원 공급의 절대량과 서비스 수요에 영향을 미친다. 경제적 조건에는 경기호황 또는 불황, 경제성장률, 실업률 등이 있다. 경제적 조건은 복지서비스의 형태·범위·정도를 좌우하는데 경기침체나 불황기는 국민기초생활보장법에 의한 공공부조서비스의 증가를 가져오는 경향이 있고 대규모의 실업상태는 보육서비스나 직업알선서비스, 가족상담서비스 등의 수요를 확대시킨다.

② 인구사회통계학적 조건

인구사회통계학적 조건은 사회복지행정에 있어 서비스 수요 변동과 예측에 영향을 미치는 환경요소로서 인구사회통계학적 조건은 연령, 성별분포, 가족구성, 거주지역, 사회계층 등이 있다. 인구사회통계학적 조건은 클라이언트의 개인적 속성, 서비스기술의 효과성, 환경의 서비스 수용 정도 등 클라이언트를 선택하는 것과 서비스 제공에 영향을 미친다.

③ 문화적 조건

문화적 조건은 특정 시기에 우세한 사회문화적 신조와 사회복지행정조직의 형태, 방향에는 밀접한 관련이 있으며 이는 문화적 환경이 조직에 매우 중요하다. 사회복지행정조직의 특징과 목적은 인간문제의 원인과 욕구, 욕구해소에 있어 지켜야 할 가치관, 욕구해소 수단에 대한 지배적 이념들을 반영하며, 문화적 조건은 사회의 가치와 규범에 대한 것이므로 당연히 사회복지행정조직의 목표와 방향에 영향을 미치게 된다.

④ 정치적·법적 조건

정치적 조건은 선성장-후분배 또는 성장과 분배 균형의 정부정책기조 등을 들 수 있고 법적 조건은 국가기관에서 만들어 낸 법률, 명령, 규칙 등을 들 수 있다. 정치적·법적 조건들을 사회복지행정조직이 서비스를 제공하는 데 있어 준수해야 할 많은 조건들을 제시하여 활동을 제한하고 장려하며 재원의 흐름에 통제를 가함으로써 영향을 미치는 환경요소들이다.

⑤ 기술적 조건

기술적 조건은 의료, 정신건강, 교육, 컴퓨터, IT산업, 사회계획 분야 등 사회의 기술적 진보 혹은 변화가 사회복지행정조직에 초래하는 영향을 말한다. 컴퓨터 기술의 발달은 사회복지조직에서의 정보관리체계의 중요성을 불러일으켰고, 신경안정제의 개발은 정신질환자의 탈시설화를 유발하였다. 행동수정기술의 발달은 자폐아동에 대한 보호수용 대신 치료와 회복을 가능하게 하는 개입기술을 제공하였다.

(2) 과업 환경

과업 환경은 업무환경이라고도 하며, 사회복지행정조직이 변경시킬 수 있는 것으로 자원과 서비스를 교환하고 조직과 특별한 상호작용을 하는 집단들을 의미한다.

① 재정자원의 제공자

정부보조, 기업체 출연, 공동모금, 외국 민간단체, 개인후원, 서비스 이용료 등 재정자원을 공급하는 공급자들이 여기에 포함된다. 우리나라의 민간 사회복지조직의 대부분은 국가보조에 의존하고 있으며, 이와 같은 재정자원의 제공자는 사회복지행정조직에 가장 큰 영향을 미치는 요인이라 할 수 있다.

② 정당성과 권위의 제공자

조직이나 집단이 소유하고 있는 권위의 일부를 다른 조직에 이양하거나 그 조직의 위신이나 지위를 보고 사회적 지지를 해주는 자를 말한다. 여기에는 정부, 전문직 협의체, 의회, 운영법인, 시민단체 등을 들 수 있다. 정당성과 권위를 제공하는 자의 중요한 기능 중의 하나는 조직을 감독하고 평가하는 것이다.

③ 클라이언트 제공자

클라이언트를 조직에 의뢰하는 집단과 조직뿐만 아니라 조직으로부터 직접 서비스를 받고자 하는 개인과 가족, 즉 개인, 가족, 의뢰기간, 정부기관 등이다. 이와 같이 사회복지행정조직은 클라이언트 자신에서부터 다른 조직에 이르기까지 다양한 제공자를 갖고 있다.

④ 보충적 서비스 제공자

보충적 서비스 제공자는 조직의 성공적 업무 수행을 위해 보충적으로 필요한 서비스를 제공해 주는 기타 기관들을 말한다. 사회복지행정조직은 모든 서비스를 다 제공할 수 없기 때문에 기타 조직과의 긴밀한 협조와 연계를 공식적 · 비공식적으로 구축해야 한다. 이때 서비스를 의뢰할 수 있는 다른 조직을 보충적 서비스 제공자들로 사회복지관 인근에 위치한 자원봉사단체, 노인요양시설 세탁물 공급업체 등을 말한다.

⑤ 조직 산출물을 소비 인수하는 자

사회복지행정조직이 만들어 낸 서비스를 받아들이고 소비 · 이용하는 자라 할 수 있다. 가장 중요한 소비자는 클라이언트 등을 자체 목적을 위해 활용할 수 있는 다른 조직들이며 그것이 불가능한 조직이라면 존재 자체를 정당화시킬 수 없다. 여기에는 클라이언트 자신, 가족, 지역사회, 국가 등이 포함된다.

⑥ 경쟁조직

조직의 자원과 클라이언트에 대해 경쟁 관계에 있는 다른 조직들을 말한다. 즉, 클라이언트를 조직에 의뢰하는 집단과 조직뿐만 아니라 조직으로부터 직접 서비스를 받고자 하는 개인과 가족을 포함한다. 영구임대아파트단지 내에 있는 복수의 종합사회복지관과 노인요양시설을 예로 들 수 있다.

2) 변화에 대한 저항

사회복지행정조직은 환경 변화에 철저하게 대응하기 위해 내부 구조나 조직 문화를 바꾸려고 한다. 많은 경우 변화를 거부하고 변화에 저항하는 심리적 측면이 있으며 비용 측면에서도 변화를 거부하는 데에는 매몰비용이나 기회비용과 같은 투자회수 측면에서 저항을 보이는 경우도 있다.

(1) 매몰비용(sunk cost)

매몰비용은 이미 투자되어 회수할 수 없는 비용, 즉 의사결정을 하고 실행한 이후에 발생하는 비용 중 회수할 수 없는 비용을 말한다. 함몰비용이라고 한다. 매몰비용이 클수록 변화에 대한 저항은 더 커질 것이다. 변화를 받아들이는 게 옳다는 것을 알면서도 이미 지불한 비용이 아까워서 포기하지 못하는 것이다.

(2) 기회비용(opportunity cost)

기회비용은 여러 가능성 중 하나를 선택했을 때 그 선택 때문에 포기해야 하는 다른 선택의 가치를 말한다. 사회복지조직을 운영해 나갈 때도 한정된 예산으로 인해 새로운 사업을 추진하려면 어쩔 수 없이 기존 사업을 중단할 수밖에 없다.

3) 사회복지행정조직의 환경 관리 전략

사회복지행정조직의 환경 관리 전략은 조직마다 처한 상황에 따라 각기 다른 전략을 세울 것이나, 일반적으로 유용성이 높은 전략과 낮은 전략으로 분류해 살펴보기로 한다.

(1) 유용성이 높은 전략

사회복지행정조직에게 가장 유용한 전략은 협력 전략이다. 사회복지행정조직들은 저마다 보유한 서비스를 상대 조직에게 주고, 상대 조직으로부터 필요한 서비스를 제공받는다. 이른바 기브앤테이크 전략, 윈윈전략으로 사회복지행정조직이 흔히 활용하는 전략이다.

- 계약: 두 조직 간에 공식적 혹은 비공식적으로 합의한다.
- 연합: 한 사업을 위해 여러 조직이 자원을 합한다.
- 흡수: 과업 환경 내 주요 조직의 대표자들을 정책 수립 기구에 참여시킨다.

(2) 유용성이 낮은 전략

- 권위주의 전략: 조직의 권력이나 권위를 이용하여 다른 조직에게 특정 행동

을 강요하거나 명령하기도 한다. 따라서 사회복지행정조직이 활용하기에는 유용성이 낮은 전략이다.

- 경쟁전략: 자신의 조직이 다른 조직보다 경쟁우위를 확보하기 위해서는 다른 조직의 눈치를 보면서 그 조직보다 더 잘하려고 치열하게 경쟁할 것이다. 하지만 지나친 경쟁은 변화가능성이 높지 않은 클라이언트를 거부하거나 성공 가능성이 높은 클라이언트만을 받아들이는 크리밍 현상이 발생하거나 제 살 깎아 먹기 식으로 불필요한 자원 낭비로 이어질 것이다.
- 방해전략: 경쟁관계에 있는 다른 조직의 활동을 방해하거나 세력을 약화시키는 전략이다.

더보기 **크리밍(Creaming) 현상**

크리밍(Creaming)이란 크림 떠먹기란 뜻으로 사회복지조직에서 비교적 성공 가능성이 높은 클라이언트를 선별적으로 모집하게 되고, 그 반대로 자원의 소모가 많고 서비스의 수요가 큰 클라이언트는 배척하게 되는 현상을 말한다. 즉, 사회복지조직에서 크리밍 현상은 복지기관에 협조적이고 유순한 성공가능성이 높은 클라이언트를 선발하고 비협조적이거나 어려울 것으로 예상되는 클라이언트를 배척하는 현상을 말한다.

크리밍 현상은 관료제의 대표적 병폐이며 환경관리전략이기도 하며, 프로그램 대상자 모집에서 지양해야 할 현상이다.

2. 사회복지행정조직의 문화

출제경향

- 조직문화가 구성원의 소속감 정체성 형성에 미치는 주요 요인, 조직문화와 조직성과의 연관성, 조직문화의 형성, 유지, 변화에 영향을 미치는 요인에 대해 잘 살펴보아야 한다.
- 한편, 최근 조직문화를 유형화하고 이를 조직성과에 연결시켜 실증적으로 검토하는 연구가 사회복지행정학계에서 활발히 진행되고 있어, 출제 가능성이 점점 높아질 것이다.

핵심개념

- 조직문화가 조직성과에도 영향을 미치는 사실을 염두에 두어야 한다.
- 조직문화: 조직구성원이 공유하고 있는 신념, 가치관, 행동규범 등
- 조직문화의 일반적 기능: 구성원들에게 일체감과 조직에 대한 충성심 부여, 결속력 강화, 구성원 행동의 당위성과 방향 제시
- 조직문화의 형성: 설립자나 최고경영자의 경영이념과 철학에 의해 영향을 받음
- 조직문화의 유형화가 조직문화와 조직성과 간의 관계를 실증적으로 분석하고, 관련 현상을 체계적, 통합적으로 설명하는 데 효과적임.

1) 사회복지행정조직의 문화

사회복지조직에서 강조되는 조직문화란 조직구성원들이 집단적으로 공유하는 것으로 조직구성원의 행동과 조직체 고유의 가치관, 신념, 규범, 관습, 행동양식 등을 포함하는 복합적인 개념이다.

사회복지조직이 어떠한 조직문화를 만들어 가고 계승해 나가야 하는가는 사회복지서비스의 질을 좌우할 뿐만 아니라 그 사회 전체의 복지 수준을 가늠할 수 있는 중요한 잣대가 될 수 있기 때문에 매우 중요하다.

2) 조직문화에 따른 조직형태별 차이점

〈표 5-1〉 조직형태와 조직문화

휴먼서비스조직	비휴먼서비스조직
인간적인 특징과 직원 간의 상호작용, 정서적인 인간관계를 중시	인간적인 특징이 다소 적다는 것이 특징, 업무성과 위주의 보상시스템으로 직원 간의 갈등과 경쟁적인 문화가 팽배
영리조직	**비영리조직**
조직의 이윤을 최대의 목표로 설정하고 있기 때문에 직원의 채용과 승진에 있어서도 이윤의 추구에 기여할 수 있는 인재 선호	이윤을 추구하지 않기 때문에 조직의 가치와 이념에 부합하며 조직에 융화될 수 있는 직원을 선호
공공조직	**민간조직**
지나친 관료적 형식주의, 무책임한 관료주의라는 비판을 받고 있지만 질적인 부문에서 차별성이 없음	공공조직에 비해 성과에 따른 보상과 효율성을 더욱더 강조하며 업무의 결과보다는 과정 중심이며 클라이언트 중심의 서비스를 제공

3) 조직문화의 순기능과 역기능

〈표 5-2〉 조직문화의 순기능과 역기능

조직문화의 순기능	조직문화의 역기능
① 조직문화의 일체감을 유도한다. ② 조직구성원의 개인적인 이익보다 조직의 목표를 위해 헌신하도록 한다. ③ 조직체계의 안정성을 높여준다. ④ 조직구성원의 태도와 행동을 지도하는 통제수단이다. ⑤ 조직구성원의 행동뿐만 아니라 선발과 승진에 영향을 끼친다.	① 공유된 가치가 조직유효성을 촉진시키는 가치 등과 일치하지 못할 때 조직에 부담이 된다. ② 조직문화가 너무 강하면 새롭고 참신한 아이디어를 받아들이는 데 걸림돌이 된다. ③ 조직혁신이 필요한 상황에서 강한 조직문화는 장벽으로 작용한다.

4) 조직문화의 형성, 유지, 변화

(1) 조직문화의 형성

조직문화의 형성에는 설립자나 최고 경영자의 경영이념과 철학이 가장 큰 영향을 미친다. 예를 들어, 외국인 선교사나 종교단체에 의해 설립된 사회복지 기관의 경우 기독교 이념이나 종교단체의 이념이 조직문화로 형성되는 일이 많다.

(2) 조직문화의 유지

조직문화를 유지하기 위해 신입사원의 선발 단계부터 이를 고려해야 한다. 조직문화에 적합한 사람을 선발하여 오리엔테이션 등 교육 훈련을 시킨다. 그 외 야유회나 체육대회 같은 행사를 개최하거나 사내 홍보물을 발행하고 간담회나 워크숍을 실시하여 조직문화를 유지한다.

(3) 조직문화의 변화

조직문화는 일반적으로 단기간에 형성되는 것이 아니라 장기간에 걸쳐 서서히 견고하게 형성된다. 따라서 한번 형성된 조직문화가 변화하기란 쉽지 않다. 그렇다 하더라도 조직이 극단적인 위험에 처하거나 기존과 다른 가치체계를 가진 새로운 리더로 교체될 때에는 조직문화가 강하지 않은 조직, 규모 자체가 작은 조직은 조직문화가 쉽게 변하기도 한다.

5) 조직문화와 조직성과

조직문화와 조직성과는 조직의 현상을 이해하고 개인의 행동을 설명할 수 있을 뿐 아니라, 조직 효과성을 높이는 유용한 도구로 활용될 수 있어 조직문화는 조직을 연구하는 데 그 중요성이 부각되고 있다.

구성원 사이에 조직의 믿음과 가치가 폭넓게 공유될 때 조직문화는 견고해 진다. 이는 결과적으로 조직성과에 영향을 미친다. 긍정적인 조직문화일 경우 구성원이 즐겁게 일하면서 조직성과를 높일 수 있는 반면, 병리적인 조직문화일 경우에는 조직구성원으로 하여금 병리적인 조직문화에 동화되도록 압박이 심하여 올바른 가치관과 소신을 가진 조직구성원이 스트레스와 직무불만족을 느끼게 된다. 이 때문에 이직률이 높고 조직성과가 낮아진다.

더보기 **조직문화와 조직성과의 관계에 관한 연구 동향**

조직문화와 조직성과의 관계에 대한 접근방법은 특성적 접근(trait approach), 문화강화적 접근(culture strength), 문화유형적 접근(culture type approach), 상황론적 접근(contingency approach) 등이 있다.

- 특성적 접근: 강도가 높은 특정한 문화 특성이 높은 조직이 성공한다.
- 문화강화적 접근: 문화 강도가 높은 조직이 조직성과가 높다.
- 문화유형적 접근: 조직문화를 공통적인 몇 가지 차원으로 구분하여 각 문화 유형에 따른 조직 효과성에 관심을 갖는다.
- 상황론적 접근: 조직문화 특성과 상황 요인 간의 적합성이 조직성과를 좌우한다.

Chapter 06

사회복지서비스 전달체계

1. 사회복지서비스 전달체계의 개념과 원칙
2. 사회복지서비스 전달체계의 개선전략
3. 사회복지서비스 전달체계의 변화와 실태
4. 사회복지서비스 활용전략

Chapter 06

사회복지서비스 전달체계

1. 사회복지서비스 전달체계의 개념과 원칙

출제경향
- 사회복지서비스 전달체계 구축의 원칙, 전달체계의 운영 주체를 잘 살펴보아야 한다.

핵심개념
- 전달체계의 구조: 행정체계(시군구, 읍면동), 집행체계(공공전달체계, 민간전달체계)
- 전달체계 구축의 원칙: 전문성, 접근성, 통합성, 포괄성, 적절성, 연속성, 평등성, 책임성

1) 사회복지서비스 전달체계의 개념

사회복지서비스 전달체계는 어떤 방법을 통해야 가장 효과적이고 효율적으로 클라이언트의 욕구를 충족시킬 수 있는지를 판단하는 과정이며, 사회복지서비스 공급자와 클라이언트를 연결시키기 위한 체계적이고 조직적인 장치를 말한다.

2) 사회복지서비스 전달체계의 분석적 차원

(1) 구조 · 기능적 분석

사회복지서비스 전달체계는 구조 · 기능면에서 행정체계와 집행체계로 나뉜다. 행정체계는 서비스를 기획, 지시, 지원, 관리하는 기능을 수행하고, 집행체계는 클라이언트와 직접 대면하여 서비스를 전달하는 기능을 수행한다. 국민기초생활보장서비스의 전달체계를 예로 들면, 연계된 조직체계구성이 '보건복지부 → 시 · 도 → 시 · 군 · 구 → 읍 · 면 · 동 → 국민기초생활수급자'이다. 보건복지부에서는 시 · 군 · 구까지 행정체계라 할 수 있고, 읍 · 면 · 동과 국민기초생활수급자 간 체계는 집행체계라 할 수 있다. 행정체계와 집행체계는 상호 연계되어 서로가 서로를 보완하면서 하나의 총체적인 전달체계를 이루고 있는 것이다.

(2) 운영주체별 분석

사회복지서비스 전달체계의 운영주체는 공공과 민간으로 나뉜다. 공공 전달체계는 사회보험과 공공부조와 같이 안정적인 급여를 담당하거나 공공재적 성격과 외부효과가 강하고 표준화가 용이한 서비스를 담당한다. 따라서 중앙정부, 지방정부, 공공기관이 직접 전달체계를 관리 · 운영한다. 공공전달체계는 국민의 세금으로 조달하므로 재정적으로 안정되어 있다는 장점이 있지만, 관료적이며 외부환경에 둔감하다는 한계가 있다.

민간전달체계는 대인 서비스를 담당한다. 따라서 민간기관이나 단체가 직접 전달체계를 관리 · 운영한다. 민간부문은 다시 비영리조직과 영리조직으로 나뉜다. 영리조직은 구성원들에게 수익을 배분하지만 비영리조직은 수익을 배분하지 않고 설립목적을 위해 재투자한다는 점에서 차이가 있다. 민간 전달체계는 사회변화에 민감하게 반응할 수 있어 융통성 있고 창의성 있게 업무를 수행할 수 있다는 점에서 장점이 있기는 하지만 재정적으로 불안정하다는 한계가 있다.

(3) 서비스별 분석

사회복지서비스 전달체계는 서비스의 종류와 성격에 의해 구분될 수도 있다. 구조·기능적 분석과 운영주체별 분석은 서비스 공급자(제공자)를 중심으로 한 분류로 서비스 이용자(클라이언트)의 입장을 반영하지 못한다는 한계가 있다. 사회복지서비스는 다음과 같은 이용자(클라이언트)의 욕구를 중심으로 전달되어야 한다. 이외에도 장애인복지서비스, 교정서비스, 자활서비스 전달체계 등이 있다.

〈표 6-1〉 서비스 이용자와 전달체계

구분	구체적 전달체계
아동복지서비스 전달체계	사회복지전담공무원, 시·군·구, 보육시설, 드림스타트, 지역아동센터, 가출청소년일시보호소, 청소년쉼터, 종합사회복지관, 소년원, 그룹홈 등
노인복지서비스 전달체계	사회복지전담공무원, 시·군·구, 노인주간보호센터, 치매단기보호센터, 요양시설, 노인종합복지관, 경로당 등
정신보건서비스 전달체계	사회복지전담공무원, 시·군·구, 정신병원, 종합병원, 정신건강증진센터, 사회복귀시설, 낮 병원, 자살예방센터, 가족치료센터 등
국민기초생활보장 서비스 전달체계	사회복지전담공무원, 시·군·구, 각종 보장심의위원회, 작업재활시설, 보육원, 양로원, 각종 생활시설 등과 같은 보장기관, 종합사회복지관, 노동사무소, 직업훈련기관 등

3) 사회복지서비스 전달체계 구축의 원칙

(1) 전문성의 원칙

사회복지서비스의 핵심적인 업무는 반드시 전문가가 담당해야 한다. 전문가는 자격요건이 자격시험 등에 의하여 객관적으로 인정된 사람이며, 자신의 전문적 업무에 대한 권위와 자율적 책임성을 지는 사람을 말한다.

업무의 성격상 전문성을 덜 요하는 것은 준전문가(paraprofessional)가 담당하고 비숙련업무 및 일반행정업무는 비전문가(nonprofessional) 또는 경우에 따라서는 자원봉사자가 담당하도록 되어 있다. 사회복지서비스의 효과성과 효율성을 위해서는 이러한 원칙을 반드시 지켜야 한다.

(2) 통합성의 원칙

클라이언트의 문제는 많은 경우 복합적이고 상호 연관되어 있기 때문에 이러한 문제의 해결을 위한 서비스들도 서로 연결성 있게 연관되어야 한다. 한 클라이언트를 위한 서비스들이 연결성이 없이 파편화될 경우 클라이언트를 조각으로 분리하는 것과 같다.

서비스가 통합적으로 제공되기 위해서는 한 행정책임자에 의해 서비스들이 제공되고 서비스 제공 장소들이 지리적으로 상호 근접되고 서비스 프로그램 간 또는 조직 간에 상호 유기적인 연계와 협조체계가 갖추어져야 한다.

(3) 포괄성의 원칙

인간의 욕구와 문제는 다양할 뿐만 아니라 한 가지 문제는 다른 여러 가지의 문제와도 연관되어 있는 것이 일반적이기 때문에 다양한 욕구와 문제를 동시에 또는 순서적으로 해결하기 위하여 다양한 서비스를 필요로 한다.

서비스의 포괄성을 달성하기 위해서는 한 사람의 전문가가 여러 문제를 다루거나(일반화 접근방법, generalization approach) 아니면 각각 다른 전문가가 한 사람의 각각의 문제를 다룰 수도 있고(전문화 접근방법, specialization approach) 또는 여러 전문가들이 한 팀이 되어 문제를 해결할 수도 있다(팀 접근방법, team approach).

일반화 접근방법은 전문성이 약해질 우려가 있고, 전문화 접근방법은 통합조정이 어려워질 우려가 있으며, 집단 접근방법은 전문가들 간의 갈등이 있을 수 있는 등의 단점이 있다. 복합적이고 다양한 문제를 가진 개인의 문제를 해결하는 데 있어서 한 전문가가 책임을 지고 계속적으로 필요한 서비스와 전문가를 찾아 연결시켜 주고 적절한 서비스를 받을 수 있도록 하는 사례관리방법(case management)도 있다.

(4) 적절성의 원칙

사회복지서비스는 그 양과 질, 제공하는 기간이 클라이언트의 욕구 충족과 서비스의 목표달성에 충분히 부합해야 한다. 이러한 적절성의 원칙은 재정형편상 제대로 지키기 어려운 경우가 많고 그 적절성의 수준에 대해서도 논란이 있을 수 있다. 따라서 주어진 조건하에서 어느 정도가 적절한가에 관한 합의가 이루어져야 한다.

(5) 연속성의 원칙

사회복지서비스 소비자에게 필요한 서비스가 일정기간 동안 지속적으로 제공되는 것을 말하며 전달체계 내의 모든 기관과 프로그램들이 서로 간에 얼마나 밀접하게 근접해 있는지를 나타내는 것이다. 한 개인이 필요로 하는 다른 종류의 서비스와 질적으로 다른 서비스를 지역사회 내에서 계속적으로 받을 수 있도록 그러한 서비스들이 상호 연계되어야 한다. 예를 들면, 직업훈련 프로그램이 취업 알선 프로그램과 연계되어 있지 않으면 서비스 전달체계의 비연속성이 발생하는 것이다. 연속성의 원칙이 잘 적용되기 위해서는 같은 조직 내의 서비스 프로그램 간의 상호 협력이 잘 이루어져야 할 뿐만 아니라 지역사회 내의 사회복지서비스 조직 간에도 유기적인 연계가 잘 이루어져야 한다.

(6) 평등성의 원칙

사회복지서비스는 기본적으로 성별, 연령, 소득, 지역, 종교, 지위 등에 관계없이 모든 국민에게 무차별적으로 제공되어야 한다. 현대 사회는 사회적 변화에 의하여 개인의 경제적 형편에 관계없이 모든 사람 또는 가족에게 많은 사회문제가 발생하고 있는데 국가는 사회복지서비스를 이런 모든 사람들에게 평등하게 제공하여야 한다.

(7) 책임성의 원칙

사회복지조직은 국가(사회)가 시민의 권리로 인정한 사회복지서비스를 전달하도록 위임받는 조직이므로 사회복지서비스의 전달에 책임을 져야 한다. 서비스가 클라이언트의 욕구에 적절히 대응하는지, 전달절차가 적합한지, 서비스가 효과적이고 효율적인지 등을 클라이언트나 서비스 공급자에 대하여 책임을 져야 한다. 특히, 전달체계 내의 민간 사회복지조직들이 갖는 책임의 대상은 국가나 지방자치단체, 그리고 서비스 소비자들이다. 정부의 서비스 품질에 관한 규정을 준수하고 소비자의 불만을 수렴하여 서비스 개선이 이루어지고 있는가의 여부가 중요한 책임성의 내용이 된다.

(8) 접근성의 원칙

사회복지서비스를 필요로 하는 사람들이 서비스를 활용하는데 공간적 거리나 심리적 불편 등 아무런 장애가 없어야 한다. 클라이언트가 서비스에 접근하는데 주요한 장애요인으로 서비스에 대한 정보의 결여나 부족, 거리 또는 교통의 불편 등으로 인한 지리적 장애, 자신의 문제 노출에 대한 두려움, 수치감 등 심리적 장애, 수급요건의 까다로움 등의 선정절차 상의 장애, 금품이나 상담자 부족 등의 자원 부족 등이 있다.

2. 사회복지서비스 전달체계의 개선전략

출제경향 • 사회복지서비스 전달체계의 개선전략에서는 분절적으로 운영되던 개별 전달체계의 문제점을 해소하기 위한 전략으로 최근 통합사례관리업무의 비중 증가와 더불어 사례관리가 전달체계의 주요 개선전략이 되고 있다.

핵심개념 • 전달체계의 개선전략: 종합서비스센터, 인테이크의 단일화, 종합적인 정보와 의뢰, 사례관리, 트래킹

1) 사회복지서비스 전달체계 개선방향: 통합의 필요성

사회복지 전달체계의 궁극적인 목적은 서비스를 효과적이고 효율적으로 전달하는 것이다. 이와 마찬가지로 사회복지 전달체계를 개선하려는 궁극적인 목적도 서비스를 효과적이고 효율적으로 전달하는 데 있다. 길버트와 스펙트(Gilbert & Specht)는 단편성, 비연속성, 비책임성, 비접근성을 사회복지서비스 전달체계에서 주로 대두되는 문제로 보았다. 이러한 문제를 해결하고 사회복지서비스 전달체계를 개선하기 위한 최선의 방법은 각각의 전달체계를 통합하는 것이다.

2) 사회복지서비스 전달체계 통합의 전략

전달체계 내 서비스 기관이나 프로그램을 통합하기 위해서는 종합서비스센터, 인테이크(intake)의 단일화, 종합적인 정보와 의뢰, 사례관리, 트래킹 등 다양한 행정 방법을 동원할 수 있다. 이때 어떤 방법이 더 좋은지는 판단하기 어렵지만, 어떤 경우의 상황이나 조건에서는 분산된 전달체계가 더 바람직하다는 정도로 이해하면 된다.

(1) 종합서비스센터

하나의 서비스 분야에 대해 지역 내 관련된 모든 서비스를 한곳에 모아 제공할 수 있도록 하는 것이다. 종합사회복지관, 노인종합복지관 등이 예이다.

(2) 인테이크(intake)의 단일화

전달체계 내 서비스 조직이 인테이크(수용)를 전담하는 창구를 공동으로 개발하는 것을 의미한다. 이 창구는 클라이언트의 다차원적인 욕구를 종합적으로 평가하며, 그에 따른 적절한 서비스를 포괄하는 계획을 개발하는 것이다.

(3) 종합적인 정보와 의뢰(I & R: Information & Referral)

조직들 간 구조적인 통합을 하지 않고 조직들 각자의 독립성을 유지한 상태에서 클라이언트의 의뢰나 서비스들 간 연결만을 목적으로 정보와 의뢰 시스템을 강화하는 것이다. 이는 단순 조정방법에 속하면서도 비교적 강력한 통합 효과를 가진다.

(4) 사례관리

클라이언트의 욕구를 충족하기 위해 사례관리자가 중심이 되어 개별조직에 분산되어 있는 서비스를 연결하여 클라이언트의 복합적인 욕구를 충족시키는 것이다.

(5) 추적조사(tracking)

서로 다른 기관과 프로그램에서 다루었던 클라이언트의 정보를 전산정보시스템을 통해 서로 공유함으로써 클라이언트가 그동안 제공받은 서비스 이력을 추적해서 파악하는 것이다.

더보기	사례관리

- 희망복지지원단이 출범한 이래 사례관리는 꾸준히 출제가 되고 있다. 2016년부터 동주민센터(행정복지센터로 명칭 변경)가 복지의 허브기관으로 자리매김함에 따라 사례관리의 중요성이 부각되었다.
- 일반행정에서의 사례관리보다 사회복지행정에서는 사례관리가 중요하다고 볼 수 있다.

3. 사회복지서비스 전달체계의 변화와 실태

출제경향
- 사회복지서비스 전달체계의 변화와 실태는 공공과 민간의 역할분담을 중심으로 살펴보고, 지방분권화에 따라 중앙정부의 역할과 지방정부의 역할에 대해서도 구분하여야 한다. 전달체계와 관련한 한계와 개선방안에 대해서도 살펴보아야 한다. 공공 전달체계의 실제, 민간 전달체계의 강점(필요성)도 잘 살펴봐야 한다.

핵심개념
- 공공과 민간의 역할 분담
- 정부의 역할과 지방정부의 역할
- 전달체계의 한계와 개선방향
- 공공 전달체계의 실제와 민간 전달체계의 강점(필요성)

1) 공공과 민간의 역할분담

(1) 민간의 역할

민간(사적) 부문에는 사회복지 활동가 조직 및 사회복지기관, 종교단체, 경제계, 전문가단체, 학계, 노동조직, 지역시민, 사회단체 등이 있으며, 이러한 다양한 주체들의 자발적인 참여와 실천 활동을 통해 자원조사 활동, 사회적 약자들과 가족에 대한 물질적·비물질적 지원 제공의 일선 역할 수행이 이루어져야 한다.

(2) 공공의 역할

공공 영역에서는 사회적 요구는 많으나 시장 기구에 의하여 적절한 공급이 어렵거나 또는 민간이 제공하기 어려운 서비스를 제공해야 한다.

공공 영역은 공공과 민간의 역할에 기반한 민간 영역의 활성화를 추구하여야 한다. 예를 들어, 민간 사회복지시설이나 기관의 활성화 방안이 적극 마련되어야 한다. 이를 위해서는 정부 담당 업무 중 민간에서 담당할 수 있는 업무는 과감하게 민간으로 이양해야 하며, 민간 기관에 대해 권한과 의무를 위탁할 경우에는 명확한 계약관계에 기반하여 관계를 정립해 나가야 한다.

① 중앙정부의 역할 → 보건복지부

중앙정부는 복지체계의 전반적인 정책 방향 및 기준을 설정·제시하고, 민간의 참여 확대를 포함한 복지체계 구축에 필요한 법이나 제도 마련, 각종 사업의 시범 실시 및 확대, 재정 확보·운영, 그리고 다양한 지역복지 모델에 대한 평가·확산 등의 역할을 담당한다. 또한, 지방자치단체, 산하단체 및 민간 기관에 대한 심사, 조정 및 평가 업무 등을 진행한다.

한편, 중앙정부의 복지사무로는 전국적 이해관계에 관련된 사무와 제도의 전국적 통일성을 갖는 사회보험과 사회복지업무를 담당하는 주무부처는 보건복지부이다.

② 지방정부(지방자치단체)의 역할

지역사회 내의 문제 해결을 위한 조사 및 기획, 정책 우선순위 선정, 지역 내 다양한 자원의 조정 및 동원, 민간 자원과의 협력관계구축, 살기 좋은 지역 만들기·건강마을 만들기·문화마을 만들기 등의 제반 마을 만들기 운동을 주도·참가·후원 등의 역할을 담당한다.

한편, 지방정부의 복지사무로는 주민의 복지증진에 관한 사무로 주민복지사업, 사회복지시설의 설치, 운영 및 관리, 빈곤층 대상 공공부조 사업, 아동, 노인, 장애인, 청소년, 부녀복지 서비스, 보건진료기관의 설치 운영에 관한 사항 등이며, 사회복지실무를 담당하는 주무부서는 광역지방자치단체인 시 · 도 및 기초지방자치단체인 시 · 군 · 구와 읍 · 면 · 동 등이다.

③ 지방재정 분권화의 부정적 결과

지방재정의 분권화로 지방자치단체들 간 사회복지수준의 격차가 발생하고, 분권교부에 따른 지방재정이 약화되고, 타 지역 거주자의 시설입소가 제한되며, 복지시설 종사자 처우개선에 대한 불안감이 조성되는 등의 문제점이 지적된다. 또한, 지방정부는 재정자립도가 낮기 때문에 중앙정부의 지원을 받을 수밖에 없지만 그만큼 중앙정부의 간섭과 통제를 받기 때문에 자율성이 낮아진다. 장기적으로 지방정부 자체의 사회복지재원을 마련할 수 있는 별도의 방안들이 모색되어야 할 것이다.

2) 사회복지 역할분담의 필요성과 원칙

(1) 국가부문의 필요성

전통적으로 시장이 초래하는 비효율적 자원배분과 분배상의 불평등, 즉 시장실패와 관련하여 강조되어 왔다. 특히 공공재와 외부효과(external effect)의 문제는 국가를 통한 자원 배분, 즉 공공복지의 필요성을 옹호하는 이론적 기반이 되어 왔다. 공공재이거나 재화나 서비스가 외부효과를 가지게 될 경우에는 시장이 그 재화나 서비스를 효율적으로 배분할 수 없으므로 국가를 통해 이루어지는 것이 더 효율적이라 말할 수 있다.

이해돕기 **외부효과**

어떤 경제주체의 행위가 다른 경제주체에게 긍정적 혹은 부정적 영향을 미치고 있음에도 이에 대한 금전적 거래가 없이 보상이나 가격지불이 이루어지지 않은 상황을 말한다.

- 긍정적 외부효과(외부경제): 아름다운 정원(이웃의 맑은 공기 등), 양봉업자와 과수원 주인 등
- 부정적 외부효과(외부불경제): 대기오염, 층간소음, 오폐수방류 등

① 중개자의 역할

중개자로서 정부는 다양한 제공 주체들과 복지욕구를 가진 사회구성원 간의 연계를 중개하는 역할을 수행해야 한다. 정보기술의 발전에 따라 중개자로서 역할 수행은 점차 용이해질 수 있다.

② 중재자로의 역할

중재자로서 정부는 여러 제공 주체들이 가진 갈등구조의 문제, 가령 자원의 소유자와 비소유자 사이의 불평등 문제를 조정해야 한다. 이것은 마치 소득의 불평등한 분배에 대해 재분배 장치를 국가가 마련하듯, 연대재의 불평등에 대한 재분배의 장치를 마련해야 한다.

③ 제공자의 역할

서구적 복지국가 체제의 국가가 수행했던 기능이지만, 우리나라 복지체계에서도 여전히 핵심적인 국가의 기능이다. 중개자와 중재자의 역할을 정부가 충실하게 수행한다 하더라도 복지욕구를 충족시킬 수 없는 사회적 취약계층은 존재할 것이며, 그들의 복지욕구는 국가주도의 사회복지를 통해 충족되어야 한다.

더보기 **공공재로서의 행정**

- 공공재로서 행정의 특징은 내생적 선호로 인하여 소비자 선호이론이 적용될 수 없다.
- 공공재는 공동으로 소비되는 공동소비성, 등량소비성, 비분할성으로 비경합성을 띠며, 수익자 부담주의를 적용할 수 없게 되고 무임승차 현상을 발생하는 비배제성을 띤다. 한편, 독점적이며, 비저장성을 띠며, 무형적이고 비시장성을 띤다.
- 이처럼, 재화나 서비스는 두 가지 성격으로 구분할 수 있다. 경합성은 특정인의 소비가 다른 사람의 소비를 감소시키거나 당해 재화의 효용과 가치를 감소시키는 현상을 말하며, 배제성은 비용부담을 하지 않을 경우 재화를 이용할 수 없도록 하는 현상을 말한다.
- 경합성과 배제성에 의하여 아래와 같이 몇 가지 형태로 구분된다.

〈표 6-2〉 경합성과 배제성에 따른 재화의 분류

구분		경합성	
		비경합성(비분할성)	경합성(분할성)
배제성	비배제성	공공재(집합재) 예) 국방, 치안, 외교, 등대 등	공유재(공동재) 예) 자연자원이나 정부예산
	배제성	요금제(유료제) 예) 교통, 통신, 전기, 수도 등	민간재(사적재) 예) 빵, 구두 등 일반시장 상품

(2) 민간 전달체계의 필요성

민간 전달체계의 필요성은 다음과 같다.

정부가 제공하는 서비스가 미치지 못하는 자에 대한 서비스 제공, 정부가 제공할 수 없는 서비스 제공, 선택의 기회 제공, 사회복지서비스의 선도적 개발 및 보급, 민간의 사회복지 참여 욕구 수렴, 정부의 사회복지 활동에 대한 압력단체 역할, 국가의 사회복지비용 절약 등이 있다.

(3) 역할분담의 원칙

① 역할분담의 기본 원칙

공공재의 성격이 강하거나 외부효과가 큰 복지재는 국가에 의해 제공되어야 하며, 사유재의 특성이 강하거나 내부효과가 큰 복지재의 분배에는 시장의 핵심적 행위자들, 가령 기업조직 등의 적극적인 참여가 필요하다.

한편, 연대재(solidaristic goods)의 특성이 강하거나 연계효과가 큰 복지재의 분배에는 자원부문, 즉 각종 시민사회조직이나 자조집단 등의 적극적인 참여가 필요하다.

이해돕기	연대재(solidaristic goods)

연대재란 상호의존적인 관계에서 협력과 호혜성에 의거하여 공동으로 만족할 수 있는 연계효과가 큰 재화를 뜻한다. 정부나 민간조직에 의해서만이 아니라 이들의 협조, 연대, 즉 거버넌스에 의한 전달 체계가 가장 효율적일 수 있다.

② 각 주체들 간의 역할분담의 원리

재화나 서비스를 소비자들이 선택하는 데 있어서 재화들에 대한 정보를 소비자들이 많이 갖고 있지 않거나 혹은 비용이 많이 들 경우 공공 부문에서 제공하는 것이 바람직하다.

평등이나 공평성의 가치를 추구하는 서비스의 경우 민간 부문보다 공공부문에서 제공하는 것이 바람직하다.

어떤 재화나 서비스는 그 속성상 여러 부문에서 보완적으로 제공되는 것이 바람직하다.

3) 사회복지 전달체계의 문제점

(1) 공공사회복지 전달체계의 현황과 문제점

공공부조 및 사회복지서비스는 아직 별도의 전담기구가 설치되지 않고 행정안전부와 지방행정 전달체계를 이용하고 있다. 따라서 일선 행정체계의 획일성으로 사회복지전담공무원이 전문성을 발휘하여 자율적으로 업무를 수행하기 어려우며, 상담 등 전문적 대인서비스를 제공하기에는 사회복지전담공무원의 업무가 과중하며 여건이 미비하다. 한편, 일반행정직 공무원인 상급자는 사회복지 분야에 대한 이해가 부족하여 업무의 질적 향상을 기대하기 어렵다. 그리고 복지제도의 전반적 발달이 미흡하여 여러 가지 사회·문화적 요인이 전달체계의 발달을 지체시키고 있다. 전달체계 내에 자문위원회, 심의위원회 등 다양한 위원회들이 존재하지만 형식적으로 운영되고 있어 서비스의 효과성, 효율성 향상에 도움이 되지 못하고 있다.

지역사회복지협의체에서 공공과 민간 간의 연계를 강화하고 지역밀착형 사업을 기획하고자 노력하고 있으나 여전히 상의하달식 수직적 체계로서 지역 특성과 욕구를 반영한 복지서비스를 제공할 여건이 미흡하다.

국민기초생활보장법 실시 이후 자산조사 등 사회복지전담공원의 업무가 과중하고, 서비스 전달체계의 잦은 변화로 역할과부하가 극에 달하고 있으나 여전히 인력 부족의 문제가 해결되지 못하고 있다. 전문인력의 부족은 결국 서비스의 질을 저하시키고 효과성을 약화시킬 수 있다는 점에서 인력 문제는 조속히 해결 방안을 찾아야 할 것이다.

(2) 민간 사회복지 전달체계의 현황과 문제점

민간 사회복지 전달체계인 사회복지관의 경우, 정부의 재정지원을 받는 과정에서 민간기구로서의 독자성과 자율성을 확보하지 못하고 있으며, 그에 따라 사회복지 전달체계에서 차지하는 위치와 성격이 불분명해지고 있다. 또한 기존의 공공 및 민간 전달체계의 역할분담과 조정 및 연계 등을 통한 효율화가 이루어지지 못하고 있다는 점도 지적되고 있다. 특히, 조직 구조, 관리운영, 전달인력의 문제점으로 나눠 살펴보면 다음과 같다.

① 조직 구조상의 문제점

대부분의 민간기관이나 시설들이 운영에 필요한 자원의 대부분을 정부보조금에 의존함에 따라 그 운영에 있어서 정부의 지도·감독을 받게 된다. 이는 민간기관이나 시설이 정부의 정치적 흐름에 영향을 받게 되는 문제와도 연결된다.

거주시설은 아직도 정부의 지원 수준이 낮고, 시설의 종별·지역별 분포가 불균형적이고, 재정상태 및 전문인력 확보가 미비하다.

지역주민의 참여와 시설의 개방화·사회화가 부족한 실정이다.

② 관리운영상의 문제점

사회복지 협의기구들이 조정자로서의 역할과 기능을 충분히 수행하지 못하며, 거주시설의 재원이 빈약하여 클라이언트의 단순 수용 보호에 그쳐서 목표달성이 어렵다.

③ 전달인력상의 문제점

사회복지조직 전문종사자의 처우가 열악하여 전문성과 책임성을 추구하는 데 한계가 있으며, 직원의 빈번한 이직과 교체로 서비스의 지속성이 부족하다.

좀더 보기

사회복지 역할 분담의 유형

공공과 민간의 관계 유형에 있어 순수한 정부지배모형과 순수민간지배모형을 배제한다면, 4가지 형태의 공공과 민간의 파트너십 관계를 상정할 수 있다.

① 병행보완 모형(Parallel supplement model)

공공과 민간이 각각 재원을 조달하고 급여의 대상이 다른 경우이다. 이 경우 공공과 민간의 파트너십은 결국 급여의 대상자를 결정하는 과정에서 이루어진다. 가령 민간은 공공 급여의 사각 지대에 위치한 수요자에게 급여를 제공하는 역할을 수행하는 것이다.

② 병행보충 모형(Parallel Complement Model)

공공과 민간이 각각 재원을 조달하고 급여의 대상도 같지만, 서로 상이한 급여를 제공하는 것이다. 동일한 복지 수요자에게 민간은 사회복지서비스를 공공은 현금급여를 제공하는 경우가 여기에 해당되는데, 공공과 민간의 파트너십은 결국 급여의 내용을 결정하는 과정에서 이루어진다.

③ 협동대리 모형(Collaborative Vendor Model)

여기에서 공공은 재원조달의 책임을 맡고, 민간은 급여의 책임을 맡는다. 다만, 공공과 민간의 관계가 일방적이라는 특성을 가진다. 즉, 이 모형에서 민간은 정부의 대리인으로 기능하며, 정부는 민간의 역할을 세세하게 평가·감독한다. 이 모형에서 정부와 민간의 파트너십은 재원을 배분하는 과정에서 이루어진다.

④ 협동동반모형(Collaborative Partnership Model)

공공이 재원의 책임을 맡고, 민간이 급여를 맡는다는 점은 협동대리 모형과 동일하지만, 공공과 민간의 관계가 쌍방적이라는 점에서 다르다. 즉, 이 모형에서 민간은 프로그램 관리나 정책개발에서 상당한 재량권을 가질 뿐 아니라, 공공의 정책결정 과정에도 영향을 미친다.

4. 사회복지서비스 활용전략

출제경향

- 사회복지서비스 활용은 한정된 희소자원이 최대한 효용을 발생할 수 있는 클라이언트 집단에게 활용되도록 하는 것이 서비스 활용의 본질적 과제이므로 이를 잘 살펴봐야 한다. 또한, 접근성을 개선하여 서비스 활용을 증대시키는 전략에 대해서도 살펴봐야 한다.

핵심개념

- 서비스 접근성과 활용: 서비스 접근성을 관리하는 문제는 욕구와 서비스를 일치시키는 작업이다.
- 서비스 활용과 비용: 저활용에 따른 비용, 과활용에 따른 비용, 행정비용
- 서비스 활용 과정의 장애: 지식·동기·인지, 지리적 장애, 심리적 장애, 선별기준 장애, 자원의 가용성
- 서비스 활용을 위한 전략: 출장서비스, 정보와 의뢰, 홍보, 서비스 조직의 개선, 클라이언트와의 신뢰 구축

1) 서비스 접근성과 활용

서비스 접근성이란 적절한 서비스를 적절한 시간에 적절한 사람에게 주선하기 위한 시도로서 개인들의 서비스 활용에 대한 장애를 만들어 내기도 하고 혹은 없애기도 하는 모든 의도적인 활동을 말한다. 서비스 접근성을 관리하는 문제는 욕구와 서비스를 일치시키는 작업이다. 욕구를 가진 표적인구집단과 서비스를 실제로 이용하고 있는 클라이언트 인구집단이 일치하고 있는가에 관한 것이다.

- 서비스의 과활용: 욕구를 갖지 않는 사람이 서비스를 이용하는 경우에 나타난다. 때로는 의도적인 서비스 사취로 간주되지만, 대부분의 경우는 수요자의 기대와 공급자의 기대가 맞지 않을 때 발생한다.

- 서비스의 저활용: 욕구를 가진 클라이언트가 서비스 접근에 어려움을 겪는 경우를 나타낸다. 특히 서비스 제공 능력이 있는데도 불구하고 이러한 저활용이 발생하는 것은 욕구불충족에 대한 주요한 원인이 된다.
- 접근효과성 지표: 접근효과성 지표는 서비스 활용에 있어서 욕구를 가진 클라이언트들이 얼마나 적합하게 서비스에 접근하는가를 나타내는 것이다.

$$\text{접근효과성 지표} = \frac{(\text{정상적 활용 사람수}) - (\text{과활용 사람수})}{\text{전체 욕구 인구수}}$$

2) 서비스 활용과 비용

접근성의 오류들은 서비스 활용에 있어 문제적인 상황들을 발생시키고 이는 각기 그에 따르는 사회적 비용을 수반하게 된다. 아래와 같이 세 가지 비용들은 서로 독립적이지 않으며 보통은 상호 의존되어 나타난다.

- 저활용에 따른 비용: 욕구를 가지고 있으면서 서비스를 받지 못한 클라이언트들이나 해결되지 않는 사회적 문제들이 저활용에 의해 나타나는 비용이 된다.
- 과활용에 따른 비용: 기회비용 혹은 잠재적인 개인적·사회적 급부의 상실을 의미한다.
- 행정비용: 과활용과 저활용을 줄이기 위한 행정적인 노력들에 투입되는 비용이다.

3) 서비스 활용 과정의 장애

서비스 활용 과정이란 만약 한 개인이 필요로 하는 서비스를 활용할 때 극복해야 할 일련의 장애들로 구성되어 있는 과정이다. 이러한 장애들은 욕구를 갖지 않는 사람들의 서비스 활용은 억제하고 욕구를 가진 사람들은 보호하는 것이어야 할 것이다. 서비스 공급자의 입장에서는 각 장애요인들에 대해 종합적인 검토가 필요하다.

(1) 지식, 동기, 그리고 인지

개인들이 서비스를 이용하기 위해서는 먼저 동기가 발생해야 한다. 서비스를 찾고자 하는 동기는 개인 스스로 문제를 갖고 있다는 인지를 해야 하고 또한 외부의 도움이 없이는 스스로 이러한 문제를 해결할 수 없다는 인식이 있을 경우에 발생한다. 문제에 대한 인지와 동기가 이루어졌다면, 다음에는 어디에서 도움을 찾아야 할 것인가를 아는 지식도 필요하다.

(2) 지리적 장애

거리가 멀어질수록 서비스 이용이 감소한다. 모든 잠재적 서비스 이용자는 이러한 지리적 장애를 염두에 두는데 나들이 준비시간과 서비스 시간을 합한 전체 경과시간, 낯선 장소에 가는데 따르는 심리적 부담, 교통비와 같은 실질적인 경비를 포함한 비용들이 지리적 장애에 포함된다.

(3) 심리적 장애

개인적인 문제를 낯선 사람들에게 누설해야 된다는 것, 서비스 활용에 뒤따르는 사회적 스티그마(낙인)와 같은 심리적 장애는 서비스 활용의 전 과정에서 계속해서 다른 장애인들과 상호작용하면서 존재한다.

(4) 선별기준 장애

어떤 서비스 형태든 그 이용자를 구분하는 선별기준들을 갖는다. 서비스 요금이나 공식적으로 책정되어 있는 프로그램 자격기준 등이 이러한 것들이다. 이에는 재정적 장애, 자격요건 장애, 절차 장애, 욕구진단 장애 등으로 설명될 수 있다.

(5) 자원의 가용성

현금서비스나 현물 서비스 모두 대부분의 서비스 조직들은 한정된 예산의 압박을 받고 있다. 수요는 무한하다는 가정에서 할당에 맞추어서 수요와 서비스를 맞추어 나가는 것이다. 이러한 경우 자격 있는 클라이언트가 서비스와 연결된다는 보장은 하기 어렵고, 반대로 예산의 증가에 대해 수요가 못 미치는 경우도 있다. 자원의 가용성 여부에 따라 서비스 활용의 장벽들이 높아지기도 하고 낮아지기도 하는 것이다.

4) 서비스 활용을 위한 전략

접근성을 개선하여 서비스 활용을 증대시키는 전략들에는 다음과 같은 것들이 있다. 첫째, 문제를 갖고 있는 사람들이 일단은 어떤 서비스 조직에 접촉해야 한다. 그래서 최초의 접촉을 용이하게 하기 위한 전략이 필요하다. 둘째, 만약 최초의 접촉기관에서 욕구와 서비스간의 일치가 이루어지지 않는다면, 클라이언트들을 정확한 서비스나 조직들에 연결시키기 위한 일련의 전략들도 필요하다. 셋째, 잠재적 이용자를 받아들이는 서비스 조직들의 자세도 개선되어야 한다. 넷째, 장기적으로는 서비스 프로그램들이 클라이언트에 대한 신뢰성을 확보하는 것도 서비스 활용을 극대화시키는 전략들에 속한다.

(1) 출장서비스

출장서비스(outreach)는 서비스 이용자들이 스스로 알고 찾아오기를 기다는 것이 아니라, 서비스 기관이나 담당자들이 클라이언트들을 적극적으로 찾으러나서는 시도를 말한다. 출장서비스는 단순히 정보제공의 목적에 한정되는 경우도 있고, 욕구사정활동과 연계되어 있기도 하다. 서비스를 활용하도록 동기를 부여하거나 보다 적극적으로 활용을 권장하는 활동을 하기도 한다. 서비스 이용에 따르는 심리적 장애를 극복하는 데 도움을 주고, 필요하다면 교통편의나 방문서비스까지도 제공한다. 인테이크 과정에 대한 보조와 실제로 사용자가 서비스를 제공받았는가를 확인하기 위한 후속절차로까지도 이용된다.

(2) 정보와 의뢰

보통의 경우 클라이언트는 자신에게 적합한 서비스를 찾아내기가 어렵다. 그럴 경우에 자신들의 서비스와 일치하지 않는 클라이언트를 접촉하게 된 기관이나 프로그램들이 다른 적절한 서비스의 종류와 소재를 파악하여 의뢰해 주는 시스템이 필요하다.

① 정보와 의뢰시스템의 요소

효과적인 정보와 의뢰시스템에 핵심적으로 포함되어야 할 것들은 다음과 같다.

- 기관소재: 지역사회 내 사회서비스들을 제공하는 기관들의 명단
- 서비스 프로그램: 현재 제공되고 있는 서비스들에 대한 구체적인 성격
- 자격요건: 서비스 수혜자가 되기 위한 자격 요건들(연령, 소득, 거주지, 장애여부, 고용여부, 혼인, 성별 등)

② 정보와 의뢰시스템의 전략

정보와 의뢰시스템을 개발하는 데는 현실적으로 두 가지 방식의 접근전략들이 사용된다.

- 전문적인 정보와 의뢰조직 설치: 지역사회 내에 있는 사회서비스 기관이나 프로그램들이 공동으로 일반적인 목적의 인테이크 기관을 만드는 것이다. 지역사회의 서비스 이용자들은 일차적으로 이러한 인테이크 기관에서 의뢰를 구하고, 그것을 통해 자신의 욕구에 적절한 서비스를 찾아가는 방법이다. 지역사회 서비스 자원과 클라이언트의 욕구들을 효과적으로 연결해주는 방법이긴 하나 비용증대의 단점이 있다.
- 개별 조직들의 기능 강화: 개별 서비스 기관들이 정보와 의뢰시스템을 강화하는 것이다. 따라서 집중화로 인한 비용의 상승과 정보 집중의 단점 등을 피할 수 있다. 개별 서비스 담당자들로 서비스 조직 들이 지역사회의 서비스 프로그램에 대한 충분한 정보와 지식을 각자 소유하도록 유도한다.

(3) 홍보

서비스 프로그램과 그 자격 요건들을 해당 지역사회에 널리 홍보하는 것이다.

프로그램에 관한 정보를 보급하는 수단들에는 대중매체, 안내소책자, 전단, 소식지, 대중연설이나 발표회, 기관이나 전문가 회합, 지역사회 주민 초청이나 기관 안내 등과 같은 홍보방법들이 많이 사용된다.

보다 적극적으로 서비스 대상자들에게 접근하기 위해서는 각 가정에 전단을 배포, 직접 가정방문을 실시, 지역사회의 사정을 잘 아는 사람들과의 관계를 통해서 직접 접촉을 시도, 현지에 출장소나 지소 등의 출장서비스를 계획한다든지, 그 지역의 주민을 준전문가로 활용하는 방법 등이 보다 유용할 수 있다.

(4) 서비스 조직의 개선

서비스 활용을 증대하기 위한 궁극적인 목적을 위해서는 클라이언트의 발굴과 확보만으로는 한계가 있다.

서비스 활용을 증대시키기 위한 기존의 논의들은 클라이언트에 대한 정보제공에 초점을 둔다. 그러나 많은 경우 사회복지조직들은 서비스에 대한 접근성이나 활용을 자신들의 목적에 맞추어 적용시키려는 경향이 있다. 따라서 서비스 활용 증대를 위한 일차적인 노력은 서비스 조직들이 크리밍 현상을 없애고, 활용 수준의 조작(추가 지원 반려, 운영 시간 단축, 출장 서비스 중단, 사전 예약제도 도입 등) 등 관료제적 병폐를 극복하는데도 초점이 맞추어져야 한다.

(5) 클라이언트와의 신뢰 구축

대부분의 대인적 사회복지 서비스들은 워커와 클라이언트의 긴밀한 대인적 관계를 통해 형성되며, 이 관계에서는 양자 간에 신뢰가 형성되지 않고는 효과성을 성취하기 어렵다. 따라서 서비스 과정에서 클라이언트에 대한 신뢰구축은 기존의 클라이언트에 대한 서비스의 이미지 개선이 장기적인 서비스 활용도를 높이는 것이라는 보다 본질적인 서비스 활용 전략이다. 특히 다음 사항들이 신뢰관계 형성을 위해 중요하다.

① 인테이크 과정의 적절성: 신뢰는 클라이언트의 기대와 프로그램의 목표사이에 일치감이 존재할 때 가장 쉽게 형성되므로, 이것을 위해서는 강력한 인테이크 및 사정 절차가 필요하다. 클라이언트의 욕구와 기대를 정확하게 파악하고 그에 따라 서비스 프로그램의 적합성을 판단한다.

② 워커의 전문적 재량권: 개발 케이스들에 대한 워커 나름대로의 재량권을 행사할 수 있어야 한다. 그것이 보장될 때 클라이언트는 워커에 대해서 신뢰를 가질 수 있다.

③ 클라이언트의 자율권: 서비스 프로그램들에서 클라이언트의 참여 증진은 곧 서비스에 대해 신뢰를 갖게 하고, 방법은 자신들의 치료 계획에 적극적으로 참여할 수 있는 역할을 보장한다거나, 서비스나 정책 혹은 절차 등에 대해 클라이언트의 피드백 기회를 보장해 주는 것 등이 있다.

Chapter 07

리더십과 동기부여

1. 리더십의 개념과 유형
2. 동기이론과 소진관리

Chapter 07

리더십과 동기부여

1. 리더십의 개념과 유형

출제경향
- 리더십 이론이 특성이론, 행동이론, 상황이론 순으로 변해왔음을 알고 있는지를, 그리고 각 이론의 특성, 즉, 오하이오 연구, 미시간 연구, 관리격자 모형, 허쉬와 블랜차드의 상황적 리더십이론 등을 잘 살펴봐야 한다.

핵심개념
- 리더십의 개념: 리더가 조직의 목표달성을 위해 구성원들에게 영향을 발휘하는 과정
- 리더십의 유형: 특성이론, 행동이론(오하이오연구, 미시간연구, 관리격자모형), 상황이론(허쉬와 블랜차드, 거래적-변혁적 리더십, 경쟁적 가치 리더십 이론)

1) 리더십의 개념

리더십이란 조직의 목표달성을 위하여 구성원이 자발적으로 참여하고 활동하도록 이를 이끌어 내는 능력이다.

2) 리더십의 요소

리더십 개념을 4P로 설명하면, 리더십은 리더가 조직의 목표달성(performance)을 위해 구성원(people)에게 영향력을 발휘하는(power) 과정(process)이라고 말할 수 있다.

3) 리더십 이론의 변천

과학적 관리론이 지배하던 시대에는 합리적·기계적 인간관 때문에 리더십이 중시되지 않았다. 하지만 구성원의 동기부여나 인간행태 변수를 중시하는 인간관계론에서 연구가 시작되어 행태론(동기부여이론)에서 경험적으로 연구되었고, 행정인의 독립변수적 역할을 중시하는 발전행정론에서도 리더십이 중시되었다.

리더십 이론은 리더의 속성 하나하나를 밝히려는 자질론(또는 신자질론), 업무중심형과 인간중시형으로 구분하여 행태의 특성을 연구하는 행태유형론, 환경적 요인을 연구하는 상황접근론의 네 가지 이론으로 구분한다.

(1) 특성이론

1920년~1950년대에 리더 개인의 특성, 속성 및 자질에 초점을 둔 고전적 연구이다.

리더십을 연구한 초기의 학자들은 링컨(Lincoln), 나폴레옹(Napoleon), 히틀러(Hitler), 간디(Gandhi) 같은 리더들이 다른 사람들과 구별되는 비교적 안정적이고 독특한 그들만의 어떤 특성을 규명하고 그러한 특성을 측정하는 방법 및 리더를 선별하는 방법을 개발하고자 노력하였다.

(2) 행동이론

1950년대~1960년대에 리더와 부하 간의 관계를 중심으로 리더십 행태(행동)의 유형을 연구하였다.

(3) 상황이론

1970년대에 리더십의 효율성에 영향을 미치는 상황적 조건을 연구, 자질론과 상황을 종합한 상호작용이론이나 삼차원이론도 넓게는 이에 속한다.

(4) 신 자질론

1980년대~1990년대에 리더십의 카리스마나 신념 등 개인적 특성을 리더십의 중요한 인자로 재차 강조하는 현대적 리더십 연구이다.

4) 리더십이론의 유형

(1) 특성이론(trait approach)

속성론, 자질론, 위인론이라고도 하며 리더로서 필요한 자질(속성)을 가진 자는 어느 집단 어떤 상황에서도 지도자가 된다는 것이다. 하지만 조직의 특성·목표·상황에 따라 리더십의 자질은 전혀 달리 요청될 수 있고, 지도자라 하더라도 누구나 동일한 자질을 갖고 있는 것은 아니다.

특성이론의 문제점은 다음과 같다. 일관성의 결여, 모든 상황에 적용할 수 있는 리더의 일반적 특성이 없음, 리더와 부하를 구별할 수 있는 명확한 특성을 발견하지 못함, 부하의 특성과 욕구의 영향을 무시, 리더의 특성 간 상대적인 중요도를 제시하지 못함, 과업 환경 등과 같은 상황 요인을 고려하지 못한다는 한계를 갖고 있다.

이해돕기 **카리스마(charisma)**

카리스마란 상대방을 끌어들일 수 있는 특정한 형태의 매력이라고 할 수 있다. 이러한 매력에는 자신감, 비전(vision), 비전을 구체화할 수 있는 능력, 비전에 대한 강한 확신, 독특하고 통상적이지 않은 비정상적인 행동양식, 변화를 주도하기 위한 강한 의지와 능력, 환경에 대한 민감한 반응 등이 있으며, 비전 심어주기(envisioning), 활력 불어넣기(energizing), 임파워먼트(empowerment)가 구체적인 방법이다.

(2) 행동이론(style of leader behavior)

지도자의 행동유형 즉 리더십유형이라는 행태론적 입장으로, 리더의 행태 유형을 연구하고 리더 행태와 추종자들의 업무성취 및 만족사이의 관계를 규명하는데 초점을 두는 연구로 다음과 같은 연구들이 있다.

① 1차원적 접근법

- 독재적, 민주적, 자유방임적 리더
- X-이론형 리더와 Y-이론형 리더
- 미시간대학교의 리더십 연구: 리더의 행동을 직무중심적 행동과 부하중심적 행동으로 구분하고 부하중심적 행동이 생산성이나 만족감 측면에서 더 효과적이라는 결론을 도출한 연구

이해돕기 **직무중심적 리더십과 구성원 중심의 리더십**

- 직무중심적 리더십: 세밀한 감독과 합법적이고 강제적인 권력을 활용하며 업무계획표에 따라 이를 실천하고 업무성과를 평가하는 유형
- 구성원 중심적 리더십: 인간지향적이며 책임의 위임과 구성원의 복지, 욕구, 승진, 개인적인 성장에 대한 관심을 강조하는 유형

② 2차원적 접근법

• 오하이오 주립대학의 연구: 부하에게 늘 우호적이고 개방적인 자세로 부하를 대하는 배려(Consider)와 부하에게 지시하고 성과를 독려하는 구조설정(Initiate)이라는 두 가지 국면에 의하여 리더의 행동유형을 네 가지로 구분

가. 리더십 유형 Ⅰ: 구조설정(업무) 행동은 높고, 배려(사람) 행동은 낮은 리더십
나. 리더십 유형 Ⅱ: 구조설정(업무) 행동은 높고, 배려(사람) 행동은 높은 리더십
다. 리더십 유형 Ⅲ: 구조설정(업무) 행동은 낮고, 배려(사람) 행동은 낮은 리더십
라. 리더십 유형 Ⅳ: 구조설정(업무) 행동은 낮고, 배려(사람) 행동은 높은 리더십

③ 블레이크와 머튼(Blake & Mouton)의 연구: 관리격자모형

생산과 인간이라는 변수를 통해 관리그리드를 개발하고 5가지 리더십 유형(관리자의 관리행태)을 제시하였다.

ⓐ 무관심형(impoverished management): 생산 및 인간에 대한 관심이 모두 낮은 유형이다.
ⓑ 친목형(county club management): 인간에 대한 관심은 높고 생산에 대한 관심은 낮은 유형이다.
ⓒ 과업형(authority-obedience management): 생산에 대한 관심은 높고 인간에 대한 관심은 낮은 유형이다.
ⓓ 타협형(organization man management): 이것은 인간과 생산에 절반씩의 관심을 두는 유형이다.
ⓔ 단합형(team management): 생산 및 인간에 대한 관심이 모두 높은 유형이다.

[그림 7-1] 블레이크와 머튼의 관리격자모형

출처: Blake & Mouton(1968).

(3) 상황론적 접근법(3차원적 접근법)

① 상황이론의 특성

리더십의 행태론적 접근법은 효과적인 리더의 행동이 상황에 따라 다르다는 사실을 간과하고 있다는 비판에 직면하게 되었다. 따라서 많은 연구가 리더십 과정에 영향을 미치는 상황변수에 관심을 집중하기 시작하였다.

피들러(Fiedler)의 상황적합적 리더십 이론, 경로-목표이론(path-goal theory), 레딘(Reddin)의 3차원 모형이 있는바 여기서는 허쉬와 블랜차드의 3차원 모형을 중심으로 살펴본다.

② 허쉬와 블랜차드(Hersey & Blanchard)의 3차원 모형

리더의 행동을 과업행동과 관계성 행동의 두 가지로 구분하고 부하의 성숙도를 상황변수로 채택하였다.

부하의 성숙도가 낮을 때에는 지시적인 과업행동이 효과적이며, 부하의 성숙도가 중간 정도일 때는 리더는 부하에게 깊은 관심을 가지고 부하가 갖고 있는 문제해결에 관심이 많으며 의사결정 과정에 부하를 참여시키도록 노력하는 관계행동이 효과적이며, 부하의 성숙도가 높을 때에는 부하에게 권한을 대폭 위임(분권)해 주어 부하 스스로 성취동기에 의하여 과업을 수행할 수 있도록 배려하는 것이 효과적이라고 하였다.

- 지시형 리더십: 부하가 능력도 없고, 의지도 없는 경우 모든 것을 지시 · 점검하는 리더십이 적합하다.
- 설득형 리더십: 부하가 능력은 없지만 의지는 있는 경우 아이디어와 방향을 제시해 주는 설득형 리더십이 적합하다.
- 참여형 리더십: 부하가 능력이 있는데 의지가 없는 경우 반복적 업무로 인한 매너리즘 또는 소진을 경험하고 있을 가능성이 높으므로 지지와 격려를 많이 해주고 지시를 가급적 자제하여 참여를 유도하는 참여형 리더십이 적합하다.
- 위임형(위양형) 리더십: 부하가 능력과 의지가 모두 있는 경우 부하에게 책임과 결정을 전적으로 맡기는 위임형 리더십이 적합하다.

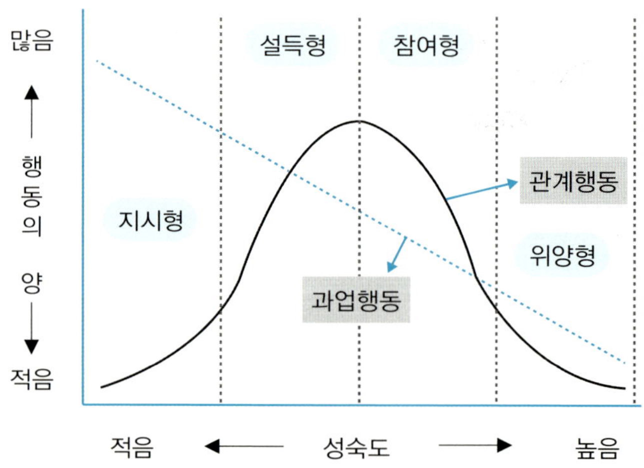

[그림 7-2] 허쉬와 블랜차드의 리더십 3차원 모형

5) 현대적 리더십이론(신 특성(자질-trait)론)

1980년대 들어와서는 리더의 가치관이나 감정 등 속성에 초점을 둔 연구가 다시 등장하였다. 그러나 종래의 속성론과 달리 리더의 보편적 자질을 규명하려 하지는 않는다.

번스(Burns)는 리더십을 서로의 동기수준을 높이기 위한 리더와 구성원의 상호작용 또는 교환 과정으로 정의하면서 리더십을 거래적 리더십과 변혁적 리더십으로 분류했고, 이를 중점으로 살펴보고자 한다.

(1) 거래적 리더십(transaction leadership)

리더십은 리더와 구성원의 거래관계, 교환관계에 바탕을 둔 리더십이론이다. 리더는 조직의 변화나 혁신보다는 현상유지, 조직 안정에 관심이 더 많기 때문에 이 이론을 전통적 리더십 이론이라고 부른다.

(2) 변혁적 리더십(transformational leadership)

리더십은 관행을 거부하고 위험을 감수하고도 도전하는 변화 추구적이고 개혁적인 리더십이다. 리더는 환경 변화에 대처하기 위해 구성원에게 비전을 제시해주거나 긍지를 심어주어 존경과 신뢰를 얻는다. 변혁적 리더십은 인간의 행태나 상황뿐만 아니라 리더의 개인적 속성도 강조한다. 최근에는 교환적(거래적) 리더십과는 대별되는 개념으로 활용되고 있다.

〈표 7-1〉 거래적 리더십과 변혁적 리더십

구분	거래적 리더십	변혁적 리더십
변화관	안정 지향, 폐쇄적	변화 지향, 개방적
초점	하급 관리자	최고 관리층
관리전략	리더와 부하 간의 교환관계나 통제	영감과 비전 제시에 의한 동기유발
이념	능률지향	적응지향
조직 구조	기술구조(기술위주)	경계작용적 구조(환경과 연계작용)
관련 조직	기계적 관료제, 합리적 구조에 적합	단순구조나 임시조직 등 탈관료제적 조직에 적합

(3) 카리스마적 리더십

리더의 높은 자신감, 강한 동기, 도덕적 정당성에 대한 신념을 기초로 하는 새로운 속성론이다. 카리스마적 효과란 부하들이 리더를 지원하고 수용하도록 만드는 대인적 매력으로 카리스마를 제고시키는 특성들은 다음과 같다.

- 부하는 리더의 신념이 옳다고 믿는다.
- 부하의 신념과 리더의 신념은 유사하다.
- 리더에게 부하들은 애정을 느낀다.
- 자진하여 리더에게 복종한다.
- 자신의 임무에 감정적으로 몰입한다.
- 스스로의 근무성과와 목표를 높게 설정한다.

좀더 보기

경쟁적 가치 리더십 이론

퀸(Quinn)이 제시한 경쟁적 가치(competing values) 리더십이론은 기존의 이론이 크게 과업 중심과 관계 중심이란 두 가지 차원으로 리더의 역할을 규정하는 것에서 벗어나 통합적 관점에서 리더십을 조망하는 이론이다.

경쟁적 가치의 의미는 환경 적응(비전 제시형 리더: 외부지향적, 개방적, 조직활동의 유연성 추구), 목적 달성(목표달성형 리더: 조직의 생산성을 최대화하기 위한 통제와 규율 위주의 공식적 리더십 지향), 형태 유지(분석형 리더: 내부지향적, 구조화된 통제 위주의 상반된 가치 요구), 통합(동기부여형 리더: 조직구성원 간 인간관계 향상에 가치를 둠으로써 유연성과 비집권적인 특성 보유)이라는 네 가지 활동이 서로 상반된 가치를 추구한다는 것이다. 그중 외부지향적, 개방적, 조직활동의 유연성을 추구하는 비전 제시형 리더가 사회복지조직에 잘 부합된다.

6) 사회복지조직의 리더십

(1) 사회복지조직의 리더십 유형

사회복지조직은 대부분 법령과 규칙, 절차에 의해 민주적으로 리더십을 부여한다. 민주적 리더십을 기반으로 하여 허쉬와 블랜차드의 연구와 유사한 칼리슬(Carlisle)은 사회복지조직의 리더십을 지시형, 참여형, 자율/위임형 세 가지로 제시했다.

① 지시형 리더십

지시적 리더는 명령과 복종을 강조하고 독선적이며, 조직구성원을 보상-처벌이란 연속성에서 통제한다. 정책에 일관성이 있고 신속한 결정이 가능하여 위기

시에 신속하게 대응할 수 있다는 장점이 있다. 하지만 리더가 통제하면 할수록 조직구성원은 사기가 저하되고 경직될 수밖에 없다.

② 참여형 리더십

참여적 리더는 민주적 리더의 전형적인 모습을 보여준다. 의사결정 과정에 부하직원을 폭넓게 참여시키고, 의사소통의 경로를 개발하여 더 많은 정보를 얻고, 동기유발을 통해 개인의 지식과 기술을 활용한다. 하지만 책임분산으로 인해 조직이 무기력하게 될 수 있고, 구성원들의 참여에 따른 많은 시간이 소요되다 보니 긴급한 결정을 내릴 경우에는 효율적이지 못하다.

③ 자율/위임형 리더십

자율/위임형 리더십은 다른 말로 자유방임적 리더십이라고 한다. 의사결정권을 부하직원들에게 위임하여 그들이 스스로 목표를 세우고 계획을 수립·시행하도록 하는 것이다. 아주 전문적인 특정 과업을 수행하는 데 적합한 리더십이다. 하지만 업무처리에 대한 정보가 부족하고 내부 갈등이 발생할 경우 구성원들 간 조정이나 해결이 어려워 혼란이 발생할 수 있다.

(2) 사회복지조직의 리더십 수준

① 최고관리층의 리더십

최고관리층은 사회복지조직을 이끌어 나갈 전반적인 책임을 지고 있는 사람으로 조직 외부의 다양한 이해관계자나 지역사회와 상호작용하면서 조직 내·외부의 환경 변화에도 적절히 적응하여 조직을 이끌어 나가야 한다.

② 중간관리층의 리더십

중간관리층은 사회복지조직의 주요한 프로그램 부서를 책임지고 있는 사람으로서 최고관리층에서 내려오는 지시를 구체적인 프로그램 목표로 전환한 후, 그 목표를 달성하기 위해 어떤 프로그램 전략을 선택할지 판단하여 그에 부합하는 인적·물적 자원을 확보하고 프로그램 활동을 감독·조정·평가한다.

③ 하위관리층의 리더십

하위관리층은 일선 사회복지사와 매일 접촉하는 단위 감독자, 조정자, 팀리더로서 업무의 기술적 측면에 관해서 일선 직원에게 충고하거나 지침을 내리고 부족한 지식과 기술을 지적해 주며 개인의 성과를 평가한다.

〈표 7-2〉 리더십 수준에 따른 리더십 기술

리더십 수준	리더십 기술	비고
최고관리자	• 조직의 기본적인 임무를 설정한다. • 변화를 주도하고 수행한다. • 임무 수행을 위한 서비스 기술을 선정한다. • 내부 구조를 발전시키고 유지한다. • 외부의 이해관계집단과 교섭하고 중재하여 조직의 정체성을 확립한다.	기관장
중간관리자	• 수직적·수평적 연결 고리 역할 수행 • 직원 개개인의 욕구를 조직의 목표에 통합시키는 인간관계 기술	부장
하위관리층	• 전문적 기술 • 기능적(사무적) 기술 • 구성원을 공평하게 대할 것	팀장 슈퍼바이저

2. 동기이론과 소진관리

출제경향

- 동기이론과 소진관리에서의 출제 경향은 각 이론의 핵심만 간단하게 묻거나 이론과 학자를 연결 짓는 수준에서 문제가 출제되고 있으나, 점점 조직구성원의 동기나 소진은 사회복지조직의 관리 차원에서 어떻게 동기부여하고, 관리해야 하는지에 대해 시험에 출제되고 있으므로 이에 대해 대비해야 할 것이다.

핵심개념

- 인간의 일에 대한 동기가 발생하는 유형을 연구하는 이론으로는 내용이론(content theory), 과정이론(process theory), 환경이론(또는 학습이론)이 있다.
- 내용이론은 욕구의 내용 하나 하나를 확인하는 이론이고,
- 과정이론은 욕구가 유발되는 과정을 분석하는 것이고,
- 학습이론은 욕구가 한 번 발현되고 난 다음 이것이 지속되는 과정을 연구하는 것이다.

내용이론	매슬로우(Maslow)	욕구계층이론(생리, 안정, 소속, 존경, 자아)
	앨더퍼(Aldefer)	ERG: 존재(Existence), 관계(Relationship), 성장(Growth)
	허츠버그(Herzberg)	욕구충족 2요인이론: 동기, 위생요인
	맥클리랜드(McClelland)	성취동기(need for achievement)이론
	맥그리거(McGregor)	X·Y이론
과정이론	브룸(Vroom)	기대이론(동기는 유인가, 수단성, 기대의 함수)
	아담스(Adams)	공정성이론
	로크(Locke)	목표설정이론(난이도, 구체성)
학습이론		행위의 지속성

1) 동기이론

(1) 내용이론

① 매슬로우(Maslow)의 욕구5단계론

매슬로우는 생리적 욕구, 안전 욕구, 사회적 욕구, 존중 욕구, 자아실현 욕구

등 5단계로 하위욕구에서 상위욕구로 하나씩 진전 발전한다고 주장했다.

② 앨더퍼(Alderfer)의 ERG이론

매슬로우의 5가지 욕구를 존재(Existence), 관계(Relationship), 성장(Growth)의 3가지로 압축하고 욕구가 하위욕구에서 상위욕구로만 나아가는 것이 아니라, 욕구의 회귀로서 반대 방향으로도 진행한다고 주장하였다.

③ 허츠버그(Herzberg)의 욕구충족 2요인이론

허츠버그는 더 나아가 욕구를 동기요인(motivators)과 위생요인(hygience factors)의 2가지 유형으로 구분하였다. 이때 대체적으로 동기요인은 성취, 인정, 보람, 성장과 발전 등과 같은 것으로 심리적 요인이다. 반면 위생요인은 조직의 정책과 행정, 감독유형, 보수, 대인관계, 작업조건과 같은 것으로 환경적 요인이다. 이에 의하여 보수를 아무리 인상시켜도 불만이 없을 뿐이지, 적극적으로 일을 하게 하는 요인은 아니다.

이와 같이, 허츠버그는 조직에서 불만족요인(위생요인)과 만족요인(동기요인)을 구분하면서 불만족스러운 요인이 해소되었다고 꼭 만족상태에 이르는 것이 아니라고 하였다.

④ 맥클리랜드(McClelland)의 성취동기이론

맥클리랜드는 권력욕구, 친화욕구, 성취욕구로 나누고 개인의 동기는 개인이 사회문화와 상호작용하는 과정에서 취득되고 학습을 통하여 동기가 개발되는 것을 기초로 하여 조직 내 성취동기의 중요성에 중점을 둔다. 그리고 국가수준에서도 선진국과 후진국을 비교하면서, 성취욕구가 강한 사람의 비율이 높은 국가의 경제가 반영된다고 주장한다.

- 권력욕구(needs for power): 다른 사람에게 영향력을 미치고 통제하려는 욕구이다.
- 친화욕구(needs for affiliation): 대인 관계에서 밀접하고 친밀한 관계를 맺고자 하는 욕구이다.
- 성취욕구(needs for achievement): 높은 기준을 설정하고 이를 달성하고자 하는 욕구이다.

⑤ 맥그리거의 X · Y 이론

맥그리거(McGregor)는 리더십 유형을 X이론과 Y이론으로 분류하고 전문 조직 사회에서 관리는 X이론보다 Y이론에 기반을 두고 조직을 관리해야 한다고 보았다. Y이론은 매슬로우의 상위 욕구에 초점을 맞춘 이론으로 자아실현의 욕구를 가진 사람에게 먼저 동기를 부여해야 한다는 것이다.

- X이론: 인간은 본래 일하기 싫어하고 가능하면 일하지 않으려고 하므로, 통제와 지시는 불가피하다.
- Y이론: 인간은 본래 일하기 좋아하고 뚜렷한 목표가 생기면 스스로 창의력을 발휘하여 일하므로 굳이 통제하거나 지시할 필요가 없다.

(2) 과정이론(기대이론)

과정이론은 동기가 유발되는 과정을 설명하는 것으로 기대이론이라고도 한다.

① 브룸(Vroom)의 기대이론(VIE이론)

브룸은 레빈(Kurt Lewin)과 톨먼(Edward Tolman)의 인지 개념(cognitive concepts) 및 고전적 경제이론의 선택행동과 효용 개념에 이론적 근거를 두고 동기유발이 유인가(Valence), 수단성(Instrumentality), 기대(Expectancy)에 의해 결정된다고 보고, 이를 수학 공식화하기도 하였다(이를 M=f(V · I · E)와 같이 간략한 식으로 표시).

- 유인가(V): 행위의 결과로 얻게 되는 보상에 부여하는 가치
- 수단성(I): 행위의 1차적 결과가 2차적 결과로서의 보상을 초래할 가능성(성공적인 성과가 2차 결과를 가져올 수 있는지에 대한 지각(인지)된 확률)
- 기대(E): 자신의 행동을 통해 1차적 결과물을 가져올 수 있으리라는 자신감(어떤 노력으로 성과를 성공적으로 달성할 수 있는지에 대한 지각(인지)된 확률)

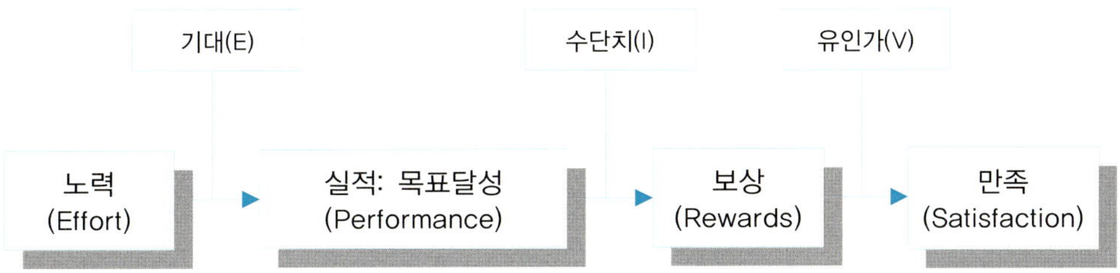

[그림 7-3] 브룸의 기대이론모형

② 로크(Locke)의 목표설정이론

로크는 인간의 행동이 의식적인 목표와 성취욕구에 의하여 결정된다고 보고, 욕구의 내용이 아니라 목표의 특성, 즉 난이도(difficulty)와 구체성(specificity), 그리고 목표의 종류, 상황요인들에 의하여 개인의 성과가 결정된다고 보았다.

막연히 최선을 다하라는 식의 목표는 성과를 높이기 어렵다고 보며, 목표가 적당히 어렵고 명확할 때 더욱 더 노력하게 된다는 것이다.

③ 애담스(Adams)의 형평성이론

서로가 교환하는 보상에 대해 또는 지시나 보상에 대한 공평성 정도를 말하는 것으로, 자신의 편익/투입을 준거인의 그것과 비교한다.

- 준거인과 산출/투입의 비율이 일치한 경우: 만족하여 행동유발이 없다.
- 자신의 산출/투입의 비율이 작은 경우(과소보상): 급료를 인상하여 달라는 등의 산출 증대를 요구, 노력을 줄여 투입을 감소, 산출의 왜곡, 준거인물의 변경, 조직에서의 이탈 등이 나타난다.
- 자신의 산출/투입의 비율이 큰 경우(과대보상): 부담을 느끼고 산출 감소를 요청하거나 노력을 더하는 등 투입을 증대한다.

(3) 학습이론: 스키너(Skinner)의 강화이론

내용이론이 조직구성원의 행위를 유발하는 요인을 제시하였다면, 기대이론은 행위의 방향을 제시하였다. 그렇다면, 학습이론은 행위의 지속을 강조하는 것이다. 학습이론은 외적 자극에 의하여 학습된 행동이 유발되는 과정을 설명하는 이론으로 강화이론을 중심으로 살펴본다.

강화이론은 행동의 원인보다 행동의 결과에 초점을 두고, 행동의 유발보다는 행동의 변화(지속 또는 중단)를 설명하는 동기이론으로 보상받는 행태는 반복되지만 보상되지 않은 행태는 중단·소멸된다는 기본적인 근거에 입각해 있다.

강화의 유형에는 적극적 강화, 소극적 강화, 처벌(제제), 소거(중단) 등이 있다. 이를 정리해 보면 다음 표와 같다.

〈표 7-3〉 강화의 유형과 동기부여

강화의 유형	의미	예	결과
적극적 강화	바림직한 결과의 제공	승진	바람직한 행동 반복
소극적 강화	바림직하지 않은 결과의 제거	부담(불편) 제거	바람직한 행동 반복
처벌(제제)	바림직하지 않은 결과의 제공	질책	바람직하지 않은 행동 제거
소거(중단)	바림직한 결과의 제거	성과금 폐지	바람직하지 않은 행동 제거

이해돕기 강화의 이해방법

	사건이 첨부됨	사건이 삭제됨
기분 좋은 사건	**긍정적 강화**	**소거**
기분 나쁜 사건	**벌**	**부정적 강화**

강화의 일정에는 연속적 강화, 고정간격강화, 변동간격강화, 고정비율강화, 변동비율강화가 있다. 이를 정리해 보면 다음 표와 같다. 이중 가장 동기부여를 유발하는 강화의 일정은 변동비율로 볼 수 있다.

〈표 7-4〉 강화의 일정과 동기부여

강화의 일정	의미
연속적 강화	성과(바람직한 행동)가 나올 때마다 강화
고정간격 강화	규칙적인 시간 간격으로 강화(매월 주는 보수)
변동간격 강화	불규칙적인 시간 간격으로 강화(일반적인 포상금)
고정비율 강화	일정한 빈도나 비율의 성과에 따라 강화(일반적인 성과급)
변동비율 강화	불규칙적인 빈도나 비율의 성과에 따라 강화(특별 보너스)

2) 소진관리

(1) 소진의 개념

소진(burnout)은 평소 직무에 헌신적이었던 직원이 경험하는 스트레스와 고통에 대한 반응으로 직무에서 멀어져 가는 것을 의미한다. 주로 사람을 많이 상대하는 직종의 직원에게 나타나는 부정적 스트레스 현상인데, 직원 개인은 물론 기관을 운영하는 부분과 클라이언트에 대한 서비스의 질에도 영향을 미친다.

소진은 대상자에 대한 이해나 감정이입을 전제로 서비스를 제공하는 교사, 간

호사, 사회복지사 등과 같이 타인을 돕는 일과 관련된 직종에서 쉽게 나타난다. 특히 사회복지사는 소진의 위험이 가장 높은 직업군에 속한다고 알려져 있다.

(2) 소진의 단계

- 열성 단계(enthusiasm): 사회복지사가 열의와 성의를 가지고 많은 시간과 노력을 들이는 초기 단계이다.
- 침체 단계(stagnation): 일 자체보다는 보수, 근무시간과 환경에 더 많은 관심을 가지게 되고 개인적 욕구 충족에 초점을 두는 단계이다.
- 좌절 단계(frustration): 직무수행능력과 직무 자체의 가치에 대한 회의가 생기는 단계이다. 이 단계에서 클라이언트를 비롯한 대인관계를 기피하고 피로, 두통 등의 증세가 나타난다.
- 무관심 단계(apathy): 신체적 · 정신적으로 에너지가 고갈되고 업무나 클라이언트와의 관계가 무의미한 나머지 하던 일을 그만두는 단계이다.

(3) 조직 차원의 소진 방지 전략

- 직장의 물리적 환경을 사회복지서비스 업무에 맞게 배치하고 상담실을 설치한다.
- 담당자의 업무량을 줄여주고 서비스 대상자 수나 담당 집단 수를 줄여준다.
- 심리적 · 신체적 휴식을 제공하여 삶의 질을 높여준다.
- 조직의 주요 의사결정 과정에 담당자를 참여시켜 의사소통의 기회를 확대한다.
- 슈퍼바이저가 정서적 지지를 강화해 나간다.
- 업무처리에 필요한 교육 · 훈련을 정기적으로 실시하여 자기계발의 기회를 확대한다.
- 일터의 조직문화를 긍정적으로 조성한다.
- 비효율적인 서류 업무 및 부수적 업무를 줄여준다.

Chapter 08

사회복지행정조직의 인적자원관리

1. 인적자원관리의 개념과 과정
2. 직원능력개발
3. 슈퍼비전

Chapter 08

사회복지행정조직의 인적자원관리

1. 인적자원관리의 개념과 과정

출제경향
- 사회복지행정조직의 인적 자원관리 중에서 관리 과정을 묻는 문제가 출제된바 있다. 특히 직무기술서와 직무명세서의 차이점을 묻는 문제가 출제된바 있으니 암기해야 할 내용이다. 특히 직무분석을 한 후, 직무명세서와 직무기술서를 작성한다는 점을 유념해야 한다.

핵심개념
- 인적자원 관리의 과정: 충원 → 모집(직무기술서/직무명세서) → 선발 → 임용 → 오리엔테이션 → 평가 → 승진 → 해임
- 직무기술서: 직무자체를 기술한 것
- 직무명세서: 직무수행자의 요건과 관련한 사항을 기술한 것

1) 인적자원 관리의 개념

자원에는 인적자원, 물적자원, 정보자원 등 무수히 많은 자원이 있는데, 사회복지조직에서 가장 중요한 자원은 인적자원이다. 인간을 노동력이 아니라 전인적 존재로 간주하기 때문이다. 따라서 일반행정에서 쓰는 인사관리라는 말 대신에 인적자원 관리라는 말을 쓴다.

- 광의의 인적자원 관리: 직무분석, 선발과 배치, 교육과 훈련, 직무평가, 보수제도 등
- 협의의 인적자원 관리: 고용관리, 단체교섭, 고충처리, 경영참가, 인사상담, 동기부여 등

2) 인적자원 관리의 목적

인적자원 관리의 목적은 조직의 목표 달성에 기여, 구성원의 욕구를 충족시켜줌으로써 직무에 대한 동기부여, 조직의 생산성 향상, 조직의 작업 환경의 질 향상을 목적으로 한다.

3) 인적자원 관리의 과정

(1) 충원

충원은 어떤 부서에 어떤 직무능력을 가진 사람을 채용할지 결정하는 것을 의미한다. 직원을 모집하기 위해서는 단기, 중기, 장기의 인력충원계획 수립이 필요하다.

(2) 모집

모집은 선발을 전제로 입사희망자에게 채용에 대한 정보를 제공하여 자격 있는 지원자를 유치하는 과정이다. 모집을 통해 전문적이고 유능하며 클라이언트 및 다른 직원과 원만한 대인관계를 맺을 수 있는 능력이 있는 직원을 채용한다. 모집을 위해서는 직무분석을 실시하고, 이를 토대로 직무기술서와 직무명세서를 작성한다.

더보기 직무기술서와 직무명세서

직무기술서(job description)는 직무의 성격, 내용, 수행방법, 직무에서 기대되는 결과 등을 기술한 것이다. 직무기술서에는 다음과 같은 내용이 포함되어야 한다.

- 직무명칭: 소속부서, 직무번호, 직속상관, 작성자, 작성일자 등 특별한 직무를 구별하는 내용
- 직무개요: 직무의 목적과 직무에서 기대되는 결과를 간략히 나타낸 것
- 장비: 직무를 효과적으로 수행하는데 필요한 도구, 장비, 정보 등을 명시해 놓은 것
- 환경: 직무를 수행하는 작업 조건, 직무가 수행되는 장소, 위험 요인과 소음 등 직접적인 환경적 특성
- 작업 활동: 직무에 포함되어 있는 임무, 책임, 행동 등과 아울러 직무에 요구되는 사회적 측면(작업집단의 규모나 작업의 상호 의존도 등)을 기술해 놓은 것

직무명세서(job specification)는 특정 직무를 수행하는 데 필요한 수행자의 지식, 기능, 능력, 기타 특성, 이른바 자격 요건(스펙)을 기술한 것이다.
사회복지사 1급 자격증 소지자, 운전면허 1종 소지자, 컴퓨터활용능력 2급 이상 소지자 우대, 사회조사분석사 2급 이상 소지자 우대 등이 있다.

(3) 선발

선발은 조직의 요구와 기대에 부응하며 조직문화에 적합한 사람을 뽑는 과정이다. 선발은 필기시험, 실기시험, 면접시험 등으로 이루어진다.

(4) 임용

임용은 선발된 사람을 고용하겠다는 공식적 계약 과정이다. 임용 과정에서는 기관이, 목적과 해당 부서의 목표를 알려주는 것이어야 한다. 아울러 보수, 근무조건, 근무시간, 휴가, 복무규정 등도 알려주어야 한다.

(5) 오리엔테이션

오리엔테이션은 기관과 서비스, 지역사회를 새로운 직원에게 소개하는 과정이다. 기관의 역사, 규정, 조직 구조, 조직문화 같은 정보를 알려준다.

(6) 평가

평가는 다양한 양식을 통해 직원의 고과를 평정하는 것이다. 업무수행평가를 통해 급여 인상과 경력개발훈련 여부를 결정하고, 승진 후보자를 확인하거나 업무수행의 장벽을 파악한다.

(7) 승진

승진은 직원이 수행한 직무의 결과를 평가하고 그에 상응하여 임금이나 직위를 올려주는 과정이다. 근무연한, 업무수행능력, 학력, 시험성적, 교육훈련 및 상벌 사항 등을 기준으로 승진을 결정한다.

(8) 해임

해임은 맡은 업무를 그만두게 하는 것을 뜻한다. 해임에는 정년퇴임도 있지만 강제로 퇴직시키는 중징계처분도 있다. 해임은 민감한 사안이므로 짧은 시간에 공정하게 이루어져야 한다.

더보기 **징계의 종류**

경징계

- 견책: 전과에 대하여 훈계하고 회개하는 것으로 6개월간 승진, 승급 제한
- 감봉: 1개월 이상 3개월 이하의 기간 동안 보수의 1/3을 감하는 처분으로 1년간 승진, 승급 제한

중징계

- 정직: 1개월 이상 3개월 이하의 기간 동안 공무원의 신분은 보유하나 직무수행이 정지(경력평정에는 미포함)되고 보수의 1/3만 받는 것으로 1년 6개월간 승진, 승급 제한
- 강등: 1계급 아래로 직급을 내리고(고위공무원단에 속하는 공무원은 3급으로 임용하고, 연구관 및 지도관은 연구사 및 지도사로 함) 공무원은 신분은 보유하나 3개월간 직무수행이 정지되며, 그 기간 중 보수의 2/3를 감액 지급함
- 해임: 공직관계에서 배제시키는 징계로서 3년간 공무원 재임용 불가, 퇴직급여에 크게 영향을

주지 않으나 공금 횡령 및 유용 등으로 해임된 경우에는 퇴직급여의 1/8~1/4 감액 지급
- 파면: 해임과 마찬가지로 공직관계에서 배제시키는 징계로 5년간 재임용 불가, 퇴직급여의 1/4~1/2 감액 지급

2. 직원능력개발: 교육훈련

핵심개념
- 직원능력개발 방법: 강의 포럼, 패널토의, 분임토의, 보수교육, 슈퍼비전, 역할연기, 사내 훈련, 순환보직, 임시대역

1) 직원능력개발의 목적

직원능력개발은 직원의 능력을 높일 수 있도록 고안된 조직 내 활동이다. 직원으로 하여금 새로운 지식과 기술 및 전문적 태도를 향상시켜 사회복지조직이 제공하는 서비스의 효과성을 높이는 데 기여한다. 또한 토론, 감정의 공유, 직원들 간의 상호작용을 통해 연대감을 높여 조직의 효과성을 높이는데도 기여한다. 구성원 개인의 욕구와 선호를 고려하여 직원능력개발을 위해 교육·훈련을 실시하는 것이 교육효과가 있다.

2) 직원능력개발의 방법

(1) 강의

강의는 정해진 장소에 직원들을 모이게 한 후 상급자나 전문 외부 강사를 초

빙하여 지식이나 기술을 체계적으로 설명하여 가르치는 것이다. 짧은 시간에 많은 사람을 대상으로 가르치기 때문에 경비를 절약할 수 있다는 장점이 있다. 하지만 강사가 유능하지 못하거나 직원이 무성의할 경우에는 소기의 효과를 거둘 수 없다.

(2) 포럼

포럼(forum)은 특정 주제에 관하여 새로운 자료를 제공하여 관심을 높인 후, 각자 의견을 표명하도록 촉진하는 토론회이다. 직원 모두가 발언할 기회를 공정하게 부여해야 한다.

(3) 패널토의

패널토의(panel discussion)는 특정 주제에 상반된 견해를 대표하는 사람들이 청중 앞에서 자유롭게 토론하고 청중들은 이를 청취하는 형식의 토론이다. 참가자 대표는 3~5명 정도이며 사회자의 진행에 따라 특정 문제를 중심으로 좌담회 형식으로 토론이 이루어진다.

(4) 분임토의

분임토의(syndicate)는 10명 내외의 분반으로 나누고 분반별로 동일한 문제를 토의해 해결방안을 도출한 후 다시 전체가 모여 분반별 해결방안을 발표하고 토론하여 최종안을 확정하는 것이다.

(5) 보수교육

사회복지조직 구성원의 전문성을 유지하고 향상시키기 위해서 필요에 맞게 계속적으로 교육하는 것이다.

더보기 **보수교육**

서비스 전문직인 사회복지사에게 사회복지의 가치관을 형성시키고 지속적이고 새로운 전문 지식 습득을 통해 사회복지서비스의 수준을 향상시키기 위한 사회복지사의 보수교육의 필요성에 따라 2004년 5월 10일 한국사회복지사협의회에서는 산하 보수교육법제화 추진위원회 구성을 시작으로, 2007년 12월 사회복지사 보수교육을 시행하게 되었다. 사회복지사 보수교육은 법으로 제정된 사항이므로 사회복지법인 및 시설운영자와 종사자(사회복지사)는 의무사항을 이행하여야 한다.

(6) 슈퍼비전

직원이 실제 직위에 앉아 일을 하면서 윗사람으로부터 직무에 관한 지도와 감독을 받는 것을 말한다. 사회복지조직에서 활동하고 있는 직원들이 전문성과 능력을 최대한 발휘할 수 있도록 교육 · 지도 · 원조하는 일이다. 정신보건사회복지나 의료사회복지 영역에서 1년 정도의 수련기간 동안에 활발히 이루어지는 직원능력개발 방법이다.

(7) 역할연기

여러 직원 앞에서 2인 또는 그 이상의 직원이 해당 사례를 실제 행동으로 연기한 후 다른 직원들이 그 사례내용을 평가 · 토론하는 일이다. 사회복지실천기술을 향상시키기 위한 훈련이나 인간관계 훈련에 효과적이다.

(8) 사내훈련

사내훈련(OJT: On the Job Training)은 직장 내 직무를 수행하는 현장에서 상사에게 개별적으로 대면 훈련을 받는 것이다. 다른 말로 직장훈련, 현장훈련이라고도 한다.

(9) 순환보직

순환보직(rotation)은 직장 내 다양한 업무를 수행할 수 있는 능력개발을 위해 다른 부서로 발령을 내는 것이다. 여러 보직을 맡으면서 시야와 경험을 넓힐 수 있다는 장점이 있으나, 업무 수행의 전문성을 저하시키고 행정의 일관성을 해칠 우려가 있다.

(10) 임시대역

임시대역(understudy)은 연극과 같은 공연에서 주연 배역을 대신 연기하는 것에서 유래된 용어로, 상사의 부재를 대비하여 하급자가 상급자의 직무를 대신 수행하도록 하는 것이다.

3. 슈퍼비전

출제경향

- 슈퍼비전의 세 가지 기능(행정적, 교육적, 지지적 기능)은 비교적 자주 출제되는 편이다.

핵심개념

- 슈퍼비전의 세 가지 기능
  - 교육기능(기관의 기본 가치, 임무 및 목적에 대한 교육, 서비스 실천 이론과 모델에 대한 교육을 통해 사회복지사의 문제해결 능력과 실천 기술 향상)
  - 행정기능(직원채용, 선발, 임명, 업무위임, 사회복지사의 사례관리 및 서비스 제공 감독/평가)
  - 지지기능(사회복지사의 개별 욕구에 관심, 스트레스 유발 상황 제거, 동기와 사기 진작)
- 슈퍼바이저의 자질: 풍부한 지식, 실천기술과 경험, 접근의 용이성, 헌신적인 사명감, 솔직한 태도, 긍정적 보상
- 슈퍼비전의 모형: 동료집단형, 직렬형, 팀형, 개인교습형, 집단형

1) 슈퍼비전의 기능

슈퍼비전은 사회복지 기관의 종사자가 업무를 수행하는데 지식과 기능을 최대로 활용하고 그 능력을 향상시켜 효과를 높이기 위하여 원조하고 지도하는 일이다. 슈퍼비전의 궁극적 목적은 클라이언트에게 효과적이고 질 높은 서비스를 제공함으로써 기관의 책임성을 높이는 데 있다. 그 기능은 크게 교육기능과 행정기능으로 구분하고, 더 나아가 업무수행을 위한 사회복지사의 의욕과 동기를 고취시키기 위한 지지 기능을 포함한다. 이를 카두신(Kadushin)은 행정적 · 지지적 · 교육적 슈퍼비전으로 명명하였다.

〈표 8-1〉 슈퍼비전의 기능

구분	교육 기능	행정 기능	지지 기능
의의	사회복지사의 전문 지식과 기술 향상	사회복지사에게 업무 지시, 지도	사회복지사 스스로 업무를 수행할 수 있도록 용기를 주고 지지
슈퍼바이저 역할	교육가의 역할	행정가의 역할	지지자의 역할
내용	• 교수 · 학습의 촉진 • 훈련 • 경험과 지식의 공유 • 정보 제공 • 명확화 • 안내 • 문제해결법 원조 • 전문적 성장 제고 • 조언 · 제안, 문제해결 원조	• 직원의 채용과 선발 • 사회복지사의 임명과 배치 • 업무 계획 • 업무 위임 • 업무 모니터링 • 업무의 협조 • 의사소통 촉진 • 행정적 수장 • 변화 매개자	• 스트레스 유발 상황 방지 • 사회복지사의 스트레스 해소 • 관점의 공유 • 결정에 대한 책임 공유 • 성공을 위한 기회 제공 • 동료를 통한 지지 제공 • 업무관련 긴장의 변화

2) 슈퍼바이저의 자질

(1) 풍부한 자질

슈퍼바이저는 전문직에 대한 지식과 기관에 대한 종합적인 지식(지식, 태도, 실천, 기술)을 갖추어야 한다.

(2) 실천기술과 경험 구비

슈퍼바이저는 자신이 클라이언트에 대한 문제를 해결해 본 실천경험과 기술을 갖추어야 한다. 즉, 사회복지의 일반적 실천에 대한 능력과 특별한 실천방법에 대한 능력을 갖추고 있어야 한다.

(3) 접근의 용이성

위기 상황 및 필요시에 하급자가 쉽게 접근하여 질문하고 그에 관한 지도를 받을 수 있도록 기회를 마련해야 한다.

(4) 헌신적인 사명감

슈퍼바이저가 하급자에게 진정성 있는 슈퍼비전을 제공해 주고 지속적인 관심을 가져야 한다. 이는 하급자에게 신뢰감을 준다.

(5) 솔직한 태도

하급자가 제기한 질문이나 문제에 해답을 제시할 수 없을 때에는 자신의 입장을 밝히고, 실수했을 때에도 솔직히 인정할 수 있어야 한다.

(6) 긍정적 보상(칭찬과 인정)

사람은 인정받고 칭찬받기를 갈망하기 때문에 가능하면 감사와 칭찬의 태도를 가지고 하급자에게 동기를 부여한다. 만일 하급자에게 고마워하는 태도를 보이는 데 인색하면 슈퍼비전의 효과가 줄어들 수 있고 하급자의 능력을 떨어뜨릴 수 있으므로 유의해야 한다.

3) 슈퍼비전의 모형

(1) 콜세드(Coulshed)의 모형

- 개인/집단 슈퍼비전: 슈퍼바이저 1인이 몇 명에게 슈퍼비전을 주는가에 따른 분류
- 직접/간접 슈퍼비전: 직접 슈퍼바이저를 만나느냐의 여부에 따른 분류
- 공식적/비공식적 슈퍼비전: 슈퍼비전이 체계화되어 있는가에 따른 분류

(2) 왓슨(Watson)의 모형

- 동료집단 슈퍼비전: 특정 슈퍼바이저의 지정 없이 모든 집단구성원이 동등한 자격으로 서로에게 슈퍼비전을 제공한다.
- 직렬 슈퍼비전: 두 업무자가 동등한 자격으로 슈퍼비전을 상호 제공한다.
- 팀 슈퍼비전: 다양한 성격을 가진 구성원으로 팀을 구성한 후, 팀 내에서 슈퍼비전을 제공한다.
- 개인교습모델: 개인교사와 학생의 관계처럼 슈퍼바이저와 슈퍼바이지가 일대일 관계로 슈퍼비전을 주고받는다.
- 슈퍼비전집단: 개인교습모델이 확대된 형태로 한명의 슈퍼바이저와 한 집단의 슈퍼바이지로 구성된다. 사회복지현장실습에서 한명의 슈퍼바이저가 실습생 전원을 한자리에 모아놓고 슈퍼비전을 제공하는 것이 이에 해당한다.

더보기 **인사행정의 체계(3대 요소)**

① 채용: 적극적 모집 → 시험 → 임용의 단계
② 능력발전: 교육 및 훈련
③ 사기진작: 보상(승진/승급)과 처벌(징계–경 · 중)

Chapter 09

사회복지조직의 재정관리

1. 사회복지조직의 예산수립과 관리
2. 사회복지조직의 예산집행과 회계 감사
3. 사회복지법인 및 사회복지시설 재무·회계 규칙

Chapter 09

사회복지조직의 재정관리

1. 사회복지조직의 예산수립과 관리

출제경향

- 예산의 수립과 관리 중에서는 사회복지조직의 재정관리 과정과 관련한 문제가 출제된 바 있다. 따라서 사전 심의의결을 거치고 나서 예산이 집행된다는 것과 수요자중심의 바우처가 확대되고 있다는 것을 이해해야 한다. 예산 모형 중 기획예산 모형의 출제 비중이 높다. 기획예산 모형을 성과주의 예산 모형과 비교하는 문제 유형이 가장 많이 출제된다.

핵심개념

- 재정관리 과정: 예산편성 → 심의·의결 → 예산집행 → 결산 및 회계 감사
- 사회복지조직의 재정: 정부보조금+위탁비+바우처+민간재정
- 예산편성 모형: 품목별 예산모형(수입과 지출을 항목별로 편성하는 모형), 성과주의 예산 모형(단위 원가와 업무량을 계산하여 서로 곱해 필요한 예산을 측정한 모형), 기획예산 모형(장기적인 사업목표를 세우고 달성하기 위한 모형), 영기준 예산 모형(영(Zero) 상태에서 업무 계획을 수립하고 단위사업의 우선순위에 따라 프로그램을 채택하는 모형)

1) 사회복지조직의 재정

(1) 사회복지조직의 재정 관리 과정

사회복지조직은 전체 예산 중에서 정부보조금이나 민간 후원금 혹은 기부금이 차지하는 비중이 크기 때문에 투명한 예산관리에 대한 책임이 막중하다. 따라서 조직의 목표달성을 위해 필요한 재정 자원을 합리적이고 계획적으로 동원·배분하고, 효율적으로 사용·관리하는 재정관리가 중요하다.

특히, 최근 사회복지서비스에 대한 효율성과 책임성이 강조되고 유료 서비스 제공 기관이 늘어나면서 예산 수립 및 운영, 회계 절차 등에 대한 지식과 기술은 더욱 중요해졌다. 이에 더해 정부보조금이 줄어들면서 후원자 발굴이 늘어날 수밖에 없는 상황이라 후원금을 투명하게 관리하고 기부자의 기부 목적에 맞게 후원금을 사용했음을 보고할 책임도 중요해졌다.

일반적인 재정관리 과정은 예산을 편성한 후, 예산에 대한 심의·의결을 거친다. 이때 민간 법인은 이사회 의결을, 시설은 시설운영위원회 보고를 거치며, 정부는 국회 본회의의 의결을 거쳐 예산을 확정하고 집행한다. 집행된 예산은 결산과 회계감사를 통해 올바르게 사용되었는지를 확인한다. 사회복지조직 또한 예외는 아니다. 법적으로 위탁받은 서비스라 하더라도 사회복지조직이 재정을 임의로 할당할 수 없으며 이사회의 의결과 시설운영위원회의 보고를 통해 사전에 의결해야 한다.

(2) 사회복지조직의 재정 유형

① 정부보조금과 위탁비

사회복지법인을 포함하여 사회복지사업을 수행하는 각종 비영리법인, 사회복지사업법상의 각종 시설·기관은 정부로부터 보조금을 지급받는 대상이다. 사회복지사업의 수행주체는 원칙적으로 정부와 지방자치단체이지만 그 수행을 정부와 지방자치단체가 직접 할 수 없다 보니 민간에게 그 역할을 맡긴 것이다. 이때 서비스를 대행하여 실시하는 대가로 지불하는 것이 바로 위탁비이다.

그 가운데에는 원래 법에 의하여 국가가 실시해야 하는 것과 지방자치단체가 실시해야 하는 것이 있다. 국가가 실시해야 하는 것(공공부조 또는 사회복지비의 비목으로 지출되는 것)은 당연히 전액을 국가가 부담한다. 또한 지방자치단체가 행하는 사업에 대해서도 국가가 일정 비율을 보조한다. 이 같은 국가와 지방자치단체의 재정 부담은 지방재정법에 의해 정하며, 국고부담으로 하는 항목과 그 비율 등은 사회복지관계 법령에 명시되어 있다.

② 바우처

바우처는 정부가 수요자에게 쿠폰을 지급하여 원하는 공급자를 선택하도록 하고, 공급자가 수요자로부터 받은 쿠폰을 정부에 제시하면 정부가 그 비용을 지원하는 재원 방식이다. 기존의 정부보조금이나 위탁비에 의해 제공되는 사회복지서비스는 공급자 지원 방식으로 이루어져 수요자의 선택권이 제한된다는 한계가 있었다. 이로 인해 수요자 중심의 직접 방식인 바우처를 도입한 것이다.

바우처는 일종의 서비스 이용권이다. 초기에는 쿠폰이나 상품권 형태의 바우처를 제공했으나 기관의 허위·부당 청구 등 도덕적 해이를 최소화하고 자금 흐름의 투명성, 업무 효율성을 확보하기 위해 현재에는 쿠폰이나 상품권 대신 전자바우처(카드결재 시스템)로 대체했다.

③ 민간재정

민간재정에는 일반 기부금, 후원금, 영리기업과의 협약을 통한 기부금, 결연 후원금, 자선바자회나 음악회 등의 특별 행사를 통한 모금, 개인 회비, 사회복지공동모금회로부터의 배분, 서비스 이용료, 사업 수익(건물 임대료, 이자 수입 등) 등이 있다.

정부보조금의 경우 안정적인 재정 지원이 가능하다는 장점이 있는 반면, 융통성이 필요한 사업에 용이하지 않고 예산 및 결산과 관련하여 끊임없이 지도감독을 받아야 한다는 단점이 있다. 이로 인해 민간 자율성이 제한되고 각 조직이 추구하는 비전과 목적을 달성하기 위한 독자적인 사업 수행이 어려워졌다. 따라서 지역사회의 특성과 변화하는 지역주민의 욕구를 반영한 특화사업을 수행하기 위해 민간에서는 자체 재정을 마련할 필요성이 증가하게 되었다.

결과적으로 민간재정을 얼마나 많이 확보하느냐에 따라 타 조직과 다른 혁신적인 사업을 운영할 수도 있고, 보편적인 사업 수준에 그칠 수도 있게 되었다.

2) 예산 모형의 유형

(1) 품목별 예산 모형

품목별 예산(LIB: Line-Item Budget)은 단순하고 간편하여 정부와 비영리조직에서 예산모형 중 가장 많이 사용하고 있는 모형으로 대개 1년 단위의 회계연도를 단위로 수입과 지출 각 항목별로 작성한다.

〈표 9-1〉 품목(항목)별 예산 모형의 장·단점

장점	단점
• 사용하기 간편하고 단순 • 지출근거가 명확하므로 예산통제에 효과적 • 예산 항목별로 지출이 정리되어 회계에 유리	• 전년도 예산을 기준으로 하므로, 예산 증감의 신축성이 없고 비탄력적 • 사업의 목표나 내용, 성과와의 연계 부족 • 효율성 무시

〈표 9-2〉 예: 항목별 예산

항목	전년도 예산	금년도 예산
급여	1,500,000	1,800,000
소모품비	50,000	70,000
장비 대여료	1,250,000	1,400,000
임차료	800,000	850,000
제본비	…	…
출장비	…	…
회의비	…	…
총 지출		

(2) 성과주의 예산 모형

성과주의 예산(PB: Performance Budget)은 조직의 활동을 기능별 또는 프로그램별로 나눈 다음, 이를 다시 세부 프로그램으로 나누고, 세부 프로그램은 단위원가와 업무량을 계산하여 서로 곱해 필요한 예산을 측정하는 방식이다. 다른 말로 기능주의 예산(functional budgeting)이라고도 부른다. 사회복지계에서 성과주의 예산모형에 대한 관심이 높아진 때는 1970년대 중반 이후부터이다. 사회복지조직의 업무수행 과정에서 책임성에 대한 외부의 요구가 증가됨에 따라 성과주의 예산이 중요해졌다.

성과주의 예산모형의 특징은 개별 지출 항목을 전체 조직활동과 연결시키고 품목별 예산에서 다루지 않은 산출물도 다룰 수 있다는 점이다. 품목별 예산은 인건비, 사무용품비 등과 같은 투입물(input)에 초점을 두는 반면, 성과주의 예산은 산출물(output)에 초점을 둔다. 품목별 예산은 전년도를 근거로 점증적 방식으로 편성하지만, 성과주의 예산은 효율성을 근거로 편성한다. 즉, 각 서비스의 산출물에 대한 투입비용의 적절성을 근거로 예산을 편성하는 것이다.

〈표 9-3〉 성과주의 예산 모형의 장·단점

장점	단점
• 프로그램의 목표와 운영에 대한 모니터링 가능 • 사업의 효율성 강조 • 단위비용을 계산하므로 합리적 자금 배분 가능 • 실적 평가가 용이 • 예산집행에 신축성 부여	• 예산 통제가 어려움 • 직접비와 간접비 계산이 어려움 • 단위 비용 책정이 어려움 • 효율성을 강조하다 보니 효과성이 무시됨

〈표 9-4〉 예: 성과주의 예산

항목	전년도 예산	금년도 예산
직원역량강화 프로그램 단위비용이 3,000원인 1,000회의 교육 =3,000 × 1,000 = 3,000,000원	…	3,000,000
특화상품 개발 프로그램 단위비용이 8,000원인 3,000시간의 서비스 =8,000 × 3,000 = 24,000,000원	…	24,000,000
다문화 사회화 프로그램 단위비용이 5,000원인 12,000시간의 교육 =5,000 × 12,000 = 60,000,000	…	60,000,000
총 지출		

(3) 기획예산모형(프로그램기획예산)

기획예산(PPBS: Planning-Programming-Budgeting System)은 장기적인 사업계획을 세우고 그것을 실천하기 위한 당해 연도의 프로그램 계획과 이를 뒷받침하는 예산을 통합하여 수립하는 예산체계이다.

즉, 장기적 계획 수립과 단기적 예산편성을 유기적으로 결합시킴으로써 자원배분에 관한 의사결정을 일관성 있게 그리고 합리적으로 행하고자 하는 모형이다. 이 예산체계의 핵심적인 특징은 프로그램 기획과 예산을 통합하는 데 있으며, 다른 말로 프로그램 기획예산이라고 한다. 성과주의 예산모형이 투입과 산출을 비교하여 효율성을 강조한다면, 기획예산모형은 사업의 목표를 얼마나 달성했는지를 판단하는 효과성을 강조한다.

기획예산은 자원을 요청하는 사회복지조직이 그 목표를 성취하기 위해 드는 비용을 계상한 것이므로 자원을 제공해 주는 기관들에게는 가장 유용한 정보를 담고 있다. 다시 말해 자원을 할당해 주기 위한 의사결정에 필요한 가장 본질적인 정보를 이 예산 형식이 제공할 수 있다는 것이다.

하지만 사회복지조직에서 나타나는 목표의 불명확성, 개입 기술의 불확정성, 성과평가의 어려움 때문에 프로그램 기획예산이 널리 사용되기에는 한계가 있다. 설령 구체적으로 목표를 확인하고, 서비스 실행에 대한 성과평가를 했더라도 이러한 작업을 위해서는 많은 시간과 비용이 요구된다는 것이 실질적인 한계로 작용한다.

프로그램 기획예산 모형은 사회복지조직들이 확대해 나가야 할 예산모형임에 틀림없다. 사회복지시설·기관이 예산을 투입하여 어느 정도의 목표를 달성했는지를 보여주는 것이야말로 사회복지조직이 사회적 목적에서 이탈하지 않고 책임성을 준수하는지를 입증하고 조직의 정당성을 확인해 줄 수 있기 때문이다.

〈표 9-5〉 기획예산모형(프로그램기획예산)의 장·단점

장점	단점
• 효과성과 목표 강조 • 비용효과분석 등을 통해 의사결정에서의 주관적 편견을 배제하고 객관적이고 합리적 판단 가능 • 프로그램의 목표를 명확히 알 수 있고 계획과 예산이 결합되어 조직 운영의 통합성 확인 가능	• 실제 현장에서는 목표 설정이 어려움 • 사업에 필요한 품목이 제시되지 않고, 단위원가가 제시되지 않음 • 결과에만 치중하여 과정을 무시하고, 이 과정에서 권력과 의사결정이 중앙집권화될 우려가 있음

〈표 9-6〉 예: 프로그램기획 예산

항목	전년도 예산	금년도 예산
직원 역량 강화 프로그램 3,000만 원의 총비용으로 200명의 직원에 대한 업무 역량을 강화하는 것	…	30,000,000
특화상품 개발 프로그램 200만 원의 총비용으로 100명의 상인들의 신메뉴 및 사업 아이템 개발로 매출 개선	…	2,000,000
다문화 사회화 프로그램 400만 원의 총비용으로 50명의 다문화 가족에 대한 사회화, 문화탐방, 건강 및 기타서비스를 제공	…	4,000,000
총 지출		

(4) 영기준 예산 모형

영기준 예산(ZBB: Zero-Based Budget) 모형은 전년도 사업이나 관행에 구애받지 않고 영(Zero)의 상태에서 출발하여 업무계획을 수립하고 채택된 프로그램에 관해서만 예산을 편성하는 모형이다.

영기준 예산 모형을 바탕으로 할 경우, 조직은 모든 사업을 매년 처음 시작한다는 전제하에서 사업의 필요성에 대한 정당성을 제시하고 다른 사업과 비교하여 우선순위에 따라 예산을 수립한다. 영기준 예산모형은 미리 정한 사업 기간이 종료되면 별도의 조치를 취하지 않으면 자동적으로 폐지된다는 점에서 일몰법(sunset law)과 관련이 깊다.

〈표 9-7〉 영기준 예산 모형의 장·단점

장점	단점
• 관례적인 예산책정에서 탈피하여 예산 절약, 사업 쇄신에 기여 • 자원의 합리적 배분 가능 • 프로그램의 효과성과 효율성에 기여	• 예산편성에 대한 전문성이 상당히 요구됨 • 우선순위 결정 과정에서 정치적·심리적 요인이 무시됨 • 일몰법에 기반을 두므로 장기계획에 의한 사업 수행이 어려움

〈표 9-8〉 예산체계 유형의 비교

	항목별 예산	성과주의 예산	프로그램기획 예산	영기준 예산
특징	• 통제중심 예산 • 전년도 예산이 주요 근거가 됨 • 회계계정별, 구입품목별로 편성 • 통제적 기능이 강함 • 회계실무자에게 유리	• 관리중심 예산 • 과정중심 예산 • 단위원가×업무량=예산 • 장기적 계획을 고려하지 않음 • 효율성을 중시함 • 관리기능이 강함 • 관리자에게 유리	• 계획지향 예산 • 장기적 계획과 단기적 예산 편성을 구체적인 사업실행 계획을 통하여 연결 • 장기적 계획에 유리 • 목표의 명확화 및 목표의 달성을 강조 • 계획자에게 유리	• 순위지향 예산 • 사업목표와 수행능력에 따라 매년 새로이 편성 • 동등한 기회 부여 • 사업의 비교평가에 기초함 • 의사결정기능 강화 • 소비자에게 유리
장점	• 지출근거가 명확하게 드러남 • 예산통제에 효과적 • 간편성으로 인해 쉽게 사용가능	• 목표와 사업을 분명히 이해함 • 자금 배분의 합리성 • 사업별 통제가 가능 • 사업의 효율성 제고	• 목표 및 사업과 예산 간의 괴리 극복 • 합리적 자금 배분 • 장기적 사업계획에 유리 • 사업의 효과성 제고	• 예산 절약과 사업의 쇄신기여 • 탄력적, 합리적 자금 배분 • 사업의 효율성·효과성 제고
단점	• 예산의 신축성 저해 • 예산 증대의 정당성 근거가 희박함 • 결과나 목표달성에 대한 고려가 부족함 • 사업내용 파악 곤란 • 효율성 무시	• 예산통제가 어려움 • 비용산출의 단위 설정과 비용책정이 어려움 • 효율성을 강조하여 효과성이 무시됨	• 목표설정의 어려움 • 결과에 치중하여 과정이 무시됨 • 권력과 의사결정이 중앙집권화 될 경향이 있음	• 의사소통, 의사결정, 사업평가 등 관리자 훈련 필요 • 정치적·심미적 요인이 무시됨 • 장기계획에 의한 사업수행이 곤란함

더보기	영기준 예산 모형의 수립 단계

사업의 주요 의사결정 단위 결정 → 의사결정 패키지 작성(예산요구액, 예산요구의 정당성 등) → 각 대안의 비교 및 우선순위 부여 → 대안에 대한 예산 배정 수준 결정

더보기	예산의 개념(보충)

예산(Budget): 회계연도(1.1~12.31)의 세입 및 세출에 관한 예정 계획서(편성 → 심의 · 의결 → 집행 → 결산의 4단계)

2. 사회복지조직의 예산집행과 회계 감사

출제경향
- 예산의 집행과 회계감사 중에서는 예산통제의 원칙을 묻는 문제가 출제된 바 있으므로, 이를 잘 이해하고 암기해 두어야 한다. 회계감사에서는 내부감사와 외부감사의 비교, 규정 순응감사와 운영회계감사의 특성에 대한 문제가 출제된 바 있어 두루 잘 살펴보아야 한다.

핵심개념
- 예산통제의 원칙: 개별화, 강제, 예외, 보고, 개정, 효율성, 의미, 환류, 생산성
- 회계감사의 종류: 규정 순응 감사, 운영회계감사

1) 예산집행과 통제

(1) 예산집행

예산집행은 예산을 면밀하게 편성하여 편성한 대로 행해지고 있는지를 확인하고 필요에 따라 지도 · 조정하는 일을 말한다. 예산집행을 다른 말로 예산통제라고도 한다. 예산을 집행할 때에는 아홉 가지 원칙을 준수해야 한다. 하지만

계획된 대로 집행하려는 것을 가로막는 천재지변, 국제적 경제 상황의 급변, 국회 또는 지방자치단체의 상황 변화 등으로 인하여 부득이 예산을 변동하지 않으면 안 되거나, 예비적 조치를 취하게 될 경우에 대비하여 예산집행의 신축적 제도를 일부 도입하여 운용하고 있다.

(2) 로만(Lohmann)의 예산통제의 원칙

① 개별화의 원칙

예산통제체계는 개별 기관의 제약 조건, 요구 사항 및 기대 사항에 맞게 고안되어야 한다.

② 강제의 원칙

예산통제체계는 강제성을 띠는 어떤 명시적인 규정이 있어야 한다. 예산을 집행할 때는 규정을 동일하게 적용하여 공평성을 기해야 한다.

③ 예외의 원칙

규칙에는 반드시 예외 상황을 고려해야 하고, 어떤 상황에서 예외가 적용되는지 명시해야 한다.

④ 보고의 원칙

예산통제체계는 보고의 규정을 두어야 한다. 보고의 원칙이 없으면 재정 관련 행위를 공식적으로 감시하고 통제할 수가 없다. 예를 들어, 예산의 남용이나 개인적 유용, 항목 변경 등의 사실이 있는데도 보고하지 않으면 재정 활동에 큰 문제가 생길 수 있다.

⑤ 개정의 원칙

규칙은 일정한 기간 동안에만 적용할 수 있도록 제한한다. 그리고 일정 기간이 지난 후에는 규칙을 새로 개정할 수 있어야 한다.

⑥ 효율성의 원칙

예산통제에는 시간과 비용이 많이 드는 경우가 있다. 따라서 비용과 노력을 최소화하는 정도에서 통제할 수 있어야 한다.

⑦ 의미의 원칙

효과적으로 통제하기 위해서는 규칙, 기준, 의사소통 및 계약 등에 관계되는 모든 사람이 잘 이해할 수 있도록 해야 한다. 규칙은 명확하게 작성되고 관련 자료는 쉽게 얻을 수 있어야 한다.

⑧ 환류의 원칙

예산 통제 체계에 관한 규칙, 기준, 의사소통, 계약 등을 적용할 때 발생할 수 있는 여러 가지 부작용 및 장단점 등 관련자의 의견을 수렴하여 개정과 개선의 기초로 활용해야 한다.

⑨ 생산성의 원칙

예산통제 그 자체는 어디까지나 서비스가 효과적이고 효율적으로 전달되기 위한 수단에 불과하므로 이로 인하여 서비스 전달이라는 생산성에 장애와 갈등이 발생하지 않도록 유의해야 한다.

2) 회계감사

(1) 회계감사의 개념

회계감사(audit)는 조직의 재정 활동에 관한 기록물이 얼마나 정확하게 기록되었는지, 표준화된 양식을 얼마나 잘 따르고 있는지를 확인하는 절차이다. 정부 보조금을 지원받는 사회복지조직의 경우 보조금이나 계약의 요구 사항을 이행해야 한다. 따라서 회계감사는 지출의 적법성을 검증하는 형태뿐만 아니라 프로그램의 효과성과 효율성을 검증하는 형태로 이루어질 수도 있다.

일반적으로 사회복지조직의 회계감사는 법인과 시설에 대하여 매년 1회 이상 정기 감사를 실시하도록 되어 있다. 그리고 감사는 감사보고서를 작성하여 당해 법인의 이사회에 보고해야 한다. 감사 결과, 재산 상황 또는 업무수행에 관하여 부정 또는 불미한 점을 발견했을 때에는 시장, 군수, 구청장에게 보고해야 한다.

(2) 회계감사의 유형

① 내부감사와 외부감사

내부감사는 조직 내부 구성원이 감사를 실시하는 것이다. 내부 상황을 잘 알고 있어 정확한 감사를 할 수 있다는 장점이 있지만, 감사하는 이가 조직 내부에 있기 때문에 조직구성원이나 이해관계자의 입김에서 자유롭지 못하다는 한계가 있다.

외부감사는 조직 외부 구성원이 감사를 실시하는 것이다. 감사하는 이가 조직 외부에 있기 때문에 공정하게 감사를 실시할 수 있지만 조직의 내부 상황을 잘 알지 못할 경우 감사가 피상적 수준에 그칠 수 있다는 한계가 있다.

② 규정순응감사와 운영회계감사

가. 규정순응감사

규정순응감사(compliance audit)는 다른 말로 재정감사(financial audit)라고도 한다. 이 감사는 기관의 재정 운영이 적절한 회계 절차에 따라 시행되었는지, 재정이나 다른 보고서가 적절하게 준비되었는지, 기관에 적용된 각종 규칙과 규제를 적절하게 이행했는지 등을 모니터링하는 데 목적이 있다. 이는 기관이나 프로그램이 규칙과 규제를 잘 따르면 경제적이고 효율적인 서비스 생산을 할 수 있을 것이라는 전제에서 출발한다. 이때 다양한 자금 원천으로부터 현물·현금 지원을 받은 경우 자금을 제공하는 곳마다 요구하는 감사 자료가 다르기 때문에 자금 원천 기관별로 감사에 대비해야 한다.

하지만 규칙에 잘 순응했다 하더라도 성과평가에서 효율성이 낮게 평가될 수 있다. 또한 규칙에만 충실하다 보면 오히려 탄력성을 잃어 생산의 효율성이 떨어질 수도 있다. 따라서 단순히 규정의 순응 여부만을 따지는 감사는 실제로 업무가 효과적 혹은 효율적으로 추진되었는지의 여부에 관심을 두지 않는다는 데 문제가 있다. 그러므로 이러한 감사 방법은 자칫 지나치게 형식적이고 딱딱한 사회복지행정을 만들어 내는 원인으로 작용할 수 있다.

나. 운영회계감사

운영회계감사(operational audit)는 예산과 관련하여 의도했던 프로그램 결과가 달성되었는지, 목표가 어느 정도의 경제성과 효율성으로 성취되었는지 등과 같은 문제에 관심을 가지고 규정순응감사의 약점을 보완하는 감사이다. 운영회계감사를 위해서는 적어도 성과주의 예산이나 프로그램 예산과 같은 예산 형식을 갖추어야 한다. 그래야 목표 자체가 달성되었는지, 혹은 얼마만큼의 산출물이 예정했던 비용과 연계해서 발생했는지 등을 판단할 수 있기 때문이다.

운영회계감사는 규정순응감사보다 더 폭넓은 지식과 기술을 필요로 한다. 프로그램의 비효율성에 대한 원인을 파악하기 위해서는 사회복지 전문직이 감사 과정에 적극적으로 참여하는 것이 필요하다. 사회복지서비스의 규정과 목적, 그것을 실행하는데 필요한 적절한 개입기술 등에 대한 판단은 단순히 회계전문가의 노력만으로는 불가능하기 때문이다. 따라서 사회복지행정가는 재정관리에 대해 전문적이지는 않더라도 기초 지식만큼은 갖추고 있어야 한다.

3. 사회복지법인 및 사회복지시설 재무 · 회계 규칙

출제경향 • 사회복지법인 및 사회복지시설 재무회계규칙에 대한 문제가 출제된 바 있어 두루 잘 살펴보아야 한다.

핵심개념 • 사회복지법인 및 사회복지시설 재무회계규칙: 예산총계주의 원칙, 수익 활동을 하지 않을 경우 단식 부기, 예산의 목적 외 사용 금지, 관항 간 전용시 이사회 의결, 시설운영위원회 보고, 후원금 관리의 명확성·공정성·투명성

1) 총칙

사회복지법인 및 사회복지시설의 재무 · 회계 규칙은 사회복지사업법 제23조 제4항, 제34조 제3항 및 제45조 제2항에 사회복지법인 및 사회복지시설의 재무 · 회계 및 후원금 관리에 관한 사항이 규정되어 있다. 이는 재무 · 회계 및 후원금 관리의 명확성 · 공정성 · 투명성을 높여 사회복지법인 및 사회복지시설의 합리적인 운영에 기여함을 목적으로 한다.

이때 법인 및 시설의 회계연도는 정부의 회계연도에 의하면, 법인 및 시설의 수입 및 지출의 발생과 자산 및 부채의 증감 · 변동에 관하여는 그 원인이 되는

사실이 발생한 날을 기준으로 하여 연도소속을 구분한다. 다만, 그 사실이 발생한 날을 정할 수 없는 경우에는 그 사실을 확인한 날을 기준으로 하여 연도소속을 구분한다.

한편 회계는 법인의 업무 전반에 관한 회계, 시설의 운영에 관한 회계 및 법인이 수행하는 수익사업에 관한 회계로 구분하며, 법인의 회계는 법인회계, 해당 법인이 설치·운영하는 시설의 회계는 시설회계, 법인이 수행하는 수익사업에 관한 회계는 수익사업회계라고 한다.

출납기한과 관련하여서는 회계 연도에 속하는 법인 및 시설의 세입·세출의 출납은 회계 연도가 끝나는 날까지 완료해야 한다.

2) 예산의 편성

예산총계주의 원칙에 의하여 1회계연도의 모든 수입을 세입으로 하고, 모든 지출을 세출로 하되, 세입과 세출은 모두 예산에 계상한다.

법인의 대표이사는 매 회계연도 개시 1월 전까지 그 법인과 해당 법인이 설치·운영하는 시설의 예산편성 지침을 정한다. 법인의 대표이사 및 시설의 장은 예산을 편성하여 각각 법인 이사회의 의결 및 운영위원회의 보고를 거쳐 확정한다. 다만, 법인이 설치·운영하는 시설인 경우에는 시설운영위원회에 보고한 후 법인 이사회의 의결을 거쳐 확정한다. 법인의 대표이사 및 시설의 장은 확정한 예산을 매 회계연도 개시 5일 전까지 관할 시장·군수·구청장에게 제출하여야 한다. 예산을 편성할 경우 법인회계와 시설회계의 예산은 세입·세출예산 과목 구분에 따라 편성하여야 한다.

시장·군수·구청장은 예산을 제출받은 후 20일 이내에 법인과 시설의 회계별 세입·세출명세서를 시·군·구의 게시판과 인터넷 홈페이지에 20일 이상 공고하고, 법인의 대표이사 및 시설의 장으로 하여금 해당 법인 및 시설의 게시판과 인터넷 홈페이지에 20일 이상 공고하도록 한다.

한편, 복식부기로 회계를 처리하는 사회복지조직의 예산에는 예산총칙, 세입·세출명세서, 추정대차대조표, 추정수지계산서, 임직원보수일람표, 당해 예산을 의결한 이사회 회의록 또는 해당 예산을 보고받은 시설운영위원회 회의록 사본을 첨부한다. 단식부기로 회계를 처리하는 사회복지조직은 예산 총칙, 세입·세출명세서, 임·직원보수일람표, 당해 예산을 의결한 이사회 회의록 또는 해당 예산을 보고받은 시설운영위원회 회의록 사본을 첨부한다.

더보기 **단식부기와 복식부기의 첨부서류가 다르다.**

단식부기로 회계를 처리하는 경우와 복식부기로 회계를 처리하는 경우 비치하는 서류가 다르다. 단식부기의 경우 추정대차대조표, 추정수지계산서는 첨부하지 않아도 된다.

3) 준예산 및 추가경정예산의 편성

(1) 준예산

회계연도 개시 전까지 법인 및 시설의 예산이 성립되지 아니할 때에는 법인의 대표이사 및 시설의 장은 시장·군수·구청장에게 그 사유를 보고하고 예산이 확정될 때까지 임·직원의 보수, 법인 및 시설운영에 직접 사용되는 필수적인 경비, 법령상 지급 의무가 있는 경비를 전년도 예산에 준하여 집행할 수 있는데, 이를 준예산이라 한다.

(2) 추가경정예산

확정된 예산에 변경을 가할 필요가 있을 경우 법인의 대표이사 및 시설의 장은 추가로 예산을 편성할 수 있는데, 이를 추가경정예산이라 한다. 법인의 대표이사 및 시설의 장은 추가경정예산이 확정된 날로부터 7일 이내에 시장·군수·구청장에게 이를 제출한다. 법인의 대표이사 및 시설의 장은 예측할 수 없는 예산외의 지출 또는 예산의 초과 지출에 충당하기 위해 세출예산에 계산할 수 있는데, 이를 예비비라 한다.

4) 예산의 전용과 이월

(1) 예산의 전용

법인회계 및 시설회계의 예산은 세출예산이 정한 목적 외에는 이를 사용하지 못하지만, 관·항·목 간의 예산을 전용할 수도 있다. 법인과 시설이 관간 전용 또는 관 내 항간 전용을 하려면 이사회의 의결 또는 시설운영위원회의 보고를 거친다. 그리고 예산총칙에서 전용을 제한하고 있거나 이사회 및 시설 예산심의 과정에서 삭감한 관·항·목으로는 전용이 불가하다.

법인의 대표이사 및 시설의 장은 관·항 간 예산을 전용할 경우 관할 시장·군수·구청장에게 결산보고서를 제출할 때에는 과목전용조서를 첨부한다.

(2) 예산의 이월

법인의 대표이사 및 시설의 장은 법인회계와 시설회계의 세출예산 중 경비의 성질상 당해 회계연도 안에 지출을 미치지 못할 것으로 예측되는 경비와 연도 내에 지출원인 행위를 하고 불가피한 사유로 인하여 연도 내에 지출하지 못한 경비는 이사회의 의결 및 시설운영위원회의 보고를 거쳐 다음 연도에 이월하여 사용할 수 있다. 법인이 설치·운영하는 시설인 경우에는 시설운영위원회에 사전 보고한 후 법인 이사회의 의결을 거쳐야 한다.

5) 결산과 회계

법인의 대표이사 및 시설의 장은 법인과 시설회계의 세입·세출 결산 보고서를 작성하여 각각 이사회의 의결 및 시설운영위원회의 보고를 거친 후 다음 연도 3월 31일까지 시장·군수·구청장에게 제출한다. 일반적으로 법인과 시설의 회계는 단식부기를 하지만, 수익사업을 통한 사업수익이 있을 경우 복식부기를 한다.

6) 후원금의 관리

법인의 대표이사와 시설의 장은 후원금의 수입·지출을 명확하게 관리해야 한다. 시설거주자가 받은 개인결연후원금을 당해인이 정신질환 등의 사유로 관리능력이 없어 시설의 장이 이를 관리하게 되는 경우에도 이와 같다. 후원금 관리 시 고려할 사항은 다음과 같다.

- 후원금을 받을 때에는 후원금영수증 발급
- 후원금은 후원금 전용 계좌로 사용
- 연 1회 이상 해당 후원금의 수입 및 사용 내용 통보
- 후원금 수입 및 사용 결과보고서는 시장·군수·구청장에게 제출하고 공개
- 후원금은 후원자가 지정한 사용용도 외의 용도로는 사용 불가
- 후원금은 세입·세출예산에 편성하여 사용

7) 감사의 실시

법인의 감사는 당해 법인과 시설에 대하여 매년 1회 이상 실시한다. 감사를 한 때에는 감사보고서를 작성하여 당해 법인이 이사회에 보고하며, 재산상황 또는 업무 집행에 관하여 부정한 점이 발견될 때에는 시장·군수·구청장에게 보고하여야 한다.

Chapter 10

사회복지행정의 기획과 의사결정

1. 기획의 필요성과 유형 및 기법
2. 의사결정의 모형과 기법

Chapter 10

사회복지행정의 기획과 의사결정

1. 기획의 필요성과 유형 및 기법

출제경향

- 기획과 계획에 대한 개념을 정확하게 알고 있어야 하며, 기획의 필요성은 사회복지행정의 주요 가치인 효율성과 효과성, 책임성을 높이는 중요한 전략 차원임을 잘 알고 있어야 하며, 기관과 대상에 따라 달라지는 기획의 유형과 기획과정에 대해서도 잘 살펴보아야 한다.

핵심개념

- 기획의 특성: 미래지향적 · 계속적 · 동태적 · 과정지향적, 목표달성을 위한 수단적 특성의 의사결정 과정
- 기획의 필요성: 효율성, 효과성, 책임성, 합리성, 사기 진작, 조직목표의 불확실성 감소
- 기획의 유형: 장기·중기·단기기획, 전략기획, 운영기획
- 사회복지행정의 기획: 자원기획, 프로젝트기획, 개인기획
- 기획의 과정: 목표설정 → 자원고려 → 대안모색 → 결과예측 → 계획결정 → 구체적 프로그램 수립 → 변화를 위한 개방성 유지
- 기획의 기법: 시간별 활동계획 도표, 프로그램 평가 검토 기법, 월별 활동계획 카드, 방침관리기획

1) 기획의 개념과 특성

기획에 대한 정의는 학자마다 다양하지만, 일반적으로 기획은 목표를 설정하고 그 목표를 달성하기 위한 수단을 결정하는 과정이라고 정의한다.

기획은 미래지향적이고 계속적인 과정이고, 의사결정과 연결되고, 목표지향적이고, 목표를 위한 수단적인 특성을 지닌다. 기획(planning)은 계획(plan)이라는 용어와 혼돈되어 쓰이고 있지만 엄밀히 말해 그 의미가 다르다. 기획이 계획을 세워가는 활동과 과정에 초점을 둔 계속적인 과정이라면, 계획은 세부사업에 대한 연속적인 의사결정임과 동시에 기획과정을 통해 최종 도출된 결과(표)를 가리키는 것이다.

2) 기획의 필요성

(1) 효율성 증진

사회복지 인력과 자원은 한정되어 있으므로 최소의 비용과 노력으로 효율적인 서비스를 제공하기 위해서는 치밀한 기획이 필요하다.

(2) 효과성 증진

사회복지조직이 클라이언트에게 제공하는 서비스는 클라이언트의 문제나 욕구를 해결하는데 효과가 있어야 한다. 사전에 치밀하게 계획되고 의도된 활동이 아닐 경우, 그 결과는 바라는 대로 달성되지 않을 수도 있다.

(3) 책임성 증진

사회복지조직은 대개 사회의 인가를 받아 국고와 개인 또는 민간의 기부금으로 운영되는 경우가 많기 때문에 서비스를 효과적이고 효율적으로 제공할 책임을 진다.

(4) 사기 진작

기획 과정에서 많은 조직구성원이 참여하게 되는데, 이러한 참여를 통해 조직구성원은 조직에 직·간접적으로 기여한다. 이때 조직구성원들은 자신의 기획안이 채택되는 과정에서 인정받고 성취감을 느끼게 되어 사기가 높아진다.

(5) 사회복지조직 목표의 불확실성 감소

기획안을 작성하면 사회복지조직을 둘러싼 환경이 급변하면서 수반되는 미래에 대한 불확실성을 감소시키고 조직의 목표를 재확인할 수 있다.

(6) 문제해결을 위한 합리성 증진

기획은 문제 해결과 의사결정의 근거가 될 수 있기 때문에 합리성을 높여준다.

3) 기획의 유형

(1) 조직의 위계 수준에 따른 기획의 유형

〈표 10-1〉 조직의 위계 수준과 기획의 유형

위계 수준	기획의 유형
최고 관리층	목표, 정책, 장기기획, 조직 전체 영역 기획
중간 관리층	사업 할당, 총괄 사업 기획
감독 관리층	구체적 사업 계획, 일정표, 단기기획, 운영기획
관리 실무자	일상적 업무 및 사소한 절차에 국한된 기획

(2) 시간에 따른 기획의 유형

① 장기기획

장기기획은 5년 이상 10년, 10년 또는 그 이상의 기간에 걸친 기획이다. 외부 환경의 영향을 중시하고 주기적으로 조직의 목적과 목표를 재설정한다. 이렇듯 기획은 조직의 목적과 방향을 연속적으로 설정-재설정하는 지속적인 과정인 것이다.

② 중기기획

3년에서 5년 사이의 기획으로 장기와 단기의 중간기획이다.

③ 단기기획

단기기획은 중·장기기획에 근거한 1년 미만의 기획이다. 구체적·행동 지향적 실행 방법에 관한 내용을 포함한다. 일반적으로 조직의 하위층에서 상위층으로 올라감에 따라 단기기획에서 장기기획으로 책임이 높아진다. 단기기획은 장기기획과 서로 밀접한 관련성을 가지고 장기기획 속에 통합되어야 하며, 이러한 측면에서 장기기획은 단기기획을 보완하게 된다.

(3) 대상에 따른 기획의 유형

① 전략기획

전략기획(strategic planning)은 조직의 사명과 가치, 자원 할당을 통해 조직이 추구해 나갈 전략적 방향을 설정하는 것이다. 주로 조직의 상위 계층에서 이루어지는 정책적 차원의 기획으로 목표설정과 관련된 기획을 말한다. 이는 조직의 기본적인 결정과 행동계획을 수립하기 위해 이루어진다.

② 운영기획

운영기획은 조직의 목표를 효과적으로 달성하기 위하여 획득한 자원을 효율적으로 사용하도록 하는 기획이다. 주로 조직의 중간계층 이하에서 이루어진다.

4) 사회복지행정의 기획

(1) 자원기획

① 재정기획

재정기획은 기관이나 프로그램의 재정 상태를 예측하기 위한 기획이다. 재정이 부족할 경우 서비스의 양이나 범위를 축소 또는 수정하여 자금 수요를 줄이고, 조직의 기부금이나 재정원조기관의 자원 확보 등 모금운동을 통해 자금을 늘려간다.

② 시설 및 장비에 관한 기획

사회복지조직의 목표달성을 위해 필요한 시설이나 장비의 구매, 임대 등에 관한 기획이다.

③ 소비물자에 관한 기획

소비물자란 서류용지, 필기구, 기록보관철 등을 말한다. 이를 구매하기 위한 자금은 필요할 때 언제든지 쓸 수 있어야 한다.

④ 인적자원에 관한 기획

인적자원 관리에서 다루는 기획으로 인적자원 확보, 인적자원 개발, 인적자원 보상·유지·관리, 노사관계 등에 관한 기획이다. 이 기획에는 목표를 달성하기 위하여 필요한 최소한의 직원 수, 기획 연도마다 충원해야 할 직원 수, 새로 고용한 직원을 배치해야 할 부서나 프로그램 등에 대한 내용이 포함된다.

(2) 프로젝트 기획

프로젝트를 시작할 때 기획안을 작성하는 이유는 무턱대고 프로젝트에 뛰어드는 것보다 노력에 대한 질적 성과가 높고, 프로젝트를 달성하는데 시간이 적게 걸리기 때문이다.

(3) 개인기획

개인기획은 자신의 목표를 설정하고 실행해야 할 활동 과정을 기술하는 것이다. 개인적인 목표를 성취하기 위해서는 기획을 수행하면서 일어날 수 있는 불가피한 변화를 예상할 수 있어야 한다. 그리고 유사한 과업이나 프로젝트를 가진 다른 사람들의 경험을 활용하여 기획안을 작성한다. 그리고 그 기획이 실현가능한지 살펴야 한다.

5) 기획의 과정

스키드모어(Skidmore)는 사회복지행정의 기본 기획을 7단계로 제시했다. 각 단계와 관련된 활동은 사회복지행정의 기획과정에서 중요하다. 각 단계는 사회복지행정의 기획 과정에서 필수적인 요소로 사회복지서비스 전달의 효율성과 효과성을 확보하기 위해 필요하다.

(1) 목표설정

기획의 첫 번째 단계는 목표를 설정하는 일이다. 목표란 어떤 활동의 주체가 달성하고자 하는 바람직한 미래의 상태를 말한다. 사회복지기관과 시설의 목표는 그것이 달성하고자 하는 활동지표 내지 활동 목표인 것이다. 이러한 목표는 현재의 활동에 중요한 영향을 미친다.

(2) 가용자원의 고려

기획의 두 번째 단계는 조직의 인적·물적 자원을 고려하는 일이다. 기관의 설비, 가용 예산 및 서비스에 대한 지역사회의 후원 등과 목표를 연결시키는 것은 매우 중요하다. 직원의 가용성뿐만 아니라 직원의 자질, 능력, 태도와 감정 등도 고려해야 한다.

(3) 대안모색

목표 설정과 자원 검토가 끝난 후에는 목표달성을 위한 여러 가지 대안을 모색해야 한다. 유능한 행정가는 다양한 대안을 실제 시행한다고 가정했을 때 거기서 발생할 수 있는 결과를 기술하고 예측한다. 이러한 단계에서는 창의력이 특히 중요하다. 자유로운 집단토의 및 개인 간의 대화를 통하여 새로운 가능성을 발견할 기회가 생긴다.

(4) 결과 예측

대안을 열거하고 조사한 후에는 그 갖가지 대안이 어떠한 결과를 도출할지 예측한다. 그리고 신중하게 검토한 후 최선을 선택한다. 대안을 기록하고 도달 가능한 목표에 대한 선택 사항을 인식하면 다음으로 중요성과 실현가능성에 관한 가중치를 부여한다. 이때 가장 어려운 문제는 우선순위를 정하는 일이다. 가장 중요한 것, 즉각적인 조치가 필요한 것, 연기할 것 등을 정해야 한다.

(5) 계획 결정

각 대안에 대한 결과를 예측하고 나면 최선의 계획을 결정할 단계에 들어선다.

(6) 구체적인 프로그램 수립

계획을 결정하고 나면 합의된 목표달성을 위해 구체적인 프로그램을 수립한다. 청사진 혹은 도표, 시간표 작성을 포함하여 단계적인 행동 개요를 기록한다. 진척 상황 검토와 보고 및 프로젝트 완성을 위하여 구체적인 시간을 계획해야 한다. 예를 들어, 일시, 장소, 대상, 일정, 예산, 기대효과 등의 계획을 수립하는 것이다.

(7) 변화를 위한 개방성 유지

개방성 혹은 융통성은 전체 기획 과정에서 꼭 필요한 태도라고 할 수 있다. 특정 프로그램을 실행하게 될 때에는 종종 변화가 생길 수 있다. 유능한 행정가는 그 변화가 더 나은 발전을 가져오거나 편리한 자원을 수반하는 계획일 경우 언제든지 계획을 변경시킬 수 있어야 한다. 따라서 기획에 있어서 개방성과 융통성은 필수적인 요소이며, 경직되어서는 안 된다.

6) 기획의 기법

(1) 시간별 활동계획도표(간트차트법)

① 시간별 활동계획도표의 특징

간트차트법(Gantt Chart)은 미국의 경영학자 간트(Gantt)에 의해 창안되었다. 간트차트는 일정관리기법(계획통제도표)으로 어떤 시점의 계획과 실적을 한눈에 대조할 수 있다. 계획된 작업과 그 성과를 같은 시간 축에 직선으로 나타내어 공정, 순서 계획, 일정 계획, 작업 할당을 짜고 일정을 통제 관리하는 도표로 널리 이용되고 있다. 하지만, '누가', '언제까지'는 빠져 있어 구체적이지는 못하다.

간트차트는 작업의 내용과 각 단계별 작업의 시작 및 종료 시기를 기입한 도표로 누구나 쉽게 그릴 수 있다. 전체 일정관리를 한 눈에 알 수 있게 하여 전체 업무의 흐름을 한눈에 파악할 수 있다는 장점이 있다.

② 시간별 활동계획도표의 작성 방법

- 조건: 분업(업무의 단계별 분류) 파악, 단계별 작업완수시간 파악, 동시에 시작할 수 있는 작업 파악
- 예: 쓰레기 분리배출 및 수거에 관한 지역주민 의식조사
  - 업무단계: 6단계(설문지 작성, 연구대상 설정, 설문지 배부 및 수거, 자료입력, 자료 분석, 보고서작성)
  - 작업완수시간: 1단계 3일 / 2단계 3일 / 3단계 7일 / 4단계 6일 / 5단계 2일 / 6단계 2일 / 총 23일
  - 동시작업: 1단계와 2단계 / 3단계와 4단계

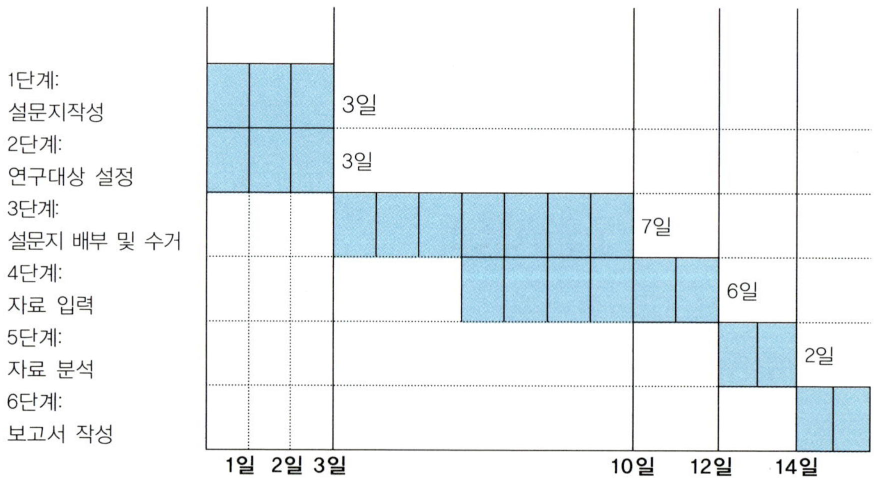

[그림 10-1] 간트차트의 예

⇒ 총 6단계 23일치의 작업분량이 간트차트로 분석한 결과, 6단계 16일로 단축될 수 있도록 나타난다.

(2) 프로그램 평가 검토(PERT) 기법

① 프로그램 평가 검토(PERT)의 특징

퍼트(PERT: Program Evaluation & Review Technique)는 업무의 절차를 계획하는 기법, 즉 작업 시간을 통제하는 기법이다.

냉전시대 소련이 스푸트니크호 달 탐사선을 쏘아 올리자 이에 충격을 받은 미국이 잠수함 건조계획을 6년에서 4년으로 예정보다 앞당겨 추진하게 되었는데 이때 미국 해군이 중심이 되어 개발했다.

계획내용인 프로그램 달성에 필요한 모든 작업을 작업 관련 내용과 순서를 기초로 하여 내용, 실행 및 시간으로 구성된 네트워크상으로 파악한다. 최장 시간 경로인 임계경로(critical path)를 단축하는 방식의 관계기법이다.

퍼트는 병행작업을 하면서 관계자가 함께 타이밍을 맞추어 정체가 발생하지 않도록 업무를 진행시키는데 효과적으로 많은 병행 작업이 뒤따르는 복잡한 프로그램의 계획 수립에 적합하기 때문에 건축 및 토목 등에 이용되어 건설업체에서 많이 활용되고 있다.

② 퍼트(PERT) 그리기

- 조건: 작업의 단계별 분류 – 각 단계의 완수시간 파악 – 동시작업파악
- 예

– 업무단계: 7단계(A, B, C, D, E, F, G)

– 업무시간: A단계 → 3일, B단계 → 3일, C단계 → 4일, D단계 → 2일, E단계 → 4일, F단계 → 5일, G단계 → 6일(총 27일 소요)

– 동시작업: A와 B의 작업이 끝나야 C, D, E가 시작됨.

A가 끝난 후에 C, D가 시작되며, B가 끝난 후에 E가 시작됨.

A와 B가 완성되어야 F가 시작됨.

G는 D, E가 끝나며 시작된다.

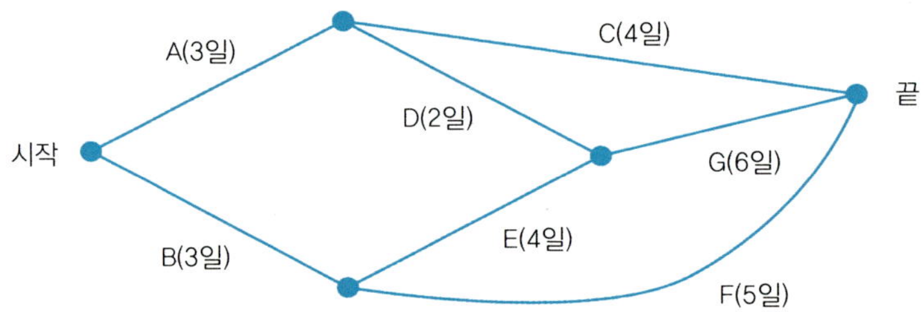

[그림 10-2] PERT 도형 예시

⇒ 주선을 찾으면

A(3일) → C(4일) – 총 7일

A(3일) → D(2일) → G(6일) – 총 11일

B(3일) → E(4일) → G(6일) – 총 13일

B(3일) → F(5일) – 총 8일

따라서 주선 = B – E – G로 B – E – G단계가 이루어지는 13일 동안 7단계의 업무가 모두 종료됨

(3) 월별 활동계획 카드

월별 활동계획 카드는 미국의 래밍턴랜드(Remington Rand) 회사에서 고안한 것이다.

월별 활동계획 카드(Shed-U graph)는 카드 위쪽 가로에 월을 기록하고, 월 밑에 과업을 기록한 작은 카드를 꽂아 시간에 따라 변경하고 이동할 수 있게 만든 것이다.

시간별 활동계획도표와 성격이 비슷하나 다른 점은 월별로 기록한다는 것이다.

월별 활동계획 카드는 업무 시간에 따라 변경하여 이동시키는 것이 편리하다는 장점이 있는 반면, 시간별 활동계획도표와 마찬가지로 업무 간 상관관계를 파악하는 것이 어렵다는 단점이 있다.

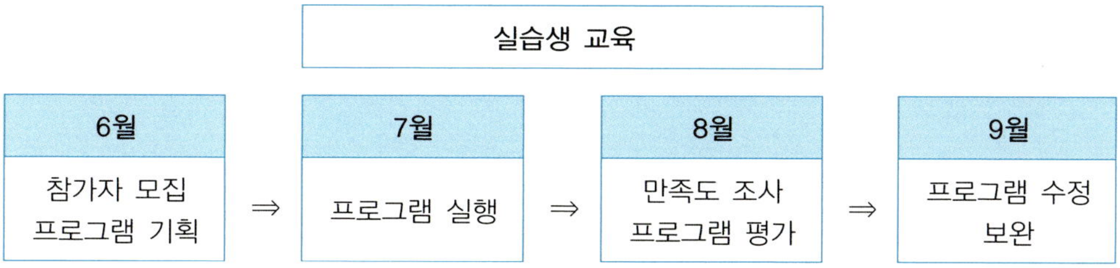

[그림 10-3] 월별 활동계획 카드(Shed-U graph) 예시

(4) 방침관리기획

방침관리기획은 계획(Plan)-실행(Do)-점검(Check)-수정(Action)이라는 일련의 PDCA 사이클에 따라 프로그램을 기획하는 것이다.

일반적인 기획과정에서는 계획을 수립한 후 각각의 결과를 예측하고 나서 실행에 옮기지만, 방침관리기획에서는 계획한 후 바로 실행에 옮긴다. 이는 조직 내 예외적인 상황은 언제나 발생하기 마련이므로 계획 실행 중 문제점이 발생하면 그때그때 수정해 나가면서 오류를 바로잡아 새로운 방침을 세우는 기법이다.

이 기법의 특징은 품질관리에서 주로 활용되는 기법으로 조직 내 문제를 해결하고 핵심적인 목표를 달성하기 위해 조직의 자원을 결집시키는 데 초점을 둔다는 점이다.

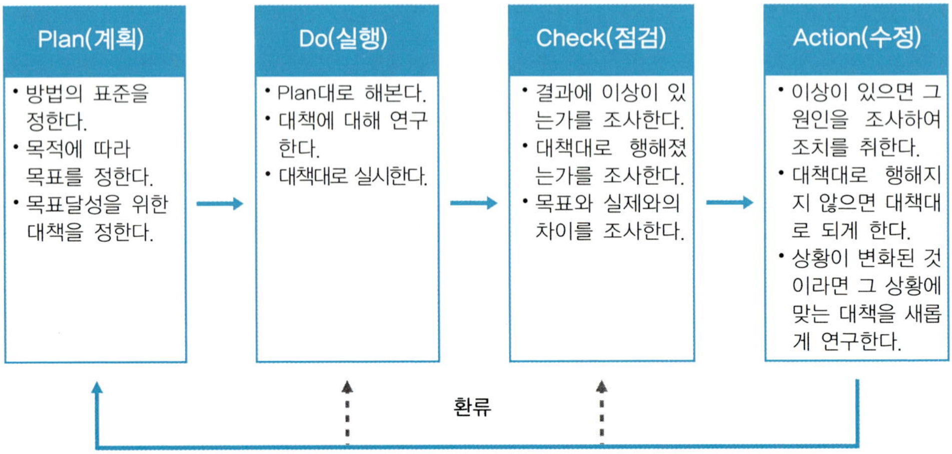

[그림 10-4] PDCA 환류모형

2. 의사결정의 모형과 기법

출제경향

• 의사결정모형에서는 점증모형을 잘 살펴보아야 하며, 델파이, 명목집단, 초점집단에 대해서도 잘 살펴보아야 한다. 개인적 의사결정 중 의사결정나무분석과 대안선택흐름도표가 어떻게 다른지에 대해서도 잘 살펴보아야 한다.

핵심개념

• 의사결정모형: 순수합리모형, 만족모형, 점증모형, 혼합모형, 최적모형, 쓰레기통모형
• 의사결정 방법: 직관적 의사결정, 판단적 의사결정, 문제해결적 의사결정, 정형적 의사결정, 비정형적 의사결정
• 의사결정 기법: 개인적 의사결정(의사결정나무분석, 대안선택흐름도표), 집단적 의사결정(델파이기법, 명목집단법, 동의달력, 브레인스토밍, 변증법적 토의)

1) 의사결정의 모형

기획은 기본적으로 의사결정 과정이다. 대안을 확인하고, 그 가운데에서 우선순위를 결정하고, 무엇을 선택할지 등의 의사결정이 반복적으로 이루어진다. 이렇게 의사결정을 할 때 인간의 합리성을 어느 정도로 인정하느냐에 따라 여러 가지 모형을 세운다. 모형에는 인간의 합리성을 긍정하는 순수합리모형, 인간의 합리성을 부분적으로 긍정하는 만족모형, 그리고 인간의 합리성을 부정하는 점증모형, 그 외 혼합모형과 최적모형, 쓰레기통모형 등이 있다.

(1) (순수)합리모형

(순수)합리모형은 인간이 의사결정에 필요한 모든 정보를 완전하고 종합적으로 얻을 수 있고, 그런 정보를 완벽하게 처리할 수 있는 능력이 있으며, 의사결정에 참여하는 사람들은 고도의 합의가 가능하다는 것을 전제로 한 모형이다. (순수)합리모형은 20세기 초 허버트 A · 사이몬이 주창한 모형이었다. 따라서 모든 대안과 그 결과에 대한 완전한 지식과 평가에 입각하여 의사결정을 한다. 합리적 또는 경제적 합리성으로 경제적 성과를 극대화할 수 있다고 간주하는 것이다. 의사결정자는 현실적인 제약을 고려하지 않고 문제와 욕구를 규정하며, 그와 관련된 정보를 완전하게 수집 · 분석하고 그 해결을 위한 모든 대안을 개발하여 최선의 대안을 선택하게 된다.

그렇지만 (순수)합리모형은 인간 사회의 동태적 요소를 경시하고, 결과를 정확하게 예측할 수 없고, 결정자의 지적 능력상 한계를 가지며, 완전한 대안의 발견 및 선택에는 많은 비용을 필요로 한다는 비판을 받고 있다. 완전하고 종합적인 정보수집과 처리에 있어 인간 능력의 한계를 고려하지 못했다는 점이 이 모형의 한계라고 할 수 있다.

(2) 만족모형(제한적 합리모형): "그만하면(그 정도면) 됐다."

만족모형(제한적 합리모형)은 순수합리모형의 현실적 제약을 극복하기 위해 제시된 것으로 순수합리모형과 같이 완전무결한 합리성이 아닌 제한된 합리성에 기초를 두고 있다. 가장 훌륭한 정책결정은 심리적으로 만족스러운 정도의 것이라는 주관적 기준을 내세운 정책결정의 이론적 모형이다. 제한적 합리성이란 능력에 한계가 있는 현실적인 인간이 도달할 수 있는 합리성을 의미하며, 정책결정자가 자신의 주관적 판단으로 최선의 것이라고 믿는 대안을 선택해서 의사결정을 했을 때 실현되는 주관적 합리성을 의미한다. 따라서 현실적으로 만족할 만한 대안의 선택에 타당성을 두는 현실적 · 실증적 의사결정모형이다.

만족모형에 의하면 행정가가 어떤 결정을 하는 경우 반드시 최적안을 추구한다고 볼 수는 없으며 현실적 · 주관적 관점에서 만족할 만한 대안을 선택하는데 그치게 된다고 본다. 의사결정모형은 주로 비정형적 의사결정에 적용한다. 왜냐하면 해결해야 할 문제가 낯설고 불분명하며 복잡하여 기존의 행정절차를 이용할 수 없을 때, 제한된 합리모형의 관점에서 의사를 결정하는 일이 많기 때문이다.

만족모형의 장점은 현실에 적용하기가 쉽다는 점이다. 그렇지만 지나치게 주관적이고 만족할 만한 정도를 측정할 수 있는 객관적인 척도가 적합하지 않으며, 급변하는 상황에서 창의적인 문제해결을 어렵게 한다는 비판을 받고 있다.

(3) 점증모형

점증모형은 인간의 합리성 추구 능력에는 한계가 있다는 것을 가정한 모형이다. 따라서 인간의 정보수집과 처리능력은 제한되어 있을 뿐만 아니라 실제 의사결정을 할 때에도 현실적인 제약이 있을 수밖에 없고, 고도의 합의를 이끌어 내는 것도 어렵다는 점을 전제로 한다. 점증모형은 기존 정책에 대해 그보다 약간 향상된 대안을 추구하는 방식으로 이루어지는 모형이다. 그리고 대안은 기존 정책이나 결정을 점증적으로 수정한 것으로 의사결정은 부분적 · 순차적으로 진행하게 된다.

점증모형은 현재의 상황에 저항을 가장 적게 받고 문제를 효율적으로 해결할 수 있다는 장점 때문에 사회복지현장에 자주 활용된다. 하지만 여러 가지 비판이 있다. 의사결정 내용이 현상 유지적인 문제해결 방법에 지나지 않아 보수적이기 때문이다. 또한 기존 세력의 이익을 반영하는 결과를 초래하고, 과거의 결정에 기초하고 있는데도 불구하고 그 결정이 언제나 타당한 것은 아니기 때문이다. 따라서 급속한 환경의 변화에 점진적으로 대응할 수 없는 경우도 많으며, 전례가 없는 문제에 대한 해결방법으로 적합하지 않다.

(4) 혼합모형(혼합탐사(주사)모형)

혼합모형은 합리모형과 점증모형의 장점을 절충한 모형이다. 큰 범위에서의 기본적인 결정은 합리적으로 이루어지지만, 세부적인 결정은 기본적 결정을 수정·보완하여 점증적으로 이루어진다고 주장하는 의사결정모형이다. 특정한 의사결정에 관련 있을 넓은 영역(합리모형)을 개괄적으로 탐색하여 그중 특별히 주의를 기울여야 할 좁은 영역(점증모형)을 선택하고 이를 탐색해 나가는 전략을 따른다.

(5) 최적모형

최적모형은 의사결정을 체계론적 시각에서 파악하고 성과를 최적화하려는 모형이다. 여기에서 성과를 최적화한다는 의미는 의사결정 과정에서 투입보다 산출이 커야 한다는 뜻이다. 따라서 최적모형은 의사결정에 드는 비용보다는 효과가 더 커야 한다는 것을 전제로 한다. 만족모형이나 점증모형의 보수성을 비판하며 의사결정 시 합리적인 요소와 직관, 판단, 창의력 같은 초합리적 요인을 중시한다.

의사결정의 평가는 그 결정이 정치적·경제적 측면에서 얼마나 실현 가능한가에 따라 달라진다. 최적모형에서는 양적 분석과 질적 분석 모두를 중시한다.

합리적 · 초합리적 요인을 모두 포괄하고, 경제적 합리성을 중시한다.

(6) 쓰레기통모형

쓰레기통모형은 조직 내 의사결정의 비체계성을 다루는 모형이다. 목표가 불확실하여 목표달성을 위한 수단이 불분명하며 의사결정에 참여하는 사람들이 계속 바뀌는 조직에서는 문제해결을 위한 의사결정이 계획적이고 단계적인 체계에 의해서가 아니라 우연하게 이루어진다는 것이다. 정책결정이 이루어지는 과정에서는 다양한 계층이 참여하므로 문제정의, 해결방법 도출, 대안 선택이 어렵다. 이러한 무질서한 조직의 상태를 조직화된 무질서라고 칭하며, 의사결정에 필요한 몇 가지 흐름이 우연히 쓰레기통 속에서 만나게 되면 그때 의사결정이 이루어진다. 즉, 의사결정이 일정한 규칙에 따라 이루어지는 것이 아니라, 문제, 해결, 선택기회, 참여자라는 네 요소가 쓰레기통 속에서와 같이 뒤죽박죽 움직이다가 어떤 계기로 서로 만나게 될 때 이루어진다는 것이다.

2) 의사결정 방법

(1) 직관적 의사결정

직관적 의사결정은 합리성보다 감정이나 육감에 근거하여 이루어지는 의사결정이다. 의사결정자는 옳다거나 최선이라고 느끼는 것 육감에 의하여 의사를 결정한다.

(2) 판단적 의사결정

판단적 의사결정은 개인이 가지고 있는 지식과 경험에 의해 판단적으로 이루어지는 의사결정이다. 대부분 판단적 방식에 의해 의사를 결정한다.

(3) 문제해결적 의사결정

문제해결적 의사결정은 정보수집, 연구, 분석과 같은 합리적이고 과학적인 절차를 밟아 이루어지는 의사결정이다. 즉각적으로 해결해야 할 사항에 대해서는 적용할 수 없고, 시간의 여유가 있고 중요한 사항일 경우 적용 가능하다.

(4) 정형적 의사결정

정형적 의사결정은 절차, 규정, 방침에 따라 이루어지는 규칙적인 의사결정이다. 일상적이고 반복적인 업무에 대해서는 대개 정형적 의사결정을 한다.

(5) 비정형적 의사결정

비정형적 의사결정은 사전에 정한 기준 없이 의사결정자의 직관과 판단에 따라 이루어지는 의사결정이다. 일회적이고 비조직적인 새로운 정책에 대한 결정을 할 때 이루어진다.

3) 의사결정기법

(1) 개인적 의사결정

① 의사결정나무분석

나무기둥에서 나뭇가지가 뻗어나가는 모형과 비슷한 형태로 작성한다하여 의사결정나무분석이라고 부른다. 가능한 한 여러 대안을 발견하여 나열하고, 나열한 대안을 선택했을 때와 선택하지 않았을 때를 연속적으로 그려가면서 선택과 비선택을 생각해 보는 방법이다.

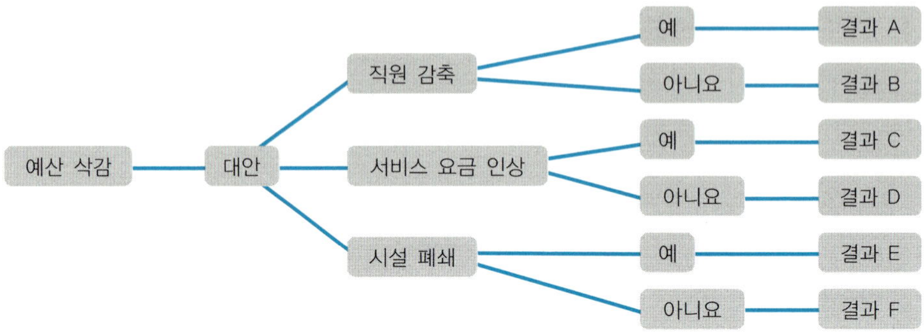

[그림 10-5] 의사결정나무분석의 예

② 대안선택흐름도표

목표가 분명하고 예상 가능한 사항의 선택에 적용하는 것으로 '예' 또는 '아니요'로 답할 수 있는 질문을 연속적으로 만들어 예상되는 결과를 결정하도록 하는 도표이다.

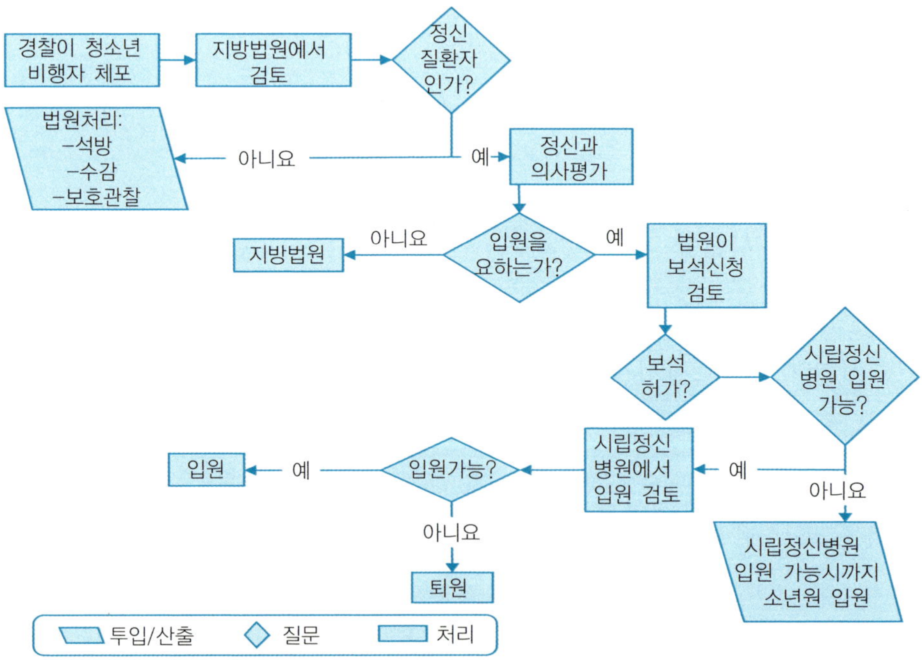

[그림 10-6] 대안선택 흐름도표의 예

(2) 집단적 의사결정

① 델파이 기법

델파이 기법은 여러 전문가로부터 정보를 수집하여 합의를 얻고자 하는 의사결정방법이다. 명목집단법과 다른 점은 구성원이 대면접촉이나 집단토의도 하지 않고, 출석도 하지 않는다는 것이다. 즉, 전문가들이 한자리에 모여 토론하여 결정하는 것이 아니라 익명성이 보장되며 설문을 통하여 전문가의 견해를 주고받음으로써 의사결정을 하는 것이다. 이런 델파이 기법은 다른 사람의 아이디어를 참고하여 다시 생각하게 되므로 더 나은 아이디어를 개발할 수 있는 기회가 주어진다는 장점이 있다. 그뿐만 아니라 서로 얼굴을 마주 대하지 않기 때문에 사회적 금기나 인간관계상의 영향력 등을 최소화할 수 있고, 여러 지역에 흩어져 있는 전문가의 의견을 듣는데 매우 유용하다. 하지만 시간과 비용이 많이 들고 통제력이 약하다는 단점이 있다.

더보기 **델파이 기법의 기본 절차**

- 한 문제에 대한 견해나 아이디어를 이끌어 낼 수 있는 설문지를 작성한 후, 서로 접촉이 없는 전문가들에게 발송한다.
- 전문가들은 익명이 보장된 설문에 독자적으로 응답을 하면, 이러한 설문의 결과는 담당부서에서 수집·종합된다.
- 응답결과를 바탕으로 설명을 재구성한 후 다시 전문가들에게 보내면 각 전문가는 피드백한 자료를 토대로 스스로 평가해 보고 확정적인 어느 하나의 의견에 투표하거나 여러 아이디어를 종합적으로 평가한다.
- 평가 자료를 다시 수집하고 해결책을 얻을 때까지 이러한 과정을 여러 차례 반복한다.

② 명목집단법

명목집단법(NGT: Nominal Group Technique)은 감정이나 분위기상의 왜곡현상을 피하기 위해 각자 의견을 말로 교환하지 않고 종이에 기록하여 개진하는 기법이다. 이 때문에 명목그룹, 곧 이름만의 집단이라는 명칭을 붙인 것이다. 명목집단법은 특정 문제해결을 위해 집단구성원이 한 장소에 모이기는 하지만, 어느 누구의 의견에 영향을 받지 않을 수 있다는 장점이 있다. 각자 아이디어를 종이에 적어 제출한다. 그 아이디어를 칠판이나 차트에 기록한다. 아이디어를 기록하고 나면 각 아이디어의 장단점을 가리며 평가한 다음, 각 구성원은 말없이 독자적으로 아이디어에 순위를 매겨 최고 점수를 받은 것을 최종 아이디어로 채택한다.

더보기 **명목집단법이 델파이 기법과 다른점**

- 델파이 기법의 참여자는 서로 모르는 상태이지만, 명목집단법의 참여자는 서로가 서로를 알고 있다.
- 델파이 기법의 참여자는 서로 멀리 떨어져 행하지만, 명목집단법은 서로 얼굴을 맞대고 문제해결을 한다.
- 델파이 기법에서는 설문지의 피드백 형식을 통해 의사소통을 하지만, 명목집단법에서는 참여자 간 직접적으로 기록의 방법으로 의사소통을 한다.

③ 동의달력

동의달력(consent calendar)은 논쟁의 여지가 없는 것에 대한 논의를 생략하고자 각 제안 밑에 '동의/반대/논의'라는 세 단어를 적고 거기에 동그라미를 표기해 나가는 의사결정 기법이다. 많은 아이디어와 제안을 고안하는 기획과정에서 최종결정을 내리기 위해 사용하는 것이다. 공공기관의 의사결정회의에서 널리 사용하고 있으나, 민간 비영리조직에도 쉽게 적용할 수 있다.

④ 브레인스토밍

브레인스토밍(brainstorming)은 여러 유형의 문제해결을 위해 자유분방한 분위기 속에서 많은 양의 아이디어를 얻으려는 집단적인 창조적 사고 방법으로 활용하고 있다. 6~12명 정도의 사람들로 구성된 집단을 통해 약 20~60분 정도 정해진 시간에 집단구성원의 격의 없는 대면 상호작용으로 가능한 한 많은 양의 아이디어를 내놓도록 해야 한다. 토의될 문제는 브레인스토밍이 시작되기 전까지 비밀에 부친다. 이는 양이 많을수록 이 가운데에서 좋은 아이디어가 나올 수 있다는데 초점을 둔 것이다. 이 때문에 아이디어의 질보다는 양에 더 치중한다는 비판을 받는다. 또한 아주 간단한 의사결정 문제에만 적용되며, 다소 시간 소모적이고 피상적 아이디어만 제시된다는 비판을 받기도 한다.

이해돕기 **브레인스토밍의 원칙**

- 아이디어 제안을 많이 하면 할수록 좋다.
- 제안은 자유롭게 이루어져야 한다(자유분방한 분위기).
- 다른 사람의 아이디어에 대한 비판을 하지 않도록 한다.
- 제안된 아이디어 간의 결합을 통한 아이디어 개선을 권장해야 한다.

⑤ 변증법적 토의

변증법적 토의(Dialectical inquiry)는 정(正)−반(反)−합(合)의 변증법적 토의 과정을 거치는 것으로 찬성과 반대로 구성원을 나누어 각각의 견해를 듣고 토론을 한 후에 두 입장의 장점만을 취하는 토의방법이다.

더보기 **변증법적 토의의 5단계**

- 1단계: 의사결정에 참여할 집단을 둘로 나눈다.
- 2단계: 한 집단이 문제에 대하여 자신들의 대안을 제시한다.
- 3단계: 다른 집단은 본래 대안의 가정을 정반대로 바꾸어 대안을 마련한다.
- 4단계: 두 집단이 서로의 입장을 정리하여 발표한다.
- 5단계: 두 집단의 토론을 통해 장점을 극대화하고 단점을 최소화하는 대안을 모색한 후 의견을 종합하여 결정한다.

Chapter 11

사회복지 프로그램 개발과 평가

1. 사회복지 프로그램 개발
2. 사회복지 프로그램 평가

Chapter 11

사회복지 프로그램 개발과 평가

1. 사회복지 프로그램 개발

출제경향

- 사회복지 프로그램 개발과 평가는 사회복지행정론에서 출제 비중이 가장 높으므로 신경을 써야 한다.
- 사회복지 프로그램 개발 중에서는 매슬로우의 욕구 유형과 브래드쇼의 욕구 유형이 자주 출제되고 있다. 특히 브래드쇼의 네 가지 욕구 유형에 대한 출제 비중이 압도적으로 높음을 염두에 둬야 한다. 그리고 지역사회 공개토론회, 주요 정보 제공자 조사, 초점 집단 기법, 사회 지표 분석, 지역사회 서베이, 델파이 기법, 2차 자료 활용 등 욕구 사정 방법을 꼼꼼하게 공부해 둘 필요가 있다. 대상자 선정은 사례 문제로 출제되고, 일반 집단부터 클라이언트 집단까지 대상자 범위, 실제 사례에 적용하는 연습을 해야 한다.
- 목표 설정기준인 SMART 원칙을 정확히 알아두어야 한다.

핵심개념

- 욕구유형: 매슬로우(생리적 욕구, 안전욕구, 소속(애정)욕구, 존중욕구, 자아실현욕구), 브래드쇼(규범적 욕구, 인지적 욕구, 표출적 욕구, 상대적 욕구)
- 욕구사정 방법: 지역사회 공개토론회(지역사회구성원으로부터 청취), 주요 정보제공자 조사(지역사회 내 영향력 있는 사람으로부터 의견 수렴), 초점집단기법(FGI)(사람들을 한곳에 모아 의견 수렴), 사회지표 분석(정부 기관, 조사 연구기관이 발표한 자료 분석), 지역사회 서베이(조사 대상자를 선정하여 설문·면접을 통해 자료 수집), 델파이 기법(반복적 우편 설문을 통해 전문가들 간 합의의 도달), 2차 자료 활용(기존 자료를 검토하여 욕구 사정)
- 프로그램 개발 과정: 문제 확인과 욕구사정 → 대상자 선정 → 목적과 목표 설정 → 개입 전략 선정 → 프로그램 설계 → 실행 → 평가
- 대상자 선정 과정: 일반집단 선정 → 위기집단 선정 → 표적집단 선정 → 클라이언트집단 선정
- 목표설정 기준: Specific, Measurable, Attainable(Achievable), Realistic(Resul-riented), Time Frame [SMART]

1) 프로그램 개발 과정

(1) 문제 확인과 욕구사정

프로그램 개발의 필요성과 타당성을 객관적으로 이해할 수 있도록 문제의 규모와 심각성과 필요성을 제기하고 기존 서비스의 중복이나 결함을 파악한다. 이때 문제는 욕구로 전환한다.

(2) 대상자 선정

클라이언트의 욕구, 프로그램이론, 법적 규정, 행정적 관례 등을 종합적으로 고려하여 일반집단, 위기집단, 표적집단, 클라이언트집단 순서로 대상자를 선정한다.

(3) 목적과 목표의 설정(목적 > 목표)

프로그램의 궁극적 목적을 설정한 후, 실현 가능한 구체적인 목표를 설정한다.

(4) 프로그래밍(개입전략 선정)

목표달성을 위한 개입전략(사례관리, 집단상담, 사회화집단, 자조집단 등)을 선정한다.

(5) 프로그램의 설계

목표별로 어떤 프로그램을 제공할지 구체적으로 정한다. 각 회기의 실행 계획과 활동 계획, 자원 확보 및 홍보 방안 등을 수립한다.

(6) 실행

프로그램 기획안대로 실행한다. 실행 과정에서 과정 평가를 실시한다.

(7) 평가

당초 예상했던 목적을 달성했는지, 최소한의 비용으로 최대한의 성과를 도출했는지를 평가한다.

2) 욕구사정

(1) 욕구와 욕구사정

일반적으로 욕구는 무엇을 얻거나 무슨 일을 하고자 바라는 일이다. 요구(wants)가 '개인'이 바라는 모든 것을 의미한다면, 욕구(need)는 요구 중에서 '사회구성원들'이 보기에 충분히 바랄만하다고 생각되는 것을 의미한다. 따라서 사회복지학에서는 사회적 규범이 포함된 욕구에 더 주목한다. 인간은 누구나 가려운 곳을 긁어주면 시원함을 느낀다. 그러다 보니 사회복지학에서도 단순히 서비스를 제공하는 것에 그치지 않고, 각 개인이나 가족, 집단, 지역사회가 무엇을 원하고 무엇을 필요로 하는지에 관심을 두며, 그 결과 욕구조사를 하는 것이다. 이는 다른 말로 욕구사정, 욕구측정이라고도 하는데, 주로 해당 지역 사람들의 욕구 수준을 확인하여 수치화하고 계량화하는 것을 의미한다. 사회복지행정에서 욕구조사는 프로그램 개발과 예산편성의 기초 자료가 되기 때문에 매우 중요한 개념이다.

(2) 매슬로우의 욕구 유형

매슬로우(Maslow)는 인간의 욕구를 5단계로 파악했다. 하위 단계의 욕구가 충족되고 나서 상위 단계의 욕구로 이동한다고 주장하였다.

매슬로우에 따르면 ① 배고픔, 갈증, 수면과 같은 가장 기본적이고 낮은 단계는 생리적 욕구, ② 위협이나 빈곤으로부터 보호받고 싶어 하는 단계는 안전의 욕구, ③ 소속감과 우정, 사랑의 감정을 추구하는 단계는 소속(애정)의 욕구, ④ 자신이 보기에도 자신이 좋은 사람처럼 보였으면 좋겠고 남들로부터 좋은 사람으로 인정받고 싶어 하는 단계는 존경의 욕구, ⑤ 자신의 잠재력을 실현하고 자아를 개발하는 단계는 자아실현 욕구이다.

사회복지차원으로 배우자 학대 문제를 다루는 프로그램에서 서비스 제공에 매슬로우의 욕구이론을 적용해 보면 다음과 같다.

① 생리적 욕구: 쉼터를 제공하여 의식주 문제를 해결해 주고, 병원 진료를 통해 신체적 건강 상태를 점검하도록 한다.
② 안전의 욕구: 안전을 위해 법률서비스를 제공한다.
③ 애정의 욕구, 존중의 욕구: 소속감과 자존감을 높이기 위해 자조집단이나 상담프로그램에 참여할 수 있도록 안내한다.
④ 자아실현의 욕구: 자립·자활할 수 있도록 취업을 지원하여 최종적으로 영구적인 주거시설을 마련해 주는 데 힘을 쏟는다.

(3) 브래드쇼의 욕구 유형

브래드쇼(Bradshaw)는 사회적 욕구에 초점을 두어 욕구 인식의 기준에 따라 네 가지로 유형화하였다. 전문가, 클라이언트의 인식, 클라이언트의 행동, 다른 지역과의 비교라는 네 가지 기준에 따라 인간의 욕구를 규범적 욕구, 인지적 욕구, 표출적 욕구, 상대적 욕구로 분류했다.

① 규범적 욕구

규범적 욕구(normative need)는 전문가나 전문직의 판단에 의해 규정된 욕구이다. 일반적으로 표준적/전문적인 기준을 사용하여 욕구를 조사한다.

규범적 욕구는 전문가를 통해 조사하고, 쉽게 계량화할 수 있다는 장점이 있지만, 전문가마다 그 기준이 다르고, 동일한 전문가라 하더라도 시간의 변화에 따라 기준이 달라질 수 있다는 단점이 있다.

② 인지적 욕구

인지적 욕구(perceived need)는 욕구를 가진 당사자가 인지하는 욕구이다. 다른 말로 느껴진 욕구, 감촉적 욕구라고도 한다. 인지적 욕구는 전화나 우편, 또는 대인면접 형식의 설문조사를 통해 사람들이 무엇을 필요로 하는지 파악한 욕구이다. 사람마다 느끼는 욕구의 기준이 다르기 때문에 그것을 모아서 주민 전체의 욕구로 추정하는 것은 쉬운 일이 아니다. 이 때문에 사회복지 프로그램을 개발할 때에는 인지적 욕구에만 주목하지 않는다.

③ 표출적 욕구(표현된 욕구)

표출적 욕구(expressed need)는 욕구를 가진 당사자가 행동 등으로 직접 표출한 욕구이다. 다른 말로 표현된 욕구라고도 한다. 욕구가 실제 표출되었는가를 보기 때문에 특정한 서비스에 대한 클라이언트 '수요'에 기초한 욕구이다. 개인이 서비스를 이용하기 위해 실제로 노력했는가의 여부가 욕구사정의 핵심이기 때문에 경제학자들이 주로 활용하는 방법이며, 사회복지조직에서 가장 많이 활용하는 욕구 개념이다. 표출된 욕구에서 욕구의 정도는 얼마나 많은 사람이 서비스를 요청하는지에 따라 추정한다. 이용자가 많은 서비스일수록 욕구가 크다고 본다. 하지만 사람들이 인식하지 못하거나 실제 존재하지 않는 서비스의 경우 욕구로 표출되기 어렵다는 점이 표출적 욕구의 대표적인 한계이다.

④ 상대적 욕구(비교적 욕구)

상대적 욕구(comparative need)는 다른 사람(집단)과 상대적으로 비교하여 생기는 욕구이다. 다른 말로 비교적 욕구라고 한다. 상대적 욕구는 특정한 기준에 의해서 발생하는 욕구 개념이 아니라 각기 다른 인구집단에 존재하는 서비스의 수준 차이를 설명하는 데 유용한 욕구이다. 어떤 집단의 서비스 수준이 다른 집단의 서비스 수준보다 못할 경우, 비교에 의해 욕구가 생긴다는 결론에 도달한다. 상대적 욕구는 비슷한 집단의 사람들은 서비스를 받았는데 해당 집단에게는 아직 서비스가 전달되지 않았을 때, 그 욕구를 파악하는 데 도움을 줄 수 있다.

(4) 욕구사정 방법

① 지역사회 공개토론회

지역사회 공개토론회(포럼, community forum)는 지역사회의 다양한 구성원들로부터 가치나 태도, 의견 등을 청취해서 자료를 수집하는 방법이다.

〈표 11-1〉 지역사회 공개토론회의 장 · 단점

장점	단점
• 비용이 적게 듦. • 광범위한 지역, 계층 및 집단의 의견을 들을 수 있음.	• 참여자의 대표성에 문제가 발생할 수 있음. • 표현력이 부족한 소수집단의 목소리는 반영되지 못할 가능성이 큼.

② 주요 정보 제공자 조사

주요 정보 제공자(핵심 정보 제공자, key informants) 조사는 지역사회의 지도자, 서비스 제공자, 전문가, 관할 지역의 공무원 등 지역사회 내 영향력이 있는 사람을 대상으로 의견을 수집하는 것이다.

〈표 11-2〉 주요 정보 제공자 조사의 장 · 단점

장점	단점
• 비용이 적게 듦 • 비교적 단시일 내 조사가 가능함. • 대상자 선정이 용이함. • 해당 지역사회의 문제를 쉽게 파악할 수 있음.	• 정보제공자 선정 기준이 모호하여 자칫 대상 선정에서 편향 현상이 나타날 수 있음. • 주요 정보제공자들의 주관이 개입될 수 있음. • 실제 주민들의 관심사는 배제될 가능성이 큼.

③ 초점집단 기법(포커스 그룹 인터뷰)

초점집단 기법(포커스 그룹 인터뷰, FGI: Foucs Group Interview)은 어떤 문제에 관련된 12~15명의 사람을 한곳에 모아 특정 문제에 대한 의견을 개진하고 참여자끼리 토론도 가능하게 하여 깊이 있는 의견을 듣는 방법이다. 초점집단의 대상자들은 주요 정보 제공자뿐 아니라 관련 서비스 제공 기관의 대표자, 클라이언트, 잠재적 클라이언트, 지역주민 모두가 될 수 있다.

〈표 11-3〉 초점집단 기법의 장·단점

장점	단점
• 지역사회의 문제를 깊이 있게 파악할 수 있음. • 적은 비용으로 비교적 손쉽게 자료수집이 가능함.	• 초점집단 구성원의 대표성 문제 • 상호 합의된 답변을 얻기 어려워질 수 있음.

④ 명목집단법

명목집단법(NGT: Nominal Group Technique)은 감정이나 분위기상의 왜곡현상을 피하기 위해 각자의 의견을 말로 교환하지 않고 종이에 기록하여 의견을 개진하는 방법이다.

〈표 11-4〉 명목집단법의 장·단점

장점	단점
• 어느 누구의 의견에 영향을 받지 않을 수 있음.	• 명목집단법의 절차가 까다로울 수 있음. • 참여자의 적극적인 참여가 필요함.

⑤ 사회지표분석

사회지표(social indicator)분석은 정부기관이나 조사연구기관이 공식적으로 발표한 자료를 분석하는 것이다. 예를 들어, 지역사회 인구변화, 성비, 혼인 및 이혼율, 소득 수준, 빈곤율, 실업률, 영아사망률, 주택보급률, 범죄율 등에 대한 분석이 이에 속한다.

〈표 11-5〉 사회지표분석의 장 · 단점

장점	단점
• 비용을 별로 들이지 않고 쉽고 빠르게 욕구사정이 가능함.	• 국가의 공식적인 통계 자료가 구축되어 있지 않은 경우가 많기 때문에 사회지표분석에만 의존하여 욕구조사를 실시하기에는 한계가 있음.

⑥ 지역사회 서베이 조사

지역사회 서베이 조사는 욕구사정을 위한 1차 자료를 수집하는 것으로, 조사대상 전체를 대표할 수 있는 대상자를 선정하여 이들에게 설문지 또는 면접을 통해 자료를 수집하는 방법이다. 주로 인지적 욕구를 중심으로 직접 자료를 얻는 욕구사정 방법에 속한다. 일반적으로 잠재적 클라이언트를 정보 원천으로 활용하게 된다. 클라이언트의 욕구가 무엇인지, 그러한 욕구를 만족시키기 위해 어떤 서비스가 필요한지, 그리고 그러한 서비스가 있다면 얼마나 활용할 것인지 등을 직접 질문한다.

〈표 11-6〉 지역사회 서베이 조사의 장 · 단점

장점	단점
• 실제 서비스 이용자 또는 잠재적 이용자가 인식하는 욕구를 직접 파악할 수 있음. • 표본을 통해 대상자 전체의 욕구를 파악할 수 있음.	• 비용이 많이 듦. • 우편 설문지법을 이용할 경우 회수율이 낮을 수 있음. • 솔직한 답변을 얻지 못할 수 있음.

⑦ 델파이 기법

델파이 기법은 필요한 정보를 가지고 있다고 여겨지는 전문가들로부터 일정한 정보의 합의가 도출될 때까지 몇 차례 우편설문을 되풀이하는 방법이다.

〈표 11-7〉 델파이 기법의 장·단점

장점	단점
• 익명성 보장으로 특정인이나 집단 영향과 압력으로부터 응답자들이 자유로울 수 있음.	• 반복적인 과정을 거치므로 시간이 많이 소요됨. • 합의점 도출을 위해 소수의견이 배제될 수 있음.

⑧ 2차 자료의 활용

2차 자료의 활용은 지역주민 및 전문가로부터 직접 자료를 수집하는 것이 아니라, 지역사회 내 사회복지 기관의 서비스 이용기록, 면접기록 등을 검토하여 욕구를 사정하는 것이다. 대개 광범위한 영역에 걸쳐 조사된 기존의 자료를 활용하여 특정 지역사회나 집단의 욕구와 문제를 찾아내는 방법이다.

〈표 11-8〉 2차 자료 활용의 장·단점

장점	단점
• 비용이 적게 듦.	• 자료의 비밀보장 문제로 인해 외부 기관은 해당 자료에 대한 접근이 용이하지 않을 수 있음. • 기관 간 기록 양식이 서로 불일치하여 원하는 자료를 표준화된 양식으로 획득하기 어려움.

더보기 **개인정보보호와 욕구사정**

개인정보보호법이 강화되어 클라이언트의 동의 없이 타 기관에 해당 개인의 정보를 제공하는 것은 불가능하다. 욕구조사도 중요하지만 개인의 정보보호가 더욱 중요하다.

3) 프로그램 대상자 선정

(1) 프로그램 대상자 선정의 개념

어떤 서비스를 사람들이 원하는지를 결정하는, 즉 프로그램 혜택을 받아야 하는 인구집단을 선별하는 과정이다.

(2) 프로그램 대상 집단 추출 방법

- 일반집단: 어려움을 겪고 있거나 욕구가 있는 전체 대상 인구로, 클라이언트가 속한 관할 지역 또는 행정구역 내에 있는 모든 사람
- 위기집단: 일반집단 중 위기 상황, 주요 문제에 노출되었거나 문제에 취약한 인구집단
- 표적집단: 위기집단 중 프로그램을 통해 문제해결 대상으로 삼는 인구집단 (행정구역이나 지리적 접근성 강조)
- 클라이언트 집단: 표적집단 중 실제 프로그램 참여자

4) 목적과 목표설정

(1) 목표설정 기준

프로그램의 목적은 프로그램을 통해 궁극적으로 달성하고자 하는 포괄적 · 추상적인 지향점이다. 그리고 프로그램의 목표는 목적을 더욱 구체화한 것이다.

프로그램의 목표를 달성하고자 하는 구체적인 목표로 주로 각 회기의 목표로 진술된다.

세부목표를 설정할 때에는 가능한 한 구체적이고 현실적이며 측정 가능한 언어로 표현해야 하며, 달성 가능한 목표이어야 한다. 또한 시간적 한계가 명확하

도록 작성한다.

이해돕기	예간(Egan)의 SMART 원칙

- 구체적으로(Specific) 명료하게 작성한다.
- 측정 가능한(Measurable) 형태로 계량적 수치로 작성한다.
- 실현 가능한(Attainable or Achievable) 형태로 작성한다.
- 현실적이고(Realistic), 결과적으로(Result-Oriented) 작성한다.
- 시간 구조(Time Frame)를 갖도록 작성한다.

(2) 목표의 위계

① 소비자(consumer)목표

소비자목표는 얼마나 많은 이용자가 서비스를 받게 될 것인지를 구체화하는 것이다. 실제 목적을 성취할 것인지, 전달 서비스의 양이 얼마나 되는지 하는 것은 구체화하려고 시도하지 않는다. 주로 당초 서비스를 제공하려고 했던 사람의 수를 의미한다.

② 활동(activity)목표

활동목표는 얼마나 많은 서비스가 제공될 것인지를 구체화한 것이다. 활동목표는 프로그램의 목적과 목표달성을 위해 투입된 구체적 활동으로 3시간, 5회기, 7회기 같은 서비스 단위로 표현되는 것이 특징이다.

③ 산출(output)목표

산출목표는 프로그램 시행으로 인해 직접적으로 발생하는 산출물로 서비스를 제공받은 사람 수로 표현한 것이다. 프로그램을 진행하다 보면 중간에 그만두고 참석하지 않는 사람들이 있다. 따라서 산출목표는 중도탈락률을 고려하여 마지막 회기까지 성공적으로 참여할 것으로 기대되는 사람의 수를 의미한다.

④ 성과(outcome)목표

성과목표는 프로그램을 통해 클라이언트가 어떻게 변화되기를 바라는지를 수치화하여 표현한 것이다. 다른 말로 성취목표라고도 한다. 성과목표는 대개 프로그램으로 인해 나타난 클라이언트의 변화 양상으로 기술되기 때문에 긍정적인 진술문으로 작성하는 것이 좋다. 예를 들어, 학교 결석 일수의 감소보다는 학교 출석 일수의 증가가 성과 목표 진술문으로 더 적합하다.

⑤ 영향(impact)목표

영향목표는 프로그램을 통해 기대되는 클라이언트 개인의 수준을 넘어 지역사회의 파급효과이다. 주로 프로그램이 해당 사회문제를 나타내는 지표, 예를 들면 실업률, 고용률, 영아사망률 등에 얼마나 많은 영향을 끼칠 수 있는지를 구체화하여 표현한 것이다.

더보기 **사례에 적용해 보기**

A초등학교의 교육복지사는 저소득 한부모가정의 아동이 방학 중 결식과 안전하지 못한 환경에 노출될 것을 우려하여 돌봄교실 프로그램을 기획중이다. 저소득 한부모가정의 아동 36명 전체를 대상으로 하루 4시간씩 총 12회기 프로그램을 기획 중이며, 36명 중 60% 이상이 총 12회기를 이수하는 것을 목표로 했다. 돌봄교실 프로그램은 아동에게도 도움이 되겠지만, 아동이 혼자 집에서 밥은 챙겨 먹을지, 혹시 위험한 놀이를 하지 않을지, 방임되지 않을지에 대한 이웃들의 근심과 걱정도 덜 수 있을 것으로 기대된다.

소비자목표, 활동목표, 산출목표, 성과목표, 영향목표는?

- 소비자목표: 저소득 한부모 가정의 아동 36명 전체가 방학 중 돌봄교실 프로그램 참여
- 활동목표: 하루 4시간씩 총 12회기 프로그램 실시

- 산출목표: 36명 중 60% 이상이 전체 12회기 이수
- 성과목표: 저소득 한부모가정의 아동이 방학 기간 동안 식사 해결, 안전 보장
- 영향목표: 지역사회 내 아동 방임률 감소

2. 사회복지 프로그램 평가

출제경향 • 사회복지 프로그램 평가 중에서는 목적과 주체에 따른 평가의 유형을 구분하고 각각의 내용을 알고 있어야 한다. 특히 효과성 평가와 효율성 평가의 특성을 비교하는 문제가 자주 출제되는 편이며, 프로그램 평가 기준 문제도 살펴야 하며, 특히 논리모델(투입, 전환, 산출, 성과, 영향 등)의 각 단계를 꼼꼼히 공부해 두어야 한다.

핵심개념
- 프로그램 목적에 따른 평가유형: 총괄평가, 형성평가, 메타평가, 통합평가(총괄평가+형성평가)
- 프로그램 주체에 따른 평가유형: 자체평가, 내부평가, 외부평가
- 평가기준: 노력성, 효과성, 효율성, 품질, 영향
- 평가모델: 논리모델(투입, 전환, 산출, 성과, 영향)

1) 프로그램 목적에 따른 평가의 유형

(1) 총괄평가

총괄평가(목표달성도 평가)는 프로그램 투입에 대한 총체적인 판단을 내리기 위한 평가이다. 주로 프로그램의 효과성과 효율성을 평가하기 위해 실시되며, 프로그램이 종결된 후에 이루어진다. 이때 평가결과를 근거로 해당 프로그램을 계속 유지할 것인지 혹은 확대할 것인지, 그렇지 않다면 축소하거나 중단할 것

인지를 판단하게 된다.

(2) 형성평가

형성평가(과정평가)는 프로그램의 수행 및 전달과정을 모니터링하기 위해 실시하는 평가이다. 형성평가는 사업 내용의 수정이나 변경을 결정하는 데 도움을 준다. 결과보다 과정을 중시하기 때문에 과정평가라고도 부른다. 즉, 프로그램 진행 중에 프로그램의 원활하고 성공적인 수행을 위하여 문제점을 찾아내고 수정·보완할 목적으로 실시되는 평가이다.

(3) 통합평가

통합평가(혼합평가)는 과정평가와 총괄평가의 장점을 통합한 평가이다. 프로그램의 시행 초기에는 신속한 환류를 제공할 수 있는 형성평가를 활용하며, 프로그램 종결 후에는 프로그램의 효과성 평가를 위한 총괄평가를 활용하면 된다.

(4) 메타평가(상위평가)

메타평가는 평가 자체를 평가하기 때문에 '평가에 대한 평가' 혹은 '평가의 평가'라고 부른다. 주로 평가활동의 질적 수준을 향상시키기 위한 목적으로 실시하는 평가이다. 혹시 평가상 문제점이 있지는 않은지 확인하여 이를 개선함으로써 더욱 정확하고 유용한 평가를 할 수 있도록 돕기 위해서 실시한다. 메타평가는 평가 결과물을 재검토하면서 평가대상이 잘 선정되었는지, 프로그램은 적절한 상황에서 실시되었는지, 평가목적 및 절차가 정확히 진술되었는지, 자료의 출처가 제시되었는지, 평가와 측정 방법이 타당하고 신뢰할만한지 등을 검토한다. 또한 통계자료가 활용되었다면 체계적으로 정확하게 분석되었는지, 결론은 정당한지 등에 관한 내용도 다루고 있다.

이해돕기 **프로그램 목적에 따른 평가의 유형 이해 돕기**

- 형성평가는 중간고사, 총괄평가는 기말고사로 생각하면 이해가 쉽다.
- 사회복지 현장에서도 형성평가와 총괄평가를 둘다 실시하는 통합평가가 주를 이룬다고 생각하면 이해가 쉽다.
- 메타평가에서 메타(meta)라는 말은 '더불어(with)' 또는 '뒤에(after)', '위에(上)'를 뜻하는 그리스어이다. 일반적으로 메타라는 말은 한 단계 더 높은 곳에 있다는 의미로 사용된다. 예를 들어, 메타과학은 과학을 연구하기 위한 과학을 말한다.
- 사회복지실천에서 메타규칙은 규칙에 대한 규칙이다.
- 사회복지행정에서 메타평가는 평가에 대한 평가이다.

2) 프로그램 평가 주체에 따른 평가의 유형

(1) 자체평가

프로그램 담당자가 프로그램을 평가하는 것이다. 자체평가는 자기 자신을 가장 잘 안다는 기본 가정이 전제가 되지만, 객관적인 관점에서는 자체평가가 어디까지나 주관에 머물 수밖에 없는 한계가 있다. 이 때문에 자체평가만 실시하기보다 내부평가나 외부평가를 병행하는 경우가 많다.

(2) 내부평가

프로그램 담당자는 아니지만 조직 내부의 사람이 프로그램을 평가하는 것이다. 일반적으로 내부인은 외부인에 비해 조직의 상황을 잘 알고 있기 때문에 전체 맥락 속에서 평가할 수 있다. 하지만 팔은 안으로 굽는다는 말이 있듯이 우리 기관의 프로그램이라는 생각이 강하기 때문에 객관적이고 공정하게 평가하지 못하는 단점이 있다.

(3) 외부평가

대학교수나 조사연구기관의 연구자와 같이 조직의 외부인이 평가하는 것이다. 외부인은 주로 관련 분야의 전문가로 구성되기 때문에 전문가가 평가했다는 상징적 의미 때문에 평가가 형식에 그치는 경우가 있다. 외부인이 해당 조직과 친분이 있거나 각종 이해관계가 얽혀 있을 경우에는 객관성이나 신뢰성이 보장되지 않을 수도 있다.

3) 프로그램 평가의 기준

(1) 노력성

기관이 얼마나 많은 활동을 했고, 서비스를 제공했는가 하는 노력의 정도를 평가하는 기준이다. 즉 제공된 서비스의 양 혹은 수행된 활동의 양이 얼마나 되느냐에 대한 분석이다. 예를 들어, 다른 기관에 비해 가정방문 횟수가 현저히 많고, 상담 횟수와 진료 건수 등이 많다면, 그리고 모든 근로자가 정규직으로 근무하고 있다면 해당 기관은 노력성 평가에서 고득점을 얻을 것이다.

(2) 효과성

프로그램이나 서비스를 통해 당초 의도했던 프로그램의 목적과 목표를 얼마나 달성했는지를 평가하는 기준이다. 따라서 효과성은 프로그램의 목표달성 정도라고 보면 된다. 효과성을 평가할 때에는 의도된 결과와 아울러 예기치 않았던 결과도 생각해야 한다. 간혹 서비스의 효과성을 이용자 만족도 조사만으로 측정하는 경우가 있는데 이는 엄밀히 말하면 적절한 방법이 아니다. 서비스에 만족했다고 하여 해당 클라이언트가 당초 기대했던 목표를 달성했다고 보기는 어렵기 때문이다.

(3) 효율성

최소의 자원 투입으로 최대의 산출을 냈는지 정도를 평가하는 기준이다. 효율성은 투입(비용) 대 산출(노력)의 비율로 나타내며, 자원의 효율적인 사용에 대한 정보를 제공해 준다. 따라서 서비스 단위당 얼마의 비용이 들었는가를 계산했다면 효율성 평가에 속한다. 이때 투입과 산출을 모두 화폐가치로 환산하는 방법을 비용편익 분석, 투입비용효과분석이라고 한다. 사회복지서비스의 특성상 클라이언트의 심리·정서적 변화, 인지적 변화를 화폐 단위로 환산하는 것이 쉽지 않기 때문에 사회복지 영역에서 비용편익 분석보다 비용효과 분석을 더 자주 쓴다. 그렇다 하더라도 투입과 산출을 모두 화폐가치로 환산할 수 있다면 사회복지 프로그램의 필요성, 사회복지조직의 정당성을 확보하는 데 더 큰 도움이 될 것이다.

(4) 품질

품질은 총체적 품질관리이론에 기반을 둔 평가 기준이다. 사회복지조직에도 총체적 품질관리이론이 적용되기 시작하면서 서비스의 양보다 질에 관심을 기울이기 시작했다. 이 때문에 비전문가가 아닌 전문가에 의해 서비스가 제공되었는지, 해당 전문가는 프로그램과 관련한 전문지식과 기술, 자격을 보유하고 있는지 등을 평가한다. 아무래도 양질의 서비스가 제공될 때 클라이언트의 변화가 더 많이 나타날 것이기 때문에 사회복지조직에서도 품질을 강조하지 않을 수 없다. 특히 클라이언트의 선택권이 강화되고 사회복지조직의 공급주체가 다원화되면서 프로그램의 질적 수준을 높이고자 하는 노력이 늘어나고 있다.

(5) 영향

서비스나 프로그램이 특정 사회문제 해결에 어느 정도 기여했는가를 평가하는 기준이다. 따라서 서비스나 프로그램이 관련 사회지표 개선에 어느 정도 기여했는지 그 영향을 통해 확인할 수 있다. 예를 들어 지역아동센터에서 학습지원 프로그램을 실시함으로써 저소득 가정의 사교육비 부담률이 줄어들었다면 이는 지역사회에 긍정적인 영향을 미치고 있음을 뜻한다.

이해돕기 **프로그램 평가의 기준 요약**

- 노력성: 기관이 얼마나 많은 활동을 했고 서비스를 제공했는가?
- 효과성: 당초 의도했던 프로그램의 목적과 목표를 달성했는가?
- 효율성: 최소의 자원 투입으로 최대의 산출을 냈는가?
- 품질: 프로그램과 관련한 전문지식과 기술, 자격을 보유했는가?
- 영향: 특정 사회문제 해결에 어느 정도 기여했는가?

4) 프로그램 평가의 모델

사회복지 프로그램 평가의 대표적인 모델은 논리모델이다. 논리모델(logic model)은 투입, 전환(활동), 산출, 성과, 영향 관계가 논리적으로 설명하는 도식을 활용하여 프로그램 성과를 체계적으로 평가하는 모형이다. 체계이론을 기반으로 개발된 모델로, 프로그램의 목표와 성과 사이의 인과관계를 잘 설명해 준다. 논리모델은 A4 용지 한두 장으로 전체 프로그램을 한눈에 요약 정리해 주므로, 사회복지프로그램 개발 및 평가 과정에서 많이 활용하는 모델이다.

(1) 투입(Input)

사회복지 프로그램에 필요한 인적 · 물적 자원을 의미한다. 이때 인적 · 물적 자원 이외의 법이나 규정 등의 프로그램이나 서비스를 규제하는 것도 투입에 포함된다.

(2) 전환(Throughput)

프로그램의 목적을 성취하기 위해 이루어지는 활동이다. 자원 투입을 통해 활동이 일어나기 때문에 이를 전환이라고 표현한다. 전환은 다른 말로 활동이라고 하는데 주로 구체적인 프로그램 전략, 기술, 치료 등으로 기술된다.

(3) 산출(Output)

프로그램을 통해 생성된 서비스의 직접적인 산물이다. 주로 서비스의 양적 측면을 평가한다.

(4) 성과(Outcome)

프로그램이나 서비스를 이용한 후 클라이언트에게 나타난 변화를 의미한다. 이때 성과는 산출에 의해 영향을 받기 때문에 산출 다음에 기술한다. 산출이 프로그램의 양적 측면을 평가한다면, 성과는 주로 서비스의 질적 측면을 평가한다고 볼 수 있다.

(5) 영향(Impact)

프로그램이 당초 의도했던 사회문제 해결에 미친 정도와 파급효과를 의미한다. 주로 장기적이고 거시적인 성과에 해당한다.

〈표 11-9〉 프로그램 평가의 모델

활동		의도하는 결과	
투입	전환	산출	성과
사회복지사 1명 방과 후 지도사 1명 자원봉사자 25명 프로그램실 25평 상담실 2평 차량 1대	학습지도 문화체험 농활캠프 야간보호 아동상담 부모상담	주 5회 2시간 월 1회 4시간 연 2회 2일 주 5회 3시간 월 2회 1시간 연 2회 2시간	성적 향상 자기효능감 향상 야간 방임 감소

Chapter 12

사회복지행정의 정보관리

1. 사회복지행정의 정보관리체계의 필요성
2. 사회복지행정의 정보관리체계의 발달과정과 유형

Chapter 12 사회복지행정의 정보관리

1. 사회복지행정의 정보관리체계의 필요성

출제경향 • 정보관리체계는 앞으로 그 중요도가 상승할 것이다. 행복e음은 앞으로 좀 더 출제 가능성이 높은 사회보장정보시스템이다. 사회복지조직에서 정보를 관리하는데 개인정보가 유출되지 않도록 비밀을 보장해야 한다는 내용과 정보관리가 꼭 전산화를 의미하는 것이 아니라는 내용도 잘 살펴보아야 한다.

핵심개념 • 정보관리체계의 필요성: 업무 효율성, 서비스의 효과성과 효율성, 상시적인 평가와 환류, 서비스 질에 대한 모니터링, 서비스 간 연계, 조직성과의 대내외적 제시

1) 정보관리체계의 필요성

(1) 정보 자체 요인

과학기술의 급격한 발달과 매스컴 전달체계의 확산으로 인하여 오늘날 우리는 정보의 홍수 속에 살고 있다. 그러나 정보가 충분히 공유되지 않으면 개인이나 조직이 필요한 정보를 각자 생성해야 하고 이는 비용 낭비로 이어진다. 따라서 정보량을 조절하기 위한 체계 및 제어 장치의 설치가 필요하게 되었다.

(2) 합리적 의사결정의 필요성

조직활동에 있어서 적절한 판단과 의사결정에 도움이 될 수 있는 정보를 수집 · 분석 · 가공 · 처리하여 필요한 경우에 제공하게 하는 시스템이 필요하게 된 것이다.

(3) 정보 서비스 욕구의 증가

신기술 · 신제품 연구에 필요한 모든 정보를 적절한 때에 입수하여 연구자에게 제공해 주는 전문적인 정보서비스가 요구되고 있다.

2) 사회복지행정의 정보체계관리의 필요성

(1) 업무의 효율성 증대

정보관리체계를 갖추면서 매일 수입과 지출에 대한 자료를 입력하고, 월별 수입과 지출에 대한 자료를 입력하기만 하면, 월별 수입과 지출이 자동으로 계산되어 월말이나 연말에 별도의 시간을 내지 않아도 보고서 작성이 용이하다. 또한 클라이언트의 수급자격 판정에서도 여러 분야에 흩어져 있는 문서를 취합하고 분석하는 데 소요되던 시간이 단축된다.

(2) 사회복지서비스의 효과성과 효율성 증대

축적된 자료를 통해 클라이언트의 욕구에 기반을 둔 서비스를 제공할 수 있고, 불필요한 서비스의 중복이나 누락을 방지함으로써 서비스의 통합성을 기할 수 있다.

(3) 상시적인 평가와 환류 가능

전자우편, 전자결재 등을 통해 관리자와 일선 사회복지사 간 신속하고 정확한 의사소통이 가능하게 되었으며, 중간 관리자는 일선 사회복지사의 보고를 듣지 않고도 전산상에서 업무 내용을 파악할 수 있게 되어 수시로 피드백할 수 있다. 그 결과 서비스 질에 대한 모니터링이 가능하다.

(4) 사회복지조직의 책임성 확보

사회복지사 개인이 수행한 사업 내용을 전산망에 입력할 경우 이러한 내용을 관계자들이 열람할 수 있기 때문에 더욱 책임 있게 사업을 진행할 수 있다.

(5) 서비스 간 연계 가능

타 조직들 간의 자연스러운 정보 공유가 가능하여 서비스 간의 연계가 비교적 용이하다. 또한 조직 간의 공유된 정보와 조직에서 오랫동안 누적되어 온 기존 프로그램의 활동 양식을 통해 조직성과를 대내외적으로 제시할 수 있다.

3) 정보관리 시 고려할 사항

(1) 비밀보장의 어려움

컴퓨터 전산화로 인하여 모든 정보가 공유되기 때문에 조직의 비밀보장이 어렵다.

(2) 정보 소외현상

적시에 정확하고 적절한 정보를 얻기 위해서는 정보기술의 접근이 용이해야 하는데, 컴퓨터를 잘 다루지 못하는 사람의 경우에는 정보로부터 소외될 수 있다. 더욱이 정보의 접근 가능성이 기업이나 조직 내 개인의 위치가 될 수도 있기 때문에 이것이 곧 삶의 격차로, 소외로, 생활의 무능력함으로 나타날 수 있다.

정보화 사회에서 정보를 제대로 가지지 못한 자들이 느끼는 소외현상이다. 네트워크가 잘 갖추어진 사회에서는 모든 인간이 평등한 존재로 대우받을 것으로 예상했으나 사실은 그렇지 못한 것으로 나타났다. 즉, 인종·교육·수입·주거지역 등에 따라 정보에 접근할 수 있는 기회가 차별화되고 있기 때문이다.

(3) 잘못된 정보의 습득과 정보의 과잉 일반화

정보를 공유할 때 타 기관에서 제공한 정보에 대한 정확한 검토 없이 그대로 활용할 경우 자칫 잘못된 정보를 받아들일 소지가 있다. 그 뿐만 아니라 타 기관에서는 적용가능성이 높은 정보가 해당 기관에서는 적용되지 않는 등 일반화하기 어려운 상황도 있음을 염두에 두어야 한다.

(4) 기준행동(criterion behavior)의 유발

기준 행동은 성과 평가 과정에서 성과지표 관리에만 집중하다 보니, 실질적인 성과에 대해서는 무관심해지는 현상이다. 전산화로 된 일정 형식에 의거하여 조사하거나 자료를 정리할 때 발생할 수 있는 문제로, 더 많은 조사를 실시할 수 있지만, 보편적인 틀에 의거하여 최소기준을 충족했기 때문에 이 정도면 충분하다고 나름대로 판단하는 것이다.

(5) 일선 사회복지사의 업무 부담 가중

사업 수행 과정이나 결과에 대해서는 일정 부문 작업을 수반하게 되는데, 이를 다시 전산에 입력해야 하므로 업무량이 증가하는 경우가 많다.

2. 사회복지행정의 정보관리체계의 발달과정과 유형

핵심개념 • 정보관리체계의 유형: 자료처리시스템, 관리정보시스템, 지식기반시스템, 의사결정지원시스템, 업무수행지원시스템

1) 사회복지조직의 정보관리체계의 발달과정

(1) 1950년대

사회복지조직 업무를 지원하고 문제를 해결하기 위해 활용되는 정보관리체계 및 정보 프로그램은 1950년대 이전까지는 수작업 또는 전자계산기로 처리했다. 그러다가 1950년대 들어서 대형 컴퓨터로 일상적인 업무 관련 자료를 처리했다. 주로 일반 사무처리를 위해 전산응용프로그램(회계 또는 재고관리)을 사용했다.

(2) 1960~1980년대

1960년대 들어서면서 자료처리의 수요 증가와 더불어 관리정보시스템(MIS: Management Information System)이 개발되었다. 1970년대에는 의사결정지원시스템(DSS: Decision Support System)이 등장했다. 이는 수집된 정보를 의사결정에 필요한 자료로 가공하여 활용하는 것으로 관리정보시스템보다 한 차원 발전된 형태라 할 수 있다.

(3) 1990년대 이후

1990년대 들어서는 정보기술의 발전과 더불어 특정 업무의 성과를 향상시키는 데 초점을 둔 업무수행지원시스템(PSS: Performance Support System)이 개발되었다.

(4) 2000년대 이후

2000년대부터는 관리정보시스템이 활용되었다. 관리정보시스템은 당초 기업의 사업수행관리를 위해 필요한 정보를 수집하고 배분하기 위해 고안된 것이다. 사회복지조직 또한 업무와 서비스 제공을 효율적으로 수행하기 위해서 모든 자료를 전산화하여 관리 운영할 필요성이 생겼다. 그런 점에서 관리정보시스템은 중요한 의미를 갖는다. 관리정보시스템이 고안되면서부터 사회복지 현장에서는 자료를 조직의 목적에 따라 통합·가공·생성할 수 있게 되었다. 클라이언트의 서비스 이용 현황을 부서별/월별/분기별로 통계 처리하고, 조직의 사업 현황을 주기적으로 점검할 수 있게 되었다.

2) 사회복지조직의 정보관리체계의 유형

(1) 자료처리시스템

자료처리시스템(data processing system)은 사회복지조직에서 반복적으로 발생되는 사무업무를 자료의 입력만으로 처리하게 하는 시스템이다. 자료처리 업무는 정보수집, 저장, 검색, 전송, 출력을 모두 포함한다. 자동화된 자료처리 응용 프로그램은 직원이 일상 업무를 처리하는 데 소요되는 시간과 비용을 감소시키기 위해서 고안된 것이다. 이러한 프로그램을 통해 급여명세서의 자동 처리, 자원봉사자 등록대장 관리, 후원금 영수증 자동 발급 등이 가능해졌다.

(2) 관리정보시스템

관리정보시스템(management information system)은 당초 기업의 사업수행 관리를 위해 필요한 정보를 수집하고 배분하기 위해 고안된 시스템이다. 사회복지조직은 업무수행과 서비스 제공을 효율적으로 수행하기 위해서 모든 자료를 전산화하여 관리·운영할 필요성이 있다는 점에서 관리정보시스템은 중요한 의미를 갖는다. 관리정보시스템은 사회복지 현장에서 생성되는 자료를 조직의 목적에 따라 통합하고 가공함으로써 새로운 자료를 생성할 수 있게 해준다.

(3) 지식기반시스템

사회복지조직에서 지식기반시스템(knowledge-based system)은 아직 실험단계에 있지만 매우 중요한 시스템이다. 클라이언트와 사회복지실천가의 상호작용을 증진시킬 수 있는 가능성을 지니고 있기 때문이다. 사회복지조직과 특별한 관계를 가지고 있는 지식기반시스템에는 전문가시스템, 사례기반추론, 자연음성처리 등이 있다.

〈표 12-1〉 정보관리체계의 유형과 특징

유형	특징
전문가시스템 (Expert System)	• 사회복지사가 정보관리체계에 저장한 지식을 응용하여 사례에 관한 의사결정을 하도록 지원하는 시스템 • 다양한 관점에서 문제에 접근할 수 있고, 불완전한 정보를 가지고도 추론을 통해 의사결정에 필요한 정보를 제공할 수 있으며 의사결정을 위한 다양한 논리적 접근방법과 가능한 대안 제시
사례기반추론 (Case-based reasoning)	• 수천 개의 클라이언트 사례, 예를 들어 인구통계학적 통계, 서비스, 성과 등을 조사하여 저장한 후 그 저장된 사례자료로부터 정보를 얻어 내도록 지원하는 시스템 • 클라이언트의 문제를 해결하기 위해 특성이 유사한 사례를 골라 해결 방법을 찾아내고자 하는 것으로, 문제 중심의 패러다임을 적용한 것
자연음성처리 (natural language processing)	• 외국어를 번역하여 텍스트로 저장해 주는 시스템 • 사람이 말한 내용을 텍스트로 전환하여 저장

(4) 의사결정지원시스템

의사결정시스템(decision information system)은 전문가가 자료를 검색하고 관리함으로써 의사결정에 관한 정보를 얻는 데 도움을 주는 시스템이다. 의사결정지원 시스템이 활용된 한 예로는, 미국 미네소타 주에서 개발된 GAIN(General Assistance Intake)을 들 수 있다. 이 시스템은 클라이언트의 접수 일정을 자동으로 결정하여 처음 접수할 때 온라인으로 제공되는 기록을 통하여 클라이언트에 대한 자료를 확보하고 서비스 담당자에게 자료를 전송시키고 클라이언트에 대한 통계를 누적시키는 시스템이다.

(5) 업무수행지원시스템

업무수행지원시스템(performance support system)은 현장에서 업무수행능력을 향상시키기 위해 개발된 통합정보제공시스템이다. 다른 사람으로부터 최소한의 도움만 받아 즉시 문제를 해결하거나 업무를 완수할 수 있도록 한다.

업무수행지원시스템이 활용된 한 예로는 해운선사의 화물 양적하(화물을 선박 및 목적 장소에 싣고 내리는 업무)를 위한 CASP(Computer Automated Stowage Planning)을 들 수 있다. 이 시스템은 물류산업의 자동화와 전산화를 통해 최적화되고 효율적인 해운항만 운영과 질 높은 서비스 제공을 가능하게 해준다.

〈표 12-2〉 정보관리체계의 유형과 기능

정보관리체계의 유형	목적	기능	사례
자료처리시스템	효율	• 업무처리 과정, 기록 보관, 업무보고 • 사무적 업무처리의 효율성 향상에 역점	급여명세서
관리정보시스템	보고	• 구조화된 의사결정을 위한 정보 제공 • 조직의 상하부 시스템 연결로 최적화된 조직 산출 지원 • 의사결정에 필요한 정보제공으로 상승 작용 효과 기대 • 일상적이고 구조화된 의사결정의 효율화	클라이언트 정보체계

의사결정 지원시스템	효과	• 의사결정과 프로그램 집행 지원 • 의사결정자의 주요 의사결정 지원 • 관리의 효율성을 향상시키는 데 초점	GAIN
업무수행 지원시스템	성과	• 업무 완성에 필요한 정보 통합 제공으로 업무 능률 향상 • 서비스 제공자의 성과에 초점 • 업무수행에 필요한 정보 확인 및 지원	CASP

3) 사회복지행정의 정보관리체계

(1) 사회보장 정보시스템(행복e음)

각종 사회복지 급여 및 서비스 지원 대상자의 자격 및 이력에 관한 정보를 통합 관리하고 지방자치단체의 사회복지 업무 처리를 지원하는 시스템이다. 이는 기존 시군구별 새올행정시스템(주민, 지적, 재정, 세정, 복지 등 31개 시군구 업무지원시스템) 중 복지 분야를 분리하여 중앙에 통합 구축한 정보시스템이다.

〈표 12-3〉 행복e음의 주요 서비스

서비스	서비스내용
일괄 신청 및 맞춤형 서비스	• 서비스 신청 시 민원인의 욕구를 정확하게 파악하여 필요한 서비스 누락 없이 맞춤형으로 설계하여 일괄 신청할 수 있도록 안내
제출 서류 간소화로 민원 편의 증대	• 사업별 유사하거나 중복되는 서식을 통합하고, 제출 서류를 공적 자료로 대체하는 등 제출 서류 간소화로 민원 편의 증대 • 사업별 신청서, 동의서, 통지서 등의 37종을 6종으로 간소화
복지급여, 서비스 신청에 따른 결정 처리 기간 단축 및 처리 결과의 신속한 안내	• 복지급여, 서비스 신청에 따른 결정 처리 기간을 단축시키고, SNS(핸드폰 문자 서비스), 이메일 등으로 처리 결과를 신속하게 안내
추가 지원 가능한 서비스 안내를 통한 서비스 누락 방지	• 사회복지대상의 연령, 건강 상태 등의 변화로 추가 서비스가 발생할 경우 추가 지원이 가능한 서비스를 안내함으로써 서비스의 누락 방지

보건복지콜센터와 시군구콜센터 연계를 통한 후속 서비스 제공	• 보건복지콜센터와 시군구콜센터 연계를 통해 필요시 전화 및 상담 정보를 해당 시군구로 이관하여 후속서비스 제공
사회복지대상자의 정확한 선정 및 적정급여 지급	• 45개 기관 552종의 소득·재산 자료, 인적 사항 정보, 서비스 이력 정보 등을 연계하여 사회복지 대상자의 정확한 선정 및 적정 급여 지급 가능 • 사회복지급여 및 서비스 이력을 개인별·가구별 통합 관리하여 중복 급여 차단 • 지방자치단체 차원에서는 복지재정이 효율화를 도모하고, 사회복지대상자 차원에서는 복지체감도를 향상하며, 정부 차원에서는 복지재정의 누수를 방지하는 등 기대 효과 달성

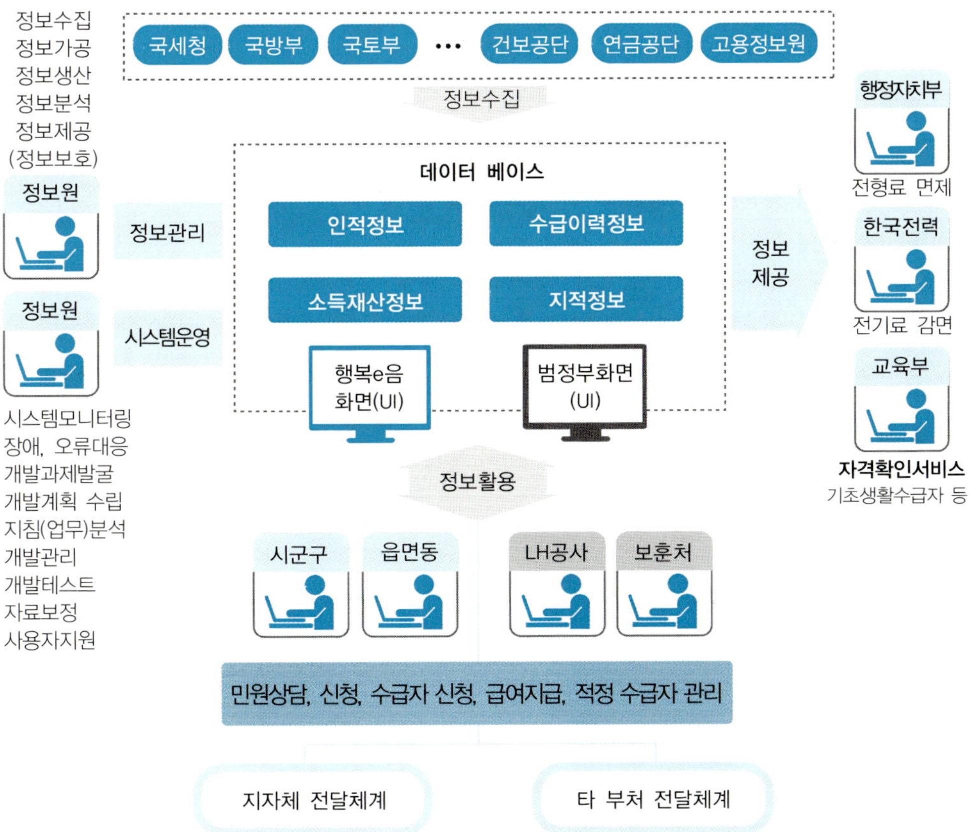

[그림 12-1] 사회보장 정보시스템(행복e음)의 시스템 구성도

(2) 사회보장 정보시스템

사회보장 정보시스템(범정부)은 각 부처 및 정보 보유 기관에서 제공하고 있는 복지사업 정보와 지원 대상자의 자격 정보, 수급이력 정보를 통합 관리하는 시스템이다. 복지 업무 담당자로 하여금 관리 정보를 기반으로 민원대응, 업무처리, 복지사업설계 등 효율적 복지행정업무를 수행하고, 복지대상자에게 꼭 필요한 복지서비스를 맞춤형으로 제공할 수 있도록 지원하기 위한 시스템이다.

〈표 12-4〉 사회보장 정보시스템(범정부)의 주요 서비스

서비스	서비스 내용
복지알림이 서비스	중앙 부처 및 지방자치단체 복지사업의 서비스 대상, 서비스 내용, 신청 절차 등을 각 부처 및 지방자치단체(범정부 포털, www.ssis.or.kr), 일반국민(복지로, www.bokjiro.go.kr)에 제공
복지지킴이 서비스	복지 대상자의 중복이나 부적절한 복지서비스 수급을 사전에 방지하고, 사후 중단할 수 있도록 지원하기 위해 변동·부적정·중복 관리
업무처리 지원 서비스	복지대상자의 소득과 재산, 인적 자료, 수급이력 정보를 연계하여 정확한 복지 대상자 선정 및 효율적인 복지 업무 처리 지원
서비스 의뢰	각 부처(기관)에서 복지서비스를 신청하기 위하여 방문한 민원인에게 중앙 부처뿐만 아니라 해당 지방자치단체의 각종 복지서비스 안내 및 지원
자격·수급 이력 통합 DB 서비스	각 부처별로 분산되어 운영되던 복지서비스 정보(복지서비스 대상자 및 자격·수급 이력 정보)를 연계하여 통합관리

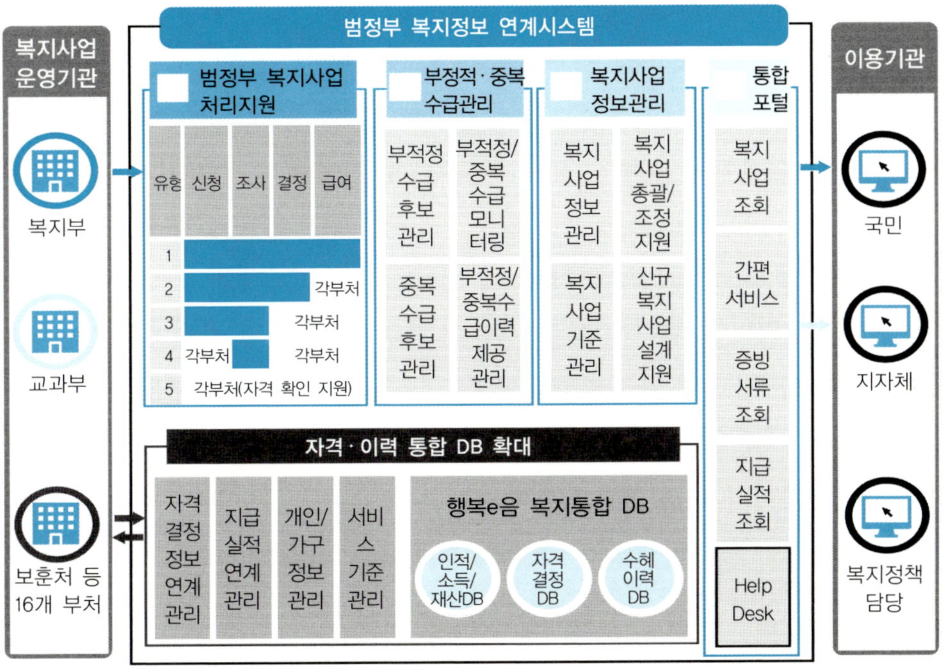

[그림 12-2] 사회보장 정보시스템(범정부)의 시스템 구성도

(3) 사회복지시설 정보시스템

사회복지시설 정보시스템은 사회복지법인 및 시설 업무의 전자처리를 위하여 보건복지부에서 구축한 통합업무용시스템으로 다음과 같은 특징을 가진다.

① 사회복지시설 업무의 표준화

아동시설, 노인시설, 장애인시설, 부랑인시설, 정신요양시설, 모·부자시설의 내부 관리 업무 분석 및 단일 표준화를 통해 그 종별에 관계없이 모든 생활시설과 이용시설에서 공통으로 사용 가능하다.

② 업무처리의 간소화와 효율화

한 시설 내 수기문서 관리 및 복잡한 업무 처리를 간소화하고, 시스템 내 모든 업무가 연결성을 갖고 처리되어 업무의 중복을 방지한다. 그뿐만 아니라 과거 자료 조회가 간편하고 필요한 자료 산출의 자동 수행이 가능하다.

③ 외부 제출 자료 작성의 편의성

기본적이고 다양한 감사 자료를 제공해 주고, 사용자의 목적에 맞게 다양한 별지 서식(세입세출명세, 현금 및 예금명세서 등)을 제공해 준다. 처음 시스템 도입 시 별도의 시스템 설치가 필요 없다. 바로 인터넷에 접속하여 시설 코드(발급에 2~3일 소요), 아이디, 비밀번호를 입력하여 사용할 수 있는 100% 인터넷 기반 시스템이다.

장점으로는 인터넷 접속이 가능한 모든 곳에서 시스템 접속이 가능하다는 점과 국가IDC의 철저한 보안 체계 속에 이중 삼중으로 백업 시스템이 24시간 가동되어 정보의 손실이나 파기를 막을 수 있다는 점이다.

〈표 12-5〉 사회복지시설 정보시스템의 주요 서비스

구분	주요 서비스
회계	• 전표의 입출력, 검색, 보고서 출력 • 거래내역 관리(지출결의서, 수입결의서 등) • 예산 관리 및 예산 실적, 잔액 관리
관리	• 임직원의 급여 계산 · 이체 관리 • 교육 · 자격증 · 상벌 · 경력 관리 • 인사발령, 인사카드 관리 • 근태관리, 일용직 관리, 퇴직적립금 관리 • 비품, 소모품 등 자산 관리
세무	• 과세 수입에 대한 부가세 신고, 임직원 급여의 원천소득세 신고 • 세무 신고, 퇴직정산, 연말정산 관리 • 기타 원천세 관리(사업 소득, 기타 소득 등) • 매출 · 매입 세금계산서 관리, 신고서류 관리 등

고객관리	• 후원자 등록, 후원금 입력, 영수증 발행 등 • 후원자 및 결연자 정보관리 • 후원금 입금 · 지급 관리 및 CMS/OCR관리 • 후원단체 관리, 결연자 통장 관리
이력	• 서비스종별 서비스 이력 관리 • 생활자(이용자) 등록, 검색, 입퇴소 이력 관리 • 기본 사항, 건강 상태, 추가 사항, 가족 사항, 보관품, 방배치 등 상세 정보 관리

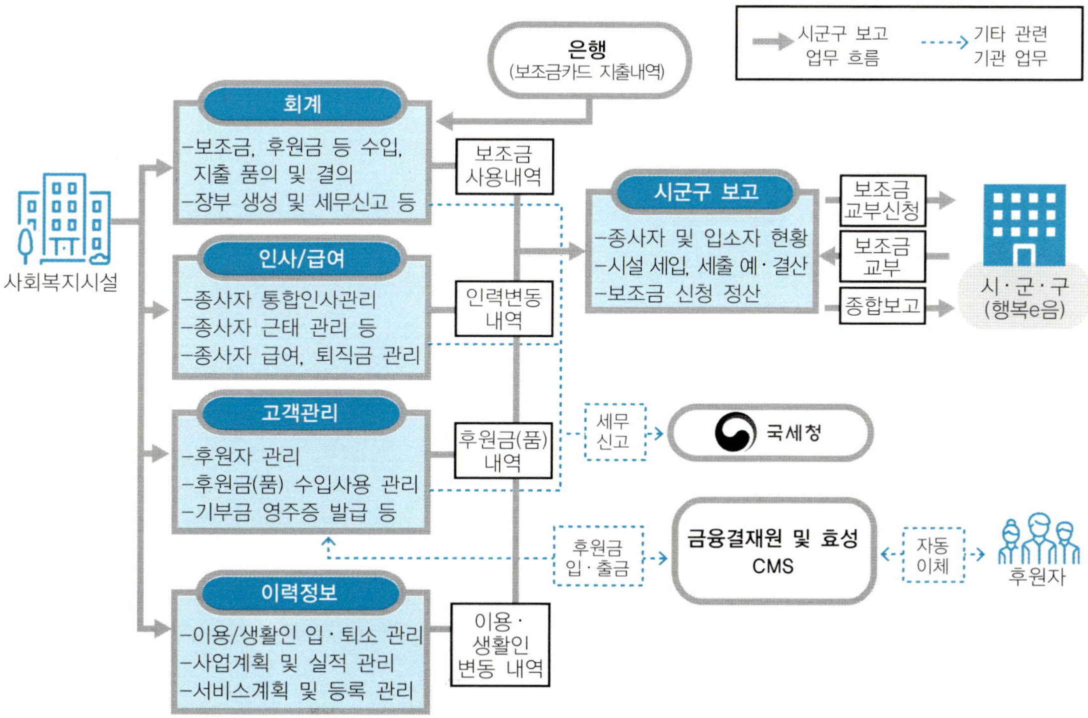

[그림 12-3] 사회복지시설 정보시스템의 업무처리 흐름도

Chapter 13

사회복지행정의 마케팅·홍보와 성과관리

1. 사회복지서비스 마케팅
2. 마케팅 믹스와 마케팅의 과정
3. 마케팅의 기법
4. 사회복지행정의 홍보
5. 사회복지행정의 성과관리
6. 사회복지서비스의 질적 특성과 고객만족
7. 서비스의 질 구성과 측정
8. 서비스의 질 관리기법
9. 위험관리

Chapter 13

사회복지행정의 마케팅 · 홍보와 성과관리

1. 사회복지서비스 마케팅

출제경향 • 사회복지조직에서 마케팅이 중요해진 이유는 최근 사회복지서비스 변화의 흐름과도 깊은 관련이 있다. 서비스 이용자의 선택권이 확대되고 조직 간 경쟁이 심화되고 있으므로 마케팅 문제는 앞으로 출제 가능성이 높을 것으로 예상된다.

핵심개념 • 사회복지서비스의 특징: 무형성, 다양성, 생산과 소비의 동시 발생, 소멸성
• 사회복지조직에서 마케팅의 중요성: 서비스 이용자의 선택권 확대, 서비스 제공조직 간의 경쟁의 증가, 고객 중심의 서비스 제공 요구 증가, 사회서비스의 확대

1) 사회복지서비스의 특징

(1) 서비스의 무형성

흔히 영리조직의 제품은 눈으로 보고 손으로 만져보고 코로 냄새를 맡아보면서 그 구매를 결정할 것이다. 그러나 사회복지조직에서 만들어 내는 서비스는 눈에 보이지 않기 때문에 마케팅이 어렵다.

(2) 서비스의 다양성

클라이언트의 욕구가 다양해지면 서비스 또한 다양해질 수밖에 없다. 사회복지조직은 클라이언트의 복합적인 욕구를 충족시키기 위해 개별화된 맞춤형 서비스를 만들어 내기 때문에 표준화하거나 대량생산 자체가 불가능하다. 이 때문에 다양한 서비스를 산출하는 것이다.

(3) 생산과 소비의 동시 발생

영리조직의 제품은 생산이 이루어지고 나서 소비가 이루어진다. 하지만 사회복지서비스는 생산과 소비 과정에 클라이언트의 욕구가 반영되고, 그것을 기반으로 서비스가 생산되면 그 즉시 소비가 이루어진다.

(4) 서비스의 소멸성

영리조직의 제품은 재고가 남을 때 창고 대처분이나 각종 1+1 등 판촉 활동을 벌여 재고 처리가 가능하고, 소비자의 요청이 있으면 교환이나 반품이 가능하다. 하지만 사회복지서비스는 형태 자체가 없기 때문에 저장할 수도 없고 교환이나 반환이란 개념 자체가 성립하지 않는다.

2) 사회복지조직의 마케팅 특성

마케팅은 소비자에게 자사의 제품이나 서비스를 경쟁사보다 먼저 선택받기 위해 벌이는 제반 활동을 의미한다. 요즘에는 사회복지조직과 같은 비영리 조직에서도 마케팅의 중요성이 부각되고 있다. 영리조직이 수익창출, 매출증대라는 경제적 목표를 세우는 것과 달리 비영리조직은 클라이언트, 정부, 재정 지원자, 지역주민 등 다양한 이해관계자의 욕구를 골고루 충족시켜 주어야 한다. 그 때문에 영리조직의 마케팅 개념을 그대로 가져오기에는 한계가 있다. 영리조직은 눈에 보이는 상품을 마케팅하지만, 비영리조직은 눈에 보이지 않는 서비스를 마케팅한다. 이러한 특성 때문에 사회복지조직의 마케팅은 영리조직과 다르게 접근해야 한다.

3) 사회복지조직에서 마케팅의 중요성

오늘날 사회복지조직에서 마케팅은 점점 중요해지고 있다.

(1) 서비스 이용자의 선택권 확대

공급자 중심에서 이용자 중심으로 사회복지 패러다임이 전환되면서 소비자 주권에 대한 인식이 높아지고 있다. 그 결과 서비스 이용자는 주어진 서비스를 제공받기보다 본인이 원하는 서비스를 적극적으로 요구하기 시작했다. 이로 인해 기관은 서비스 이용자가 원하는 맞춤형 서비스를 개발하여 적극적으로 마케팅할 필요성이 생겨난 것이다.

(2) 서비스 제공 조직 간 경쟁의 증가

그동안 사회복지서비스는 사회복지시설 · 기관에서만 제공한다는 인식이 강했다. 하지만 최근에는 백화점 문화센터, 대학의 평생교육원, 더 나아가 영리조직에서도 사회복지서비스를 제공하고 있다. 이는 서비스 제공 조직들 간에 경쟁이 심화되고 있음을 의미한다. 이에 사회복지조직은 경쟁우위를 확보하기 위해 이전보다 마케팅을 강조할 수밖에 없는 것이다.

(3) 고객 중심의 서비스 제공 요구 증가

과거에는 사회복지 서비스나 프로그램을 개발하기 위해 전문가의 자문을 구했다면 오늘날에는 클라이언트의 욕구에 맞게 직접 설문조사나 인터뷰 등을 실시한다. 이는 전문가 중심의 욕구사정이 아닌 클라이언트 중심의 욕구사정이 이루어짐을 의미한다. 클라이언트 또한 다른 기관이나 시설에서 제공되는 서비스가 본인이 거주하는 곳에서는 제공되지 않을 경우 이에 대해 적극적으로 요구하기도 한다.

(4) 사회서비스의 확대

사회보장기본법 개정에 따라 사회복지서비스 개념이 사회서비스 개념으로 확대되었다. 사회서비스와 바우처가 대폭 확대된 것이다. 이것이 곧 사회복지조직에서도 마케팅을 강조하게 된 결정적 계기가 되었다.

2. 마케팅 믹스와 마케팅의 과정

출제경향
- 마케팅 믹스와 마케팅 과정이 출제된 적이 있어 전반적으로 살펴볼 필요가 있다.

핵심개념
- 마케팅 믹스
  - 4P: 상품(product), 가격(price), 촉진(promotion), 유통(place)
  - 5P: 상품, 가격, 촉진, 유통, 사람(person/people)
- 마케팅 기법: 기관 및 기관 환경 분석(SWOT분석), 표적시장의 선정(시장세분화), 포지셔닝, 마케팅 실행, 마케팅 평가

1) 마케팅 믹스

마케팅 믹스 4P란 마케팅이 요소인 상품(Product), 가격(Price), 유통(Place), 촉진(Promotion)을 모두 통합하여 그 효과를 최대한 발휘하는 것을 말한다. 사회복지조직은 사람을 대상으로 하기 때문에 여기에 사람(Person/People)을 추가하여 5P로 정의하고 있다.

(1) 상품전략

비영리조직의 상품(Product)은 프로그램과 서비스라고 할 수 있는데 영리조직의 브랜드와 같은 상품의 구성요소를 강조함으로써 마케팅을 더욱 효과적으로 할 수 있다. 사회복지공동모금회의 사랑의 열매는 기부문화를 확산시키기 위한 상품전략의 예이다. 세 개의 빨간색 열매가 상징하는 것은 더불어 함께하는 사회를 이루자는 의미로 공동체 의식과 기부를 독려하는 마케팅 효과를 상승시킨다.

(2) 가격전략

가격(Price)은 사회복지조직에서 제공하는 프로그램이나 서비스에 참여하기 위해 지불하는 대가를 말한다. 사회복지조직에서 제공하는 서비스는 대부분 무료이지만, 사회교육 프로그램처럼 이용자가 비용을 부담하는 경우도 있다. 따라서 서비스 이용자의 지불능력을 고려하여 가격을 책정하는 것이 중요하다.

(3) 유통전략

비영리조직의 유통(Place)전략은 고객이 가장 많이, 그리고 쉽게 사회복지조직을 찾을 수 있도록 하는 것이다. 비영리조직의 유통경로는 상품(서비스)이 기관에서 클라이언트에게 직접 전달되는 형태로 중간상의 개입이 없다는 것이 특징이다. 즉, 지역사회가 바로 유통 장소이다. 사회복지행정의 가치 중 접근성이야

말로 유통전략과 가장 관계가 깊은 것이다. 클라이언트가 서비스에 쉽게 접근할 수 있도록 물리적 · 심리적 접근성을 높이는 것이 유통전략에 해당된다.

(4) 촉진전략

촉진(Promotion)전략은 서비스가 필요한 대상임에도 불구하고 아직 서비스를 이용하고 있지 않은 잠재적 이용자에게 서비스를 알리는 것이다. 사회복지조직에서 활용하는 촉진전략으로는 기관 소식지 제작 및 배포, 언론 · 방송매체를 통한 홍보, 인터넷을 이용한 홍보 등이 있다.

2) 마케팅 과정

마케팅 과정은 기관 및 기관 환경 분석 → 표적시장의 선정(시장 세분화) → 포지셔닝 → 마케팅 실행 → 마케팅 평가 순으로 이루어진다.

(1) 기관 및 기관 환경 분석

사회복지서비스 마케팅은 기관 및 기관 환경에 대한 분석에서 시작된다. 이는 기관이 마케팅을 위한 준비가 되어 있는지를 확인하는 과정이기 때문에 기관의 존재 이유, 기관 프로그램, 기관 지원, 기관 지원의 당위성, 지원자에 대한 혜택 같은 사항에 대한 분석이 필요하다. 기관 환경 분석에는 SWOT(Strength, Weakness, Opportunity, Threat) 분석이 흔히 활용된다. 이는 기관 내부의 강점과 약점, 기관 외부의 기회적 요인과 위협적 요인을 분석하는 것이다. 기관의 목표와 프로그램, 자원, 정당성을 토대로 기관의 내부 강점과 약점을 찾아낸 다음, 기관의 외부 환경이 기관에 미치는 긍정적 영향(기회)과 부정적 영향(위협)을 찾아낸다.

〈표 13-1〉 SWOT분석의 이해

강점(Strength)	약점(Weakness)
기관 내의 장점 분석에 초점 목적 달성에 유효한 요소 규명 기관의 모든 장점 명세화	기관 내부 취약점에 초점 기관의 모든 단점 명세화
기회(Opportunity)	**위협(Threat)**
기관의 목적 달성과 운영에 도움이 되는 요소 기관발달에 기여할 수 있는 외적인 요소	기관의 발전에 위험이 될 수 있는 요소

전략	내용
강점-기회(S-O전략)	강점을 통해 기회를 포착하는 전략(공격전략)
강점-위협(S-T전략)	강점을 통해 위협을 회피하는 전략(다각화전략)
약점-기회(W-O전략)	약점을 보완해서 기회를 포착하는 전략(안정전략)
약점-위협(W-T전략)	약점을 보완해서 위협을 회피하는 전략(방어전략)

(2) 표적시장의 선정(시장 세분화)

사회복지조직이 마련한 특정 서비스를 가장 필요로 하고, 적극적으로 이용하거나 활용할 수 있는 고객을 중심으로 시장을 세분화하는 것이다. 사회복지기관의 자원 개발은 모든 집단을 대상으로 이루어질 수는 없다. 따라서 후원 가능성이 높은 잠재적 후원자집단을 표적시장으로 하여 자원을 개발해야 한다.

세분화(segmentation)의 기본 아이디어는 인구, 시장 또는 대상자를 서로 비슷한 구성원 집단으로 분류하여 범주화함으로 식별이 가능한 특성을 토대로 대상자나 대단위 시장을 작게 나누면서도 동질적인 하위 단위로 나누는 것을 말한다.

(3) 포지셔닝

포지셔닝(Positioning)은 다른 기관이 아닌 우리 기관이 제공하는 서비스를 고객의 마음속에 자리 잡도록 하는 전략이다. 즉 지금은 여러 가지 상황 때문에 서비스를 이용하기 어렵지만 언젠가 상황이 호전되어 서비스를 이용한다면 타 기관이 아닌 해당 기관의 서비스를 이용하고 싶게 만드는 전략에 속한다.

(4) 마케팅 실행

마케팅 기획과 실행(Implementation)을 통해 잠재적 기부 대상자에게 기부를 요청한다.

(5) 마케팅 평가

마케팅 전반에 대한 종합적인 평가(Evaluation)와 함께 기관의 새로운 외부환경에 대한 분석으로 연계한다.

3) 마케팅 시장 세분화

시장세분화(Segmentation)는 전체 시장을 일정한 기준에 의해 작게 나누는 것이다. 전체 시장을 작게 나누는 이유는 다양한 클라이언트의 욕구를 무시한 채 단일서비스만 제공해서는 시장에서 경쟁우위를 확보하기가 쉽지 않기 때문이다. 따라서 전체 집단을 욕구가 비슷한 클라이언트 집단으로 나누고 각 집단별로 차별적 접근을 시도한다.

(1) 대량 마케팅(mass marketing)

시장 내 특정 클라이언트를 대상으로 하는 것이 아니라 전체 클라이언트에게 단일 서비스나 프로그램을 대량으로 제공하는 전략이다. 영리조직의 경우 대량생산을 통해 원가가 절감되어 매출 증대로 이어질 수도 있겠으나, 클라이언트의 욕구가 다양화되고 기관들 간 경쟁이 치열한 사회복지조직에서는 그 효과가 크지 않다.

(2) 세분화 마케팅(segment marketing)

일부 세분화된 시장에 마케팅 노력과 자원을 집중하여 경쟁우위를 확보하려는 접근으로, 시장 세분화의 가장 대표적인 전략이다. 다른 말로 표적시장 마케팅이라고도 한다. 전체 시장을 몇 개의 부문으로 나눈 후, 그중에서 기관의 자원과 역량을 고려하여 소수의 시장 부문을 표적시장으로 선정하여 선정된 부분을 타깃으로 마케팅한다. 클라이언트의 연령 또는 생애주기에 따라 세분화된 후, 서비스나 프로그램을 개발했다면 세분화 마케팅이라고 할 수 있다. 예를 들어 초등학교 졸업을 앞둔 학생들만 대상으로 예비 중학교 체험 프로그램을 개발하는 것이 이에 해당한다.

(3) 틈새시장 마케팅(niche marketing)

세분화된 시장을 더욱 세분화하여 훨씬 작은 규모의 클라이언트집단을 대상으로 마케팅하는 것이다. 틈새시장은 세분화된 시장보다 규모는 작지만 경쟁자는 많지 않고, 독특한 클라이언트의 욕구를 충족시켜 주기 때문에 클라이언트가 기꺼이 해당 서비스를 구매하는 경우가 많다. 다른 기관이 보유하지 않은 특정한 전문성을 보유하고 있을 때 틈새시장 마케팅을 활용한다.

(4) 미시적 마케팅(micro marketing)

개별적인 클라이언트 수준에서 각 클라이언트의 욕구에 맞춰 서비스를 개발하여 제공하는 전략이다. 일대일로 접근하여 '원투원 마케팅'이라고도 하며, 시장 세분화 정도가 가장 높다. 최근 컴퓨터 기술의 발전과 함께 고객정보에 대한 분석과 처리가 가능해지며 고객의 각종 정보를 데이터베이스화하고, 이를 바탕으로 각 개인에게 맞는 맞춤형 서비스를 제공할 수 있게 되었다. 이것이 바로 미시적 마케팅이다. 세상에 단 하나뿐인 것을 갖고 싶어 하는 욕구, 나만을 위해 개발되었다는 데 대한 의미부여 등은 미시적 마케팅이 활발해진 이유이다.

3. 마케팅의 기법

출제경향 • 마케팅 기법이 출제된 적이 있어 전반적으로 살펴보고, 공익연계 마케팅에 관심을 기울일 필요가 있다.

핵심개념 • 마케팅 기법: 다이렉트 마케팅, 고객관계 관리 마케팅, 공익연계 마케팅, 데이터베이스 마케팅, 인터넷 마케팅, 사회 마케팅, 인터넷 모금, ARS 모금, 캠페인 모금, 이벤트 모금

1) 다이렉트 마케팅

다이렉트 마케팅(DM: Direct Marketing)은 후원을 요청하는 편지나 기관의 후원 현황, 소식지 등을 잠재적 후원자에게 발송함으로써 후원자를 개발하는 마케팅 기법이다. 이때 불특정 다수에게 보내기보다는 표적시장을 선정하여 지역, 나이, 사회적 지위, 소득 등에 따라 대상자 목록을 확보하여 보내면 마케팅 효과를 발휘할 수 있다.

2) 고객관계관리 마케팅

고객관계관리 마케팅(CRM: Customer Relationship Management)은 그야말로 고객, 즉 클라이언트나 잠재적 후원자와의 관계를 적극적으로 관리해 나가는 마케팅 기법이다. 고객과의 지속적인 관계를 유지하면서 한번 고객은 영원한 고객, 고객을 위한 맞춤형 마케팅을 강조한다. 예를 들어, 가족구성원이 봉사활동에 관심이 높다는 정보를 알았을 때, 이들에게 가족봉사 프로그램 정보를 제공해 주

는 것 등이 여기에 해당한다.

3) 공익연계 마케팅

공익연계 마케팅(CRM: Cause-Related Marketing)은 기업과 비영리조직이 연계하여 기업은 긍정적 이미지를 창출하고, 비영리조직은 재원을 확보함으로써 상호 이익을 취하는 마케팅 기법이다. 사회공헌 활동과 공익 연계 마케팅 개념이 얼핏 보면 비슷해 보이기도 하지만 사회공헌이 사회적 책임을 다하는 기업의 역할을 강조한다면, 공익연계 마케팅은 공익적 이슈를 기업의 마케팅 활동과 연계시키는 성격이 강하다는 점에서 차이가 있다.

4) 데이터베이스 마케팅

데이터베이스 마케팅(DM: Database Marketing)은 기관이 클라이언트와 자원봉사자의 개별 정보를 데이터베이스화하여 관리함으로써 마케팅하는 기법이다. 주로 활용되는 개인 정보에는 이름, 나이, 주소, 프로그램 이용 횟수와 이용 시기, 기관이나 프로그램에 대한 태도, 개인적 선호도와 생활양식 등이 포함된다. 최근 빅데이터의 활용기법으로 연계하여 마케팅전략으로 활용하는 추세이다. 기관은 이러한 정보를 기초로 프로그램 참여를 유도하거나 기부나 자원봉사활동을 권유하게 된다. 아울러 개인정보보호법이 강화됨에 따라 DB 마케팅을 신중하게 활용해야 한다.

5) 인터넷 마케팅

인터넷 마케팅(internet marketing)은 인터넷, 즉 이메일이나 배너광고 등을 통해 고객에게 정보를 전달하여 모금이나 참여를 유도하는 마케팅 기법이다. 기관 홈페이지, 블로그 등 인터넷 매체를 활용하여 기관의 사업과 프로그램을 홍보하고 후원금을 모집할 수 있다. 그 외에도 메일링 서비스를 통해 개별적인 고객관리를 할 수도 있으며 기관에 대한 만족도 조사 등 각종 평가조사를 할 수도 있다.

6) 사회 마케팅

사회 마케팅(soical marketing)은 정부나 지방자치단체, 시민과 지역사회를 위하여 대중의 행동 변화를 위해 활용하는 마케팅 기법이다. 주로 안전, 환경, 사회복지 등 공익을 실현하기 위해 활용한다. 금연운동이나 환경보호운동, 안전띠매기운동, 정지선 지키기 운동 등 대중의 인식을 개선하고 적극적인 참여를 촉구하여 사회문제를 해결하는 것이 목적이다.

7) ARS 모금

시청자가 ARS 시스템을 통해 전화를 걸면 통화당 일정 금액(1,000~3,000원)이 전화요금에 부과되어 전화요금과 함께 청구서에 합산되어 나오는 것이다. 우리나라에서 가장 활성화되어 있는 모금이다. ARS모금은 비교적 적은 금액으로 모금에 참여할 수 있다는 장점이 있다.

8) 캠페인 모금

대중의 인식 개선을 위해 캠페인 활동을 하는 것이다. 학교폭력 예방 캠페인, 아동 학대 예방 캠페인과 같이 주요 사회문제에 대한 대중의 관심을 불러일으키기 위한 목적으로 성금을 모은다. 그 외 저소득층 결식아동을 위한 사랑의 쌀 나누기 캠페인, 저소득층 난방비 지원을 위한 희망 364 이웃 성금 등을 예로 들 수 있다.

9) 이벤트 모금

특정 기관과 장소에서 사전에 계획하여 대규모 이벤트를 벌이는 방식이다. 연예인 자선음악회, 바자회, 팬사인회, 친선골프 경기대회 등을 개최한 후 수익금을 후원하는 것을 예로 들 수 있다. 하지만, 이벤트를 개최하는 데에는 비용이 많이 들기 때문에 대중의 공감대를 얻고 잠재적 후원자와의 관계를 형성하기 위해서 혹은 사회복지에 대한 대중교육의 기회가 될 때 부분적으로 활용하는 경우가 많다.

4. 사회복지행정의 홍보

출제경향 • 사회복지행정의 적극적인 홍보방안으로 PR이 중요하다.

핵심개념 • 홍보(PR): 공공관계의 개념으로 일방적으로 주입하는 선전과 차이가 있다.

1) 홍보의 개념

PR(Public Relations)로 알려진 홍보는 "대중과의 관계", 즉 조직이 그의 사회적 환경이 되는 대중과의 원활한 관계를 유지하고자 하는 제반 노력이다.

더보기	성공적인 홍보활동을 위한 원칙(Skidmore, 1995)

- 목표가 무엇이며 어디에 있는가를 알라.
- 접촉하려고 하는 사람이 누구인가를 알라.
- 이용 가능한 자원들(돈, 사실, 인력 및 기술)을 평가하라.
- 돌아오는 이익이 접촉하고자 하는 상대방과 어떻게 연관되는가에 유의하라.
- 홍보에 관한 구체적인 기법을 알라.
- 절대적으로 정직하라.
- 사람들에게 감사하라.

2) 사회복지조직의 홍보 전략

사회복지조직의 홍보 전략은 서비스 당사자인 클라이언트, 지역사회, 후원자, 정부 등의 이해당사자들과 다양한 지지적 관계를 형성하고자 하는 노력의 제반 활동이다. 특히, 정부의 재정지원이 축소된 현대 사회에서는 사회복지조직의 홍보 필요성이 최근에 대두된 분야이기 때문에 그 역사가 미약하여 전문적이고 체계적인 홍보 전략의 기반이 마련될 필요가 있다.

3) 홍보의 매체

(1) 매체를 이용한 홍보(ATL)

① 온라인(전기, 전자 매체) 홍보

TV(공중파, 유선, DMB, 위성 등), 라디오(공중파, 인터넷, DMB 등), 인터넷(홈페이지, 이메일, 카페, 블로그, 지식검색, 지역검색, QR코드 등), 스마트폰, PMP, E-Book 등이 있다.

② 오프라인(인쇄, 조형 매체) 홍보

신문, 잡지, 옥외광고(간판, 광고탑 등), 포스터, 카탈로그, 달력, 팜플렛, 브로슈어, 리플렛, 전단지, 스티커, 조형물, 현수막, POP, 대중교통(버스, 택시, 지하철, 정류소, 역, 공항 등) 등 사람들의 시선이 닿는 곳 특히 관심을 갖는 곳은 어디나 광고 매체가 될 수 있다.

[그림 13-1] 보도자료를 통한 홍보과정

(2) 매체를 이용하지 않는 홍보(BTL)

인적 네트워크, 컨벤션, 이벤트, 전시, 상영, 공연, 박람회, 스포츠 행사, 파티, CRM, PPL, DM(Direct Mail), PRM(Partner Relationship Management), 경품, 쿠폰, 시음, 시식 등이 있다.

(3) 개념 방식 홍보

앰부시(Ambush, 매복마케팅), 입소문(바이럴, 버즈, 구전), 풀/푸시 마케팅(매체 광고 등으로 끌어주고 대리점 등을 통해서 밀어 넣는 방식), 인터넷서비스(오픈마켓, 소셜 네트워(SNS, 트위터, 페이스북, 카카오스토리, 싸이월드 등), 오버추어(클릭초이스), 배너광고, 쇼핑몰, 제휴, 언론보도, UCC(User Created Contents, 유투브 등), SCC(Seller Created Contents), 메타검색, 스폰서십, 마일리지 등이 있다.

(4) 특수한 방법의 마케팅

복권마케팅, 향기, 감성, 소설, 영화, 게임 등이 있다.

5. 사회복지행정의 성과관리

출제경향
- 내부요인과 외부요인에 의해 사회복지조직의 책임성이 앞으로도 강화될 것임을 알고 있는지를 확인하는 문제가 출제된 바 있다.

핵심개념
- 사회복지조직의 책임성: 활동과정에서 정당성을 갖추고, 활동 결과에 책임을 지는 것을 말함.
- 사회복지조직의 책임성에 영향을 미치는 요인: 내적요인, 외적요인

1) 사회복지행정의 책임성

책임성은 활동과정에서 정당성을 갖추고, 활동 결과에 책임을 지는 것을 말한다. 모든 사회복지조직은 사회복지사 윤리 강령을 준수함은 물론 사회복지 전문직의 지식체계를 충실히 적용하여 클라이언트와 지역사회의 욕구를 충족시키기

위해 서비스를 제공해야 한다.

그리고 국가와 사회로부터 사회복지서비스 전달의 책무를 위임받았으므로, 위임받은 바를 얼마나 충실히 수행했는지 평가를 받는다. 그렇다 하더라도 사회복지서비스에 대한 책임의 주체는 사회복지조직 외에도 정부, 사회복지 전문가, 클라이언트, 국민이 모두 주체이다. 우선 정부는 복지국가를 위해 노력해야 하고, 사회복지 전문가는 윤리적 · 법률적으로 책임을 다해야 한다. 클라이언트는 복지에 의존하지 않고 자립 · 자활을 위해 노력해야 하고, 국민은 각종 사회복지 관련 활동에 적극적으로 참여할 수 있어야 한다.

〈표 13-2〉 책임성의 유형

책임성의 영역	내용
적용	서비스 대상 범위는 적절했는가?
서비스 전달	서비스가 자격 있는 전문가에 의해 전달되었는가?
영향	서비스가 지역사회에 긍정적 파급효과를 가져왔는가?
효율성	투입대비 성과가 있었는가?
재정	재정 집행은 투명하게 이루어졌는가?

2) 사회복지행정의 책임성에 영향을 미치는 요인

(1) 내적요인

- 서비스의 다양성: 클라이언트의 다양한 욕구에 맞게, 사회복지서비스 또한 다양해지고 있다. 하나의 서비스를 제공할 때보다 다양한 서비스를 제공할 때 더 많은 책임성을 요구한다.
- 기술의 복잡성: 사회복지조직이 활용하는 실천기술이 점점 복잡해지고 다양해지면서 효과성과 효율성을 입증해야 한다.

- 목표의 불확실성: 사회복지조직은 사람을 대상으로 하는데, 사람의 욕구는 변하기 마련이다. 따라서 끊임없이 목표를 수정해 나가야 하며, 확정적일 수 없다. 또한, 목표가 불확실한 만큼 더 많은 책임성을 요구한다.

(2) 외적요인

- 공급주체의 다원화: 사회복지서비스의 공급주체가 사회복지조직와 종교단체, NGO, 영리조직에 이르기까지 다원화되고 있다. 이 때문에 사회복지조직이 사회복지서비스의 핵심 공급주체임을 보여줄 필요성이 늘어나 책임성을 강조하고 있다.
- 민영화 경향: 시장 영역과 시민사회의 역할이 증가하면서 사회복지조직에서 민간 위탁 운영이 많아졌다. 민영화 경향으로 생산성과 효율성 향상을 중시하므로 사회복지조직에 더 많은 책임성을 요구한다.
- 법률 정비: 사회복지사업법에는 사회복지시설로 하여금 3년에 1회 이상씩 시설평가를 통해 책임성을 입증하도록 명문화하고 있다.

3) 사회복지조직의 시설평가

출제경향

- 사회복지 현장실무자도 사회복지사 국가시험에 출제위원으로 참여하기 때문에 사회복지현장의 주요 이슈가 시험에 대거 출제되고 있다. 사회복지 시설평가의 목적은 출제 확률이 높다.
- 사회복지조직의 성과관리 중에서는 사회복지 시설평가의 기준, 목적, 기대효과 등이 가장 많이 출제되었다.
- 가장 난이도가 높았던 문제는 사회복지 시설평가에 포함된 서비스 최저 기준의 적용 사항에 대한 문제였다.

핵심개념

- 사회복지 시설평가의 목적: 개별기관이 책임성을 다하고 있는지 투명하게 운영하고 있는지 스스로 점검하는 취지로 3년마다 1회 이상 평가 의무화
- 사회복지 시설평가의 원칙: 서비스의 질 향상의 원칙, 평가 절차의 투명성 원칙, 평가 참여의 원칙, 기본선 확보의 원칙, 이용자 중심의 원칙, 지역사회 관계의 원칙

(1) 사회복지조직 시설평가의 목적

사회복지 시설평가는 1980~1990년대 사회복지시설의 수가 급격히 늘어나자 개별 기관이 책임성을 다하고 있는지, 기관을 투명하게 운영하고 있는지 스스로 점검해 보자는 취지에서 시작되었다. 이후 사회복지사업법 제43조의 2(시설의 평가)에 보건복지부장관과 시·도지사는 보건복지부령으로 정하는 바에 따라 시설을 정기적으로 평가하고, 그 결과를 시설의 감독·지원 등에 반영하거나 시설거주자를 다른 시설로 보내는 등의 조치를 할 수 있다는 규정이 신설되면서 모든 사회복지시설은 3년마다 1회 이상의 평가를 받도록 했다.

이해돕기 **한국사회복지협의회의 시설평가의 목적 여섯 가지**

1. 사회복지 시설평가를 통해 사회복지시설의 운영 효율화 및 서비스의 질을 제고함으로써 사회복지시설 이용자·생활자에 대한 사회복지서비스의 질 향상을 도모한다.
2. 합리적 평가지표와 평가체계 개발을 통해 사회복지시설에 대한 객관적인 평가의 틀을 마련한다.
3. 전국적으로 사회복지시설을 평가하여 사회복지시설 운영 수준에 대한 지역별·시설 종별 차이를 파악한다. 그리고 시설 개선을 위한 사회복지시설 운영 수준의 균형화 대책 마련을 위한 기초 자료를 확보한다.
4. 사회복지 수요 증대에 따른 사회복지시설 운영 상태에 대한 정보를 제공하여 사회복지시설에 대한 국민의 선택권을 확대하고 보장한다.
5. 국민들에게 직접 복지서비스를 제공하는 사회복지시설의 기능 강화를 통해 사회안전망을 강화하고, 시설 운영의 선진화를 통하여 국민의 복지 수준 향상에 기여한다.
6. 사회복지 시설평가 결과, 우수 시설에 대해서는 종사자 처우 개선의 일환으로 직원 역량 개발비를 지원하고, 하위 시설에 대해서는 컨설팅을 지원하여 사회복지시설의 품질관리를 도모한다.

(2) 사회복지 시설평가의 원칙

① 서비스의 질 향상의 원칙

사회복지 시설평가는 시설운영의 개선 및 서비스의 질 제고를 유도하는 수단으로 작용해야 한다.

② 평가 절차의 투명성 원칙

평가 기준은 평가지표 개발의 의도를 모든 사람이 이해하고 수행할 수 있도록 상세하고 쉽게 구성해야 한다. 또한 평가 기준과 과정을 사전에 공개함으로써 평가 절차의 투명성을 확보해야 한다.

③ 평가 참여의 원칙

대상 시설이 평가에 참여하는 과정에서 스스로 시설의 문제점을 인식하여 개선하도록 노력해야 한다. 이는 기존의 감사와 달리 시설평가를 통하여 긍정적인 발전의 기회를 갖도록 하기 위함이다.

④ 기본선 확보의 원칙

평가의 목적은 최고의 시설을 선정하는 것이 아니라, 사회복지시설이 전체적으로 적정 수준 이상을 유지할 수 있도록 유도하는 것을 기본 목표로 한다.

⑤ 이용자 중심의 원칙

사회복지시설 평가는 이용자(거주자) 중심의 평가로, 이용자(거주자) 만족도와 서비스의 질을 고려한다. 이를 통해 사회복지시설은 기존의 서비스 제공자 중심에서 이용자 중심의 서비스를 제공해야 한다.

⑥ 지역사회 관계의 원칙

사회복지시설이 지역사회 내에서 융합될 수 있도록 한다. 즉, 사회복지시설과 지역사회의 원활한 상호 관계를 유지할 수 있도록 한다.

〈표 13-3〉 사회복지시설 평가 영역

영역	내용
시설 및 환경	안전관리, 식품위생, 공간 배치 및 청결 상태, 편의시설 설치 상태 등
재정 및 조직 운영	회계 관련 사항, 운영위원회의 구성 및 활동 등
인적 자원 관리	자격증 소지 직원의 비율, 직원의 근속률, 직원의 교육 활동, 직원 채용의 공정성, 슈퍼비전, 직원 복지 등
이용자의 권리	이용자의 비밀보장, 이용자의 고충처리 등
지역사회 관계	자원봉사자의 활용 및 관리, 외부 자원 개발, 후원금 사용 및 관리 등
프로그램 및 서비스	프로그램의 기획·실행·평가, 사례관리에 관한 사항, 프로그램의 차별성·참신성·전문성·지역사회조직화 등

더보기 **사회복지사업법의 사회복지 시설평가 관련 조항**

• **사회복지사업법 제43조(시설의 서비스 최저 기준)**

① 보건복지부장관은 시설에서 제공하는 서비스의 최저 기준을 마련하여야 한다.

② 시설운영자는 제1항의 서비스 최저 기준 이상으로 서비스 수준을 유지하여야 한다.

③ 제1항의 서비스 기준 대상시설과 서비스 내용 등에 관하여 필요한 사항은 보건복지부령으로 정한다.

• **사회복지사업법 시행규칙 제27조(시설의 서비스 최저 기준)**

① 법 제43조 제1항에 따른 서비스 최저 기준에는 다음 각호의 사항이 포함되어야 한다.

1. 시설 이용자의 인권
2. 시설의 환경
3. 시설의 운영
4. 시설의 안전관리
5. 시설의 인력관리
6. 지역사회 연계
7. 서비스의 과정 및 결과
8. 그밖에 서비스 최저 기준 유지에 필요한 사항

(3) 사회복지조직의 성과관리

핵심개념
- 성과는 조직이 목표를 달성하기 위해 수행한 활동의 결과물이며, 관리는 성과를 평가하기 위한 전체 과정을 맡아 돌본다는 것이다. 성과관리는 목표설정, 측정도구 마련, 성과 수준 결정, 지속적 관리, 성과평가, 종합이라는 과정을 거친다.
- 오늘날 사회복지조직의 효과성과 효율성을 강조하다보니 활동의 과정만큼 결과에 대한 관심도 높아지고 있다.

① 목표설정

조직의 목표달성을 위해 각 구성원은 어떤 결과물을 낼 것인지 각자 구체적인 목표를 설정한다.

② 측정도구 마련

성과를 측정할 수 있는 도구를 마련하여 추후 활동의 결과물을 객관적으로 평가할 수 있도록 준비한다.

③ 성과 수준 결정

성과의 달성도를 평가하기 위한 기준선을 결정한다. 이때 기준선은 전년도를 기준으로 할 수도 있고, 전국적인 평균 혹은 각자의 기대치로 할 수도 있다.

④ 지속적 관리

구성원들이 제시한 목표를 달성하기 위해 최선의 노력을 기울이고 있는지 모니터링한다. 이때 관리자는 목표달성을 방해하는 요인은 없는지 등을 찾아서 행정적으로 지원하거나 목표를 달성시킬 수 있도록 동기를 부여하고 지지해 준다.

⑤ 성과평가

당초 예상한 성과를 달성했는지 평가한다. 혹시 기대한 만큼 성과를 달성하지 못했을 경우, 성과관리의 각 과정에서 어떤 부분을 개선해야 할지를 확인한다. 예를 들어, 목표 설정이 비현실적이었을 수도 있고, 성과를 측정하는 도구가 타당하지 않을 수도 있으며, 기준선을 너무 높게 잡았거나 목표달성에 이르기까지 현실적인 장벽이 많았을 수도 있기 때문이다.

⑥ 종합

성과평가 결과를 직원들에게 통보하고, 인센티브 제공 혹은 컨설팅 등의 형태로 환류하여 지속적인 업무 성과를 향상시킬 수 있도록 종합화한다.

6. 사회복지서비스의 질적 특성과 고객만족

핵심개념 • 서비스란 상대방에게 무형적이고 소유권의 이전이 없는 행위나 효용을 제공하는 행위를 말하며, 재화와는 달리 무형성, 동시성, 소멸성, 변동성의 특징이 있다.

1) 서비스의 개념

일반적으로 서비스(service)란 상대방에게 무형적이고 소유권의 이전이 없는 어떤 효용을 제공하는 행위이다. 사회복지조직은 일차적으로 클라이언트에게 상담, 치료, 교육, 재활, 보호, 정보 제공, 의뢰 등의 서비스를 제공한다.

2) 사회복지서비스의 질적 특징

- 무형성: 일정한 형태가 없는 일종의 실행이다.
- 동시성: 생산과 소비가 분리되지 않고 동시에 이루어진다.
- 소멸성: 서비스 제공과 동시에 소멸되어 보관이나 이동이 불가능하다.
- 변동성: 제공자에 따라 서비스 품질에 변동이 크다.
- 생산과정의 비통제성: 사회복지사는 스스로의 전문적 판단에 따라 클라이언트에 대해 개별화된 서비스를 제공하고, 클라이언트 역시 이미 주어지는 것이므로 관리자는 이를 통제할 수 없다.
- 생산과정에서의 소비자 관여: 클라이언트는 존엄성을 갖춘 개인으로 서비스 제공에 대해 의견을 제시하고 욕구와 불만을 표출할 수 있으며, 사회복지사는 이를 수용하여야 한다.
- 소비자와의 상호작용 요구: 사회복지사와 클라이언트는 문제해결을 위한 동반자적 관계로 부단한 상호작용의 과정을 거치면서 서비스를 제공한다.
- 소비와 평가의 동시성: 사회복지서비스를 소비하는 클라이언트는 서비스를 받는 동시에 그 서비스의 질적 수준을 평가한다.

3) 사회복지서비스의 질과 고객만족

〈표 13-4〉 사회복지서비스의 질과 고객만족

개념비교	서비스 질	고객만족
기대불일치 개념상의 차이	• 기대: 기업이 제공해야만 한다고 소비자가 생각하는 성과 또는 성능 • 성과: 소비자가 지각하는 서비스의 성과 또는 성능	• 기대: 기업이 제공할 것이라고 소비자가 생각하는 성과 또는 능률 • 성과: 실제 혹은 객관적인 제품 및 서비스의 성과 또는 성능
개념적 평가 범위	비교적 지속적이고 전반적인 소비자 평가	특정 거래와 관련된 비교적 좁고 단기적인 소비자 평가

7. 서비스의 질 구성과 측정

핵심개념

- 서비스 질 관리의 핵심은 고객만족으로, 고객만족은 고객이 상대와 교환을 한 결과로 발생하는 인지적·정서적 심리 반응을 말한다. 서비스의 질은 신뢰성, 대응성, 확신성, 공감성, 유형성으로 구성되어 있으므로, 이에 맞는 실천 전략이 필요하다.

1) 서비스의 질 구성요소

- 신뢰성(reliability): 약속한 것을 신뢰감 있고 정확하게 제공할 수 있는 능력
- 대응성(responsiveness): 고객의 요청에 즉시 서비스를 제공할 수 있어야 함
- 확신성(assurance): 직원의 지식수준과 정중함, 신뢰와 확신을 심어줄 수 있는 능력
- 공감성(empathy): 고객에게 제공되는 관심도 및 공감성
- 유형성(tangible): 시설, 장비 및 외모 등

2) 서비스 질의 측정방법

중요도(기대수준)와 성취도(만족수준)에 따른 서비스 질의 측정방법으로 아래와 같이 과잉-유지-저순위-집중으로 나눠 살펴볼 수 있다.

성취도 (만족수준) ↑

과잉 (낮은 중요도) (높은 성취도)	유지 (높은 중요도) (높은 성취도)
저순위 (낮은 중요도) (낮은 성취도)	집중 (높은 중요도) (낮은 성취도)

→ 기대수준(중요도)

[그림 13-2] 사회복지서비스 질의 중요도-성취도 분석

8. 서비스의 질 관리기법

핵심개념

- 총체적 품질관리(TQM)는 재화나 서비스의 품질을 향상시키기 위해 모든 구성원이 참여하는 업무 수행 방법을 개선하는 조직 운영 방식으로, 고객중심의 관리다. 국제표준화기구(ISO)는 세계적으로 인정된 품질보증을 위한 국제규격이고, 균형성과표(BSC)는 조직성과를 재무지표뿐만 아니라 고객, 내부 프로세스, 학습과 성장이라는 4가지 관점으로 종합적, 균형적으로 관리한다는 개념이다.

1) 총체적 품질관리(TQM)

총체적 품질관리(TQM: Total Quality Management)란 조직에서 산출하는 재화나 서비스의 품질을 향상시키기 위해 모든 구성원이 참여하는 업무 수행 방법을 개선하는 조직 운영방식을 말한다.

더보기	총체적 품질관리의 특징

- 조직리더의 강력한 의지로 주도된다.
- 의사결정과정에서 전체 구성원의 참여를 활성화시키기 위한 권력 분배가 필수적이다.
- 고객중심의 관리이다.
- 지속적 학습과정이다.
- 총체적 관리과정이다.

2) 국제표준화기구(ISO)

국제표준화기구(ISO: International Standardization Organization)는 어떤 조직에도 적용할 수 있는 전 세계적으로 인정된 품질보증을 위한 국제규격을 말한다.

3) 균형성과표(BSC)

균형성과표(BSC: Blanaced Socred Card)는 카프란과 노튼(Kaplan & Norton, 1996)이 개발한 성과평가 모델로서, 일반적으로 조직의 성과는 재무적 성과, 즉 매출액이나 순수익 등으로 평가하는데, 이는 단기적 성과에 불과하고 지속적인 성장을 위해서는 재무지표뿐만 아니라, 고객, 내부프로세스, 성장과 학습이라는 4가지 관점의 지표로 종합적 · 균형적으로 관리해야 한다는 개념이다.

4) 감마(GAMMA)

카퍼(L. Kapfer)가 개발한 것으로, 총체적 마케팅 경영(Das GAnzheitliche Marketing MAnagement)의 약자로서, 감마는 행동과 마음 그리고 시스템까지 조화를 이루는 종합적이며, 모든 조직의 운영에 있어 체계적·총괄적으로 분석하는 모델이면서 각 조직체의 정체감과 미래상을 찾아가는 것을 돕는(Kapfer, 2005) 목표 중심, 고객 중심, 환경 중심의 총체적 모델이다.

9. 위험관리

핵심개념 • 위험관리는 위험을 예방 회피하려는 사전적인 대응활동을 말한다. 개인차원에서는 잘못된 진단과 처우, 부정행위, 기능적 손상, 성적 부정행위, 보호의무 태만이나 소홀, 비밀보장에서 위험요소가 존재하고, 시설차원에서는 업무위험, 경영위험, 사회적 위험, 재해위험이 있다.

1) 위험관리의 개념과 관점

위험(risk)은 사고발생의 가능성, 사고 그 자체, 사고발생의 조건, 사정, 상황, 요인, 환경 등을 말하여, 위험관리(risk management)란 위험을 예방·회피하려는 사전적인 예방활동이다.

위험관리는 두 가지 측면의 관점에서 살펴볼 수 있다.

- 서비스관리 측면: 이용자 및 종사자의 안전 확보를 통해 최상의 서비스를 제공하여 서비스의 질 향상을 기한다.
- 조직관리 측면: 종사자의 노동상 안전관리 대책 및 재해 대책을 통한 근로환경을 향상시켜 서비스의 질 향상을 기한다.

2) 위험관리의 필요성

사회복지시설 종사자들을 위한 위험관리의 필요성을 정리해 보면 다음과 같다(강종수, 2014: 187).

- 사회복지사의 전문성 확보와 전문가의 윤리적 기준 실행을 위해서 필요하다.
- 클라이언트의 복지와 직결된 사회복지시설 종사자의 직무스트레스 해소와 심리적·정신적 지원을 위해서 필요하다.
- 사회복지시설에서 이용자 사고와 의료사고가 발생됨에 따라 그 책임을 둘러싼 소송이나 재판이 증가하였기 때문이다.
- 궁극적으로 사회복지시설과 조직을 유지하고 발전시켜 나가기 위함이다.

3) 위험요인과 유형

사회복지시설 차원에서 발생할 수 있는 위험 요인과 유형은 다음 표와 같다.

〈표 13-5〉 사회복지시설의 위험요인과 유형

종류	개념
업무 위험	서비스의 제공 중에 수반되는 이용자의 사고 등의 위험
경영 위험	경영상의 문제로 인하여 발생하는 위험
사회적 위험	조직관리·시설경영에 따르는 위험 중에 사회적 평가를 손상시키는 위험
재해 위험	화재나 풍수해 등에 의한 재해 위험

4) 위험관리의 과정

① 1단계: 위험이란 무엇이며, 어떠한 사고가 발생하고 있는가 등 사회복지시설에 있어서 위험의 실태를 파악하는 것에서 시작함.
② 2단계: 발생한 사고의 상황이나 사고에 의한 영향 등을 분석하고 평가함.
③ 3단계: 사고나 불만 등 위험에 대하여 신속하고 정확하게 대응함.
④ 4단계: 사고나 불만이 재발하지 않도록 이번에 취한 대책이나 판단이 올바른 것인지를 재평가함이 필요함.

5) 위험관리의 방법

(1) 위험의 실태파악

위험관리는 먼저 자신의 위험 요소를 파악하는 것부터 시작된다. 위험의 실태파악은 보고서를 포함하여 종사자나 이용자, 그리고 가족들의 정보뿐만 아니라 종사자 및 이용자 만족도 조사, 출판물, 종사자 사고 사례발표회, 타시설 종사자들로부터의 정보 등 모든 자료와 정보가 활용된다. 위험관리자와 종사자들은 이러한 자료와 정보를 자기 시설에 비추어서 수시로 점검하는 것이 중요하다.

(2) 위험의 분석 · 평가

제출한 사고보고서나 위험, 놀람보고서 등에서 수집된 정보를 분석하여 사고발생의 배경이나 요인을 명확하게 평가함과 동시에 대응책을 검토한다.

위험분석의 방법은 종사자나 이용자 개개인의 보고로부터 얻어진 정보의 분석, 전 시설에 걸쳐서 사고의 경향을 분석하는 2가지 방법이 있다.

(3) 체계적인 대응처리

위험을 처리하는 방법으로는 위험을 경감, 예방, 최소화시킬 수 있는 적극적인 예방대책을 수립한다. 개개의 위험대책은 시설이나 조직에 반영되어서 실행되고 있지만 사회복지시설 종사자 전원이 위험관리에 철저하게 주지하고 실행하는 습관이나 자세가 필요하다.

주요한 조직의 대책을 살펴보면 다음과 같다.

- 사고 배경을 명확히 하고, 그것을 전 직원에게 공지하여 정보를 공유하며, 사고 요인을 제거한다.
- 위험 대책을 수립 작성하고, 위험관리 매뉴얼을 비치한다.
- 사고 방지에 대한 교육과 훈련시스템을 구축한다.
- 위험 예방 훈련을 실시하고 평가한다.
- 예방대책의 하나로 위험관리 매니저를 임명하고 배치하는 것 등이다.

부록

1. 사회복지행정론 기출문제 경향분석

2. 16, 17, 18회 기출문제 KEY WORD

3. 사회복지사 1급 기출문제 16, 17, 18회

부록 01

사회복지행정론 기출문제 경향분석

목차	16회	17회	18회	합계
1장 사회복지행정의 개념과 특성	2	1	2	5
2장 사회복지행정의 발전과 영역	0	1	2	3
3장 사회복지행정조직의 이론	3	2	2	7
4장 사회복지행정조직의 구조와 유형	1	3	2	6
5장 사회복지행정조직의 환경과 조직문화	2	1	2	5
6장 사회복지서비스 전달체계	2	2	1	5
7장 리더십과 동기부여	2	3	4	9
8장 사회복지행정조직의 인적자원관리	2	2	1	5
9장 사회복지조직의 재정관리	2	2	2	6
10장 사회복지행정의 기획과 의사결정	3	1	1	5
11장 사회복지 프로그램 개발과 평가	3	4	2	9
12장 사회복지행정의 정보관리	0	1	0	1
13장 사회복지행정의 마케팅·홍보와 성과관리	3	2	4	9

부록 02 16, 17, 18회 기출문제 KEY WORD

부록 03 사회복지사 1급 기출문제 16, 17, 18회

제16회 기출문제

1. 베버(M.Weber)의 관료제이론에 관한 설명으로 옳은 것을 모두 고른 것은?

ㄱ. 조직 내 비공식 집단의 중요성을 인식한다.
ㄴ. 조직이 수행해야 할 과업이 일상적·일률적인 경우 효율적이다.
ㄷ. 조직외부의 정치적 상황에 주목한다.
ㄹ. 조직운영의 권한양식이 합법성, 합리성을 띠고 있다.

① ㄱ, ㄷ　② ㄱ, ㄹ　③ ㄴ, ㄹ
④ ㄱ,ㄴ,ㄹ　⑤ ㄴ,ㄷ,ㄹ

2. 다음 설명에 해당하는 사회복지행정 기능은?

• 조직의 공식구조를 통해 업무를 규정한다.
• 조직문표와 과업 변화에 부응하여 조직 구조를 확립한다.

① 조정(coordinating)　② 인사(staffing)　③ 지휘(directing)
④ 조직화(organizing)　⑤ 기획(planning)

3. 사회복지 조직환경에 관한 설명으로 옳지 않은 것은?

① 조직과 상호작용하는 외부요소를 총칭한다.
② 경제적 조건은 조직의 재정적 기반 마련과 관련이 있다.
③ 조직 간의 의뢰, 협력체계는 보충적 서비스 제공 역할을 한다.
④ 법적 조건은 조직의 활동을 인가하는 기준이 된다.
⑤ 정치적 조건은 과업 환경으로서 규제를 통해 사회적 기반을 형성한다.

4. 다음 설명에 해당하는 조직이론은?

- 자원을 소유하고 있는 이해관계집단이 조직에 영향력을 발휘한다.
- 조직환경에서 재원을 둘러싼 권력관계를 부각시킨다.
- 외부환경에 의존하는 사회복지조직의 현실을 설명할 수 있다.

① 정치경제(Political Economy)이론
② 신제도(New Institutional)이론
③ 과학적 관리(Scientific Management)이론
④ 의사결정(Decision-Making)이론
⑤ 조직군생태(Organizational Ecology)이론

5. 사회복지행정의 특성으로 옳지 않은 것은?

① 인적, 물적자원을 활용하여 조직 목적과 목표를 달성한다.
② 지역사회의 욕구를 충족시키기 위한 활동이다.
③ 사회복지행정가는 대안선택 시 가치중립적이어야 한다.
④ 사회복지조직이 제공하는 서비스는 전문적인 성격을 가지고 있다.
⑤ 사회복지행정가는 조직운영에서 지역사회 협력의 중요성을 인식해야 한다.

6. 사회복지조직에 관한 설명으로 옳지 않은 것은?

① 에치오니(A. Etizioni)의 권력 형태에 따른 분류 중 사회복지조직은 규범적 조직에 속한다.
② 블라우(P. Blau)와 스콧(W. Scott)이 제시한 호혜적 조직은 조직 구성원들이 주요 수혜자인 조직을 말한다.
③ 스미스(G. Smith)는 업무통제에 따라 사회적 경제조직, 사업조직, 공공조직으로 분류하였다.
④ 지벨만(M. Gibelman)은 운영주체에 따라 공공조직, 준공공조직, 준민간조직, 민간조직으로 분류하였다.
⑤ 하센필드(Y. Hasenfeld)는 사회복지조직의 조직기술을 인간식별기술, 인간유지기술, 인간변화기술로 구분하였다.

7. 총체적 품질관리(TQM)에 관한 설명으로 옳은 것은?

① 최고책임자의 의사결정권을 강조한다.
② 조직관리 및 업적평가 방식으로 고안되었다.
③ 맥그리거(D.Gregor)의 X이론을 발전시켰다.
④ 서비스 생산 과정과 절차를 지속적으로 개선한다.
⑤ 작업시간 단축을 목표로 둔다.

8. 다음에서 설명하는 환경의존 대응전략은?

- 사회적 약자를 대신해 권한을 가진 조직으로부터 양보를 얻는 데 효과적일 수 있다.
- 일시적으로 얻은 이익을 상쇄하는 반작용을 야기할 수 있다.
- 표적조직이 평화적인 요구를 무시할 때 채택할 수 있다.

① 방해전략 ② 교환전략 ③ 흡수전략
④ 경쟁전략 ⑤ 권위주의전략

9. 퀸(R. Quinn)이 주장하는 혁신적 슈퍼바이저가 가져야 할 능력으로 옳지 않은 것은?

① 유연한 변화를 만들기 위한 의사소통 능력
② 비판적·창의적 사고 능력
③ 슈퍼바이지(supervisee)의 개인성과를 점검하는 능력
④ 조직을 둘러싼 변화를 판단할 수 있는 능력
⑤ 조직구성원과 이해관계자들 간의 갈등을 예방할 수 있는 능력

10. 전달체계의 원칙에 관한 설명으로 옳은 것을 모두 고른 것은?

ㄱ. 책임성: 충분한 양과 질 높은 서비스가 제공되어야 한다.
ㄴ. 접근성: 제약 없이 서비스를 쉽게 받을 수 있어야 한다.
ㄷ. 연속성: 필요한 서비스가 일정 기간 동안 지속적으로 제공되어야 한다.
ㄹ. 전문성: 종합적으로 서비스가 제공되어야 한다.

① ㄱ, ㄴ ② ㄴ, ㄷ ③ ㄱ,ㄴ,ㄷ
④ ㄱ,ㄷ,ㄹ ⑤ ㄴ,ㄷ,ㄹ

11. 다음에서 설명하는 관리기법은?

- 안전 확보는 서비스 질과 연결된다.
- 작업환경의 안전과 사고 예방책이다.
- 이용자 권리옹호가 모든 대책에 포함된다.

① 목표관리법(MBO) ② 무결점운동(Zero Defect)
③ 위험관리(Risk Management) ④ 품질관리(Quality Control)
⑤ 직무만족관리(Job Satisfaction Management)

12. 사회복지법인 및 사회복지시설 재무, 회계 규칙상 다음에서 설명하는 예산은?

회계연도 개시 전까지 법인 예산이 성립되지 아니한 때는 시장·군수·구청장에게 그 사유를 보고하고 예산 성립 전까지 임·직원의 보수, 법인 및 시설운영에 직접 사용되는 필수경비, 법령상 지급의무가 있는 경비는 전년도 예산에 준하여 집행할 수 있다.

① 계획예산 ② 본예산
③ 특별예산 ④ 준예산
⑤ 추가경정예산

13. 참여적 리더십에 관한 설명으로 옳지 않은 것은?

① 집단지식과 기술 활용이 용이하다.
② 상급자의 권한과 책임을 포기하는 것이다.
③ 소요시간과 책임소재 문제 등이 단점이다.
④ 기술수준이 높고, 동기가 부여된 직원들이 있을 때 효과적이다.
⑤ 직원들을 의사결정에 참여시켜 일에 대한 적극적 동기부여가 가능하다.

14. 목표설정(Goal Setting)이론에 관한 설명으로 옳지 않은 것은?

① 위계적 욕구이론이다.
② 인지에 초점을 둔 이론이다.
③ 동기 형성을 위한 목표설정이 필요하다고 본다.
④ 목표가 구체적일수록 효과적이라고 본다.
⑤ 의미 있는 목표는 동기유발을 일으켜 조직성과 달성에 기여한다고 본다.

15. 다음에서 설명하는 리더십이론?

- 리더의 지위권력 정도, 직원과의 관계, 과업의 구조화가 중요하다.
- 직원의 성숙도가 중요하다.
- 한 조직에서 성공한 리더가 타 조직에서도 반드시 성공하는 것은 아니다.

① 행동이론 ② 상황이론 ③ 특성이론
④ 공동체이론 ⑤ 카리스마이론

16. 사회복지조직에서의 인적자원관리에 관한 설명으로 옳은 것을 모두 고른 것은?

ㄱ. 직원채용을 위해서 직업능력검사를 시행하였다.
ㄴ. 조직의 역사, 사명, 기본정책 등에 관하여 직원 오리엔테이션을 가졌다.
ㄷ. 업무 담당자를 위해 직무기술서를 작성하였다.
ㄹ. 업무성과 평가를 위해 직원의 행동평가를 실시하였다.

① ㄱ,ㄷ ② ㄴ,ㄹ ③ ㄱ,ㄴ,ㄷ
④ ㄱ,ㄷ,ㄹ ⑤ ㄱ,ㄴ,ㄷ,ㄹ

17. 사회복지사업법상 사회복지 시설평가에 관한 설명으로 옳은 것은?

① 보건복지부장관이 시설의 서비스 최저기준을 고려하여 평가기준을 정한다.
② 1997년에 처음으로 시행되었다.
③ 보건복지부장관과 시·군·구의 장이 시설평가의 주체이다.
④ 4년마다 한번 씩 평가를 실시한다.
⑤ 시설평가 결과를 공표할 수 없으나 시설의 지원에는 반영할 수 있다.

18. 우리나라 사회복지 전달체계에 관한 설명으로 옳지 않은 것은?

① 최근 민관 통합사례관리의 중요성이 높아지고 있다.
② 희망복지지원단을 시·군·구에 설치하였다.
③ 2016년에 맞춤형 통합서비스를 목적으로 읍면동 복지허브화사업을 시작했다.
④ 국민기초생활 보장법상 생계급여의 집행체계는 읍·면·동이다.
⑤ 희망복지지원단 설치 후 사회복지통합관리망(행복e음)을 구축하였다.

19. 다음에서 설명하는 기획기법은?

> • 막대그래프를 이용해서 막대그래프 차트로도 불린다.
> • 작업 간의 연결성에 대한 파악이 어렵다.

① 프로그램 평가검토 기법(PERT)
② 시간별 활동계획 도표(Gantt Chart)
③ 월별 활동계획 카드(Shed - U Graph)
④ 방침관리기획(P-D-C-A)
⑤ 주요경로방법(Critical Path Method)

20. 사회복지조직을 포함한 비영리조직 마케팅에 관한 설명으로 옳은 것은?

① 생산 후 소비의 발생이 이루어진다.
② 틈새시장 마케팅이 시장세분화 정도가 가장 높다.
③ 사회복지서비스의 표준성은 영리조직 마케팅과의 차이점 중 하나이다.
④ 마케팅믹스의 4P 유통(place), 촉진(promotion), 가격(price), 문제(problem)를 의미한다.
⑤ 공익연계마케팅을 통해 참여 기업과 사회복지조직 모두 혜택을 얻을 수 있다.

21. 스키드모어(R. Skidmore)의 7단계 기획과정에 관한 설명으로 옳은 것을 모두 고른 것은?

> ㄱ. 구체적 프로그램수립단계는 도표 작성 등의 업무를 포함한다.
> ㄴ. 결과예측단계는 발생 가능한 일을 다각도에서 예측해 보는 것이다.
> ㄷ. 자원고려단계는 기획과정 중 첫 번째 과정으로 기관의 자원을 고려하는 것이다.
> ㄹ. 개방성유지단계에서 보다 나은 절차가 없는 경우 기존 계획이 유지된다.

① ㄱ, ㄹ
② ㄴ, ㄷ
③ ㄷ, ㄹ
④ ㄱ, ㄴ, ㄹ
⑤ ㄱ, ㄴ, ㄷ, ㄹ

22. 다음에서 설명하는 프로그램평가 요소는?

> • 프로그램 활동 후 얻는 양적인 최종 실적을 의미한다.
> • 서비스 제공시간과 프로그램 참가자 수 등으로 나타난다.

① 산출(output)
② 투입(input)
③ 성과(outcome)
④ 전환(throughput)
⑤ 피드백(feedback)

23. 사회복지 평가기준과 그 설명으로 옳지 않은 것은?

① 효과성은 목표달성 정도를 의미한다.
② 영향성은 사회집단 간 얼마나 공평하게 배분되었는가를 의미한다.
③ 노력성은 프로그램을 위해 동원된 자원 정도를 의미한다.
④ 서비스 질은 이용자의 욕구충족 수준과 전문가의 서비스 제공 여부 등을 의미한다.
⑤ 효율성은 투입 대비 산출을 의미한다.

24. 사회복지재원에 관한 설명으로 옳은 것을 모두 고른 것은?

ㄱ. 외부재원이 영향을 많이 받는다.
ㄴ. 사회서비스이용권(바우처)과 같은 민간재원이 감소하고 있다.
ㄷ. 재원확보를 위해서 지역사회의 타 기관과 연계노력을 해야한다.

① ㄱ ② ㄷ
③ ㄱ,ㄴ ④ ㄱ,ㄷ
⑤ ㄴ,ㄷ

25. 기획에 관한 설명으로 옳지 않은 것은?

① 연속적이며 동태적인 과업이다.
② 효율성 및 효과성 모두 관련이 있다.
③ 타당한 사업 추진을 하기 위함이다.
④ 미래의 환경 변화에 대응하기 위한 의사결정과정이다.
⑤ 목표지향적이나 과정지향적이지는 않다.

제17회 기출문제

1. 사회복지조직의 특성으로 옳은 것은?

① 클라이언트의 직접 접촉을 피한다.
② 정부 이외의 지원을 받지 않는다.
③ 조직성과의 객관적 증명이 쉽지 않다.
④ 법률과 규칙에 의해 운영되므로 전문성은 중요하지 않다.
⑤ 기업조직과 비교할 때 대표적 차별성은 효율성을 중요하게 여긴다는 점이다.

2. 최근 한국 사회복지행정의 추세에 관한 설명으로 옳지 않은 것은?

① 민간부문과 공공부문의 협력이 강조되고 있다.
② 이용시설보다는 생활시설 중심의 보호가 강조된다.
③ 공공성 강화방향으로 전달체계 재편이 이루어지고 있다.
④ 영리기관의 전달체계 참여가 증가하고 있다.
⑤ 지역사회를 중심으로 서비스를 통합하려고 한다.

3. 관료제의 주요 특성으로 옳은 것으로 모두 고른 것은?

ㄱ. 조직 내 권위는 수평적으로 구조화된다.
ㄴ. 조직 운영에서 구성원 개인의 사전 감정은 배제된다.
ㄷ. 직무 배분과 인력 배치는 공식적 규칙과 규정에 의해서 이루어진다
ㄹ. 업무와 활동을 분업화함으로써 전문화를 추구한다.

① ㄱ, ㄴ
② ㄷ, ㄹ
③ ㄱ, ㄴ, ㄷ
④ ㄴ, ㄷ, ㄹ
⑤ ㄱ, ㄴ, ㄷ, ㄹ

4. 다음에서 설명하는 이론은?

> 조직구성원은 비공식 집단의 성원으로 행동하며, 이러한 비공식 집단이 개인의 생산성에 영향을 준다.

① 인간관계이론 ② 생산집단이론 ③ 과학적 관리론
④ 상황생태이론 ⑤ 개방구조이론

5. 한국의 민간 사회복지조직에 관한 설명으로 옳지 않은 것은?

① 사회적 기업은 사회서비스 공급에 참여할 수 없다.
② 사회서비스 공급에 영리 기관도 참여하고 있다.
③ 사회복지법인 이외에도 사회복지시설을 운영할 수 있다.
④ 지방자치단체와의 위·수탁 계약을 통해 서비스를 제공하는 경우가 있다.
⑤ 정부보조금, 후원금, 이용료 등 재원이 다양하다.

6. 행렬조직(matrix organization)에 관한 설명으로 옳은 것은?

① 직무 배치가 위계와 부서별 구분에 따라 이루어지는 전형적 조직이다.
② 조직운영을 지원하는 비공식 조직을 의미한다.
③ 합리성을 강조하기 때문에 조직 유연성을 저하시킬 수 있다.
④ 직무별 분업을 인정하면서 동시에 사업별 협력을 강조한다.
⑤ 현실에서 작동하지 않는 가상의 사업조직을 일컫는다.

7. 조직의 구성요소에 관한 설명으로 옳지 않은 것은?

① 예산, 구성원 수 등으로 조직의 규모를 나타낼 수 있다.
② 직무표준화 정도가 지나치게 높으면 구성원의 재량권을 낮아진다.
③ 사업의 종류가 많을수록 조직의 복잡성이 증가한다.
④ 집권화는 구성원의 자발적 참여와 재량권을 확대시킨다.
⑤ 분권화는 책임과 권한을 조직 내에 분산하는 전략이다.

8. 사회복지조직의 환경에 관한 설명으로 옳은 것을 모두 고른 것은?

ㄱ. 인구사회학적 조건은 사회문제와 욕구를 가늠할 수 있게 한다.
ㄴ. 빈곤이나 실업에 대한 사람들의 태도는 정책수립과 실행에 영향을 미친다.
ㄷ. 과학기술 발전 정도는 사회복지조직 운영에 영향을 미친다.
ㄹ. 조직에 미치는 영향에 따라 일반환경과 과업환경으로 구분할 수 있다.

① ㄷ, ㄹ ② ㄱ, ㄴ, ㄷ ③ ㄱ, ㄴ, ㄹ
④ ㄴ, ㄷ, ㄹ ⑤ ㄱ, ㄴ, ㄷ, ㄹ

9. 사회복지법인 및 사회복지시설 재무·회계규칙상 준예산 체제하에서 집행할 수 있는 항목을 모두 고른 것은?

ㄱ. 직원 급여
ㄴ. 전기요금
ㄷ. 한국사회복지관협회 회비
ㄹ. 국민연금 보험료 사용자 부담분

① ㄱ, ㄴ ② ㄱ, ㄷ ③ ㄱ, ㄴ, ㄹ
④ ㄴ, ㄷ, ㄹ ⑤ ㄱ, ㄴ, ㄷ, ㄹ

10. 리더십이론에 관한 설명으로 옳은 것은?

① 블레이크와 머튼(R. Blake & J. Mouton)의 관리격자이론에 의하면 과업형(1.9)이 가장 이상적인 리더이다.
② 피들러(F. F. Fiedler)의 상황이론에 의하면 상황의 호의성이 모두 불리하면 리더가 인간중심의 행동을 해야 효과적이다.
③ 허시와 블랜차드(P. Hersey & K. H. Blanchard)의 상황이론에 의하면 구성원의 성숙도가 낮을 경우 위임형 리더십이 적합하다.
④ 퀸(R. Quinn)의 경쟁적 가치 리더십에 의하면 동기부여형 리더십은 목표달성가 리더십과 상반된 가치를 추구한다.
⑤ 배스(B. M. Bass)의 변혁적 리더십에 의하면 변혁적 리더는 구성원의 욕구와 보상에 관한 주된 관심을 갖는다.

11. 다음 ( )에 들어갈 내용으로 옳은 것은?

> 맥클랜드(D. McClelland)의 성취동기이론을 자원봉사차 관리에 적용할 경우 자원봉사자의 욕구유형에 따라 배정할 업무가 다를 것이다. 가령 (ㄱ)요구가 강한 자원봉사자에게는 말벗되기 등 대면서비스를 담당하도록 배정하고, (ㄴ)욕구가 강한 자원봉사자에게는 팀장 등 관리업무를 맡기고, (ㄷ)욕구가 강한 자원봉사자에게는 후원자 개발 등 다소 어려운 업무를 배정한다.

① ㄱ: 인간관계, ㄴ: 친교, ㄷ: 권력
② ㄱ: 친교, ㄴ: 권력, ㄷ: 성취
③ ㄱ: 관계, ㄴ: 성장, ㄷ: 자아실현
④ ㄱ: 사회적, ㄴ: 권력, ㄷ: 성장
⑤ ㄱ: 친교, ㄴ: 존경, ㄷ: 권력

12. 동기부여이론에 관한 설명으로 옳지 않은 것은?

① 매슬로우(A. Maslow)의 욕구단계이론에서 최상위 단계는 자아실현욕구이다.
② 알더퍼(C. Alderfer)의 ERG이론은 인간의 욕구를 세 가지 범주로 나누었다.
③ 허즈버그(F. Ferzberg)의 동기-위생이론에 의하면 감독, 안전은 위생요인에 해당한다.
④ 백클랜드(D. McClland)의 성취동기이론에 의하면 성장요구는 관계욕구보다 상위 단계이다.
⑤ 아담스(J. Adams)는 공평성이론에서 조직이 공평성을 실천함으로써 구성원을 동기부여할 수 있다고 하였다.

13. 사회복지조직의 인적자원관리에 관한 설명으로 옳은 것은?

① 직무만족은 조직몰입에 부정적인 영향을 미친다.
② 신규채용은 비공개모집을 원칙으로 한다.
③ 브레인스토밍은 제시된 아이디어의 양보다는 질을 더욱 중시한다.
④ 갈등은 조직 내에 비능률을 가져오는 역기능만을 갖는다.
⑤ 소진은 일반적으로 열성 - 침체 - 좌절 - 무관심의 단계로 진행된다.

14. 다음에서 공통적으로 설명하는 인적자원관리 방식은?

- 인적자원관리의 기초가 된다.
- 직무에 대한 업무내용과 책임을 종합적으로 분류한다.
- 직무명세서 작성의 전 단계이다.

① 직무평가 ② 직무분석 ③ 직무순환
④ 직무수행평가 ⑤ 직무충실

15. 사회복지조직의 예산 수립원칙으로 옳은 것은?

① 회계연도 개시와 동시에 결정되어야 한다.
② 수지 균형을 맞춰 흑자 예산이 되어야 한다.
③ 회계연도가 중첩되도록 다년도로 수립하여야 한다.
④ 예산이 집행된 후 즉시 심의·의결을 거쳐야 한다.
⑤ 세입과 세출은 모두 예산에 계상하여야 한다.

16. 패러슈러만 등(A. Parasuraman. V. A. Zeithaml & L. L. Berry)이 주장한 서비스 질 측정도구인 SERVQUAL 구성차원이 아닌 것은?

① 중립성 ② 신뢰성 ③ 확신성
④ 유형성 ⑤ 공감성

17. 독거노인을 위한 복지서비스 전달체계 구축 원칙과 내용이 옳지 않은 것은?

① 충분성: 치매예방서비스 양을 증가시킴
② 연속성: 치매예상 및 관리서비스를 중단 없이 이용하게 함
③ 접근성: 치매예상서비스 비용을 낮춤
④ 책임성: 치매예상서비스 불만사항 파악절차를 마련함
⑤ 통합성: 치매예상서비스를 적극적으로 홍보함

18. **다음에서 나타나지 않는 현상은?**

A 지역자활센터는 대상자의 취업 성공률을 높이기 위해 전담직원을 신규 채용해서 맞춤형 프로그램 기획을 담당하도록 하였다. 또한 대상자를 개별적으로 사정, 상담하여 취업 방해요인을 분석하였다. 몇몇 대상자들은 센터의 취업성공률을 낮출 것이라고 보고 타기관으로 보낼 방안을 검토하고 이를 요청하였다.

① 서비스 과활용 ② 크리밍 ③ 의뢰
④ 사례관리 ⑤ 스태핑(staffing).

19. **사회복지 기획과 관리기법에 관한 설명으로 옳은 것은?**

① PERT은 최초로 시도되는 프로그램 관리에는 유용하지 않다.
② 간트차트는 임계통로에 대한 정확한 정보파악에 유용하다.
③ 책임행렬표는 목표, 활동, 책임유형을 구성 월별로 제시한다.
④ 사례모델링이란 클라이언트의 서비스 이용 경로를 제시하는 것이다.
⑤ 마일스톤은 월별 활동내용을 파악하는 주된 기법이다.

20. **논리모델을 적용하여 치매부모부양 가족원 스트레스 완화프로그램을 설계했을 때 옳은 것을 모두 고른 것은?**

ㄱ. 투입: 스트레스 완화 프로그램 실행 비용 1,500만원 ㄴ. 활동: 프로그램 참여자의 스트레스 완화 ㄷ. 산출: 상담전문가 10인 ㄹ. 성과: 치매부모부양 가족원 삶이 질 향상

① ㄱ ② ㄱ, ㄹ ③ ㄴ, ㄷ
④ ㄷ, ㄹ ⑤ ㄴ, ㄷ, ㄹ

21. **일반적인 마케팅 믹스(4P) 전략에 포함되지 않는 것은?**

① 가격(Price) ② 촉진(Promotion) ③ 성과(Performance)
④ 유통(Place) ⑤ 상품(Product)

22. 다음에서 공통적으로 설명하는 것은?

> • 사회복지서비스 평가로 인해 발생 가능한 부정적 현상이다.
> • 양적 평가지표가 많을 때 증가되기 쉽다.
> • 평가지표 충족에만 관심이 집중되어 서비스 효과성이 낮아질 수 있다.

① 레드테이프 ② 모듈화 ③ 옴부즈맨
④ 기준행동 ⑤ 분절성

23. 사회복지 평가기준과 내용이 바르게 연결된 것은?

① 노력: 클라이언트의 변화정도로 측정됨
② 효율성: 목표 달성 정도로 측정됨
③ 효과성: 대안비용과의 비교로 측정됨
④ 영향: 서비스가 인구집단에 형평성 있게 배분된 정도로 측정됨
⑤ 과정: 절차나 규정준수 여부 등으로 측정됨

24. 사회복지평가의 유형에 관한 설명으로 옳은 것은?

① 총괄평가는 주로 프로그램 개발을 목적으로 한다.
② 형성평가의 대표적인 예는 효과성 평가이다.
③ 총괄평가는 모니터링 평가라고도 한다.
④ 형성평가는 목표달성도에 주된 관심을 갖는다.
⑤ 총괄평가는 성과와 비용에 관심이 크다.

25. 사회복지프로그램 기획과정에서 대상인구 규정에 관한 설명으로 옳은 것은?

① 위험인구란 프로그램 수급 자격을 갖춘 사람을 말한다.
② 클라이언트 인구란 프로그램에 실체 참여하는 사람을 말한다.
③ 일반인구란 프로그램이 해결하려는 문제에 취약성이 있는 사람을 말한다.
④ 일반적으로 표적인구가 일반인구보다 많다.
⑤ 자원이 부족하면 클라이언트 인구가 표적인구보다 많아진다.

제18회 기출문제

1. 조직 내 비공식 조직의 순기능으로 옳은 것은?

① 조직의 응집력을 높인다.
② 공식 업무의 신뢰성과 일관성을 높인다.
③ 정형화된 구조로 조직의 안정성을 높인다.
④ 파벌이나 정실인사의 부작용이 나타난다.
⑤ 의사결정이 하층부에 위임되어 직원들의 참여의식을 높인다.

2. 사회복지행정의 개념에 관한 설명으로 옳지 않은 것은?

① 사회복지정책을 개별적이고 구체적인 서비스로 전환시키는 과정이다.
② 사회서비스 활동으로 민간조직을 제외한 공공조직이 수행한다.
③ 관리자가 조직목표를 달성하기 위해서 수행하는 과정, 기능 그리고 활동이다.
④ 사회복지 과업수행을 위해서 인적·물적자원을 체계적으로 결합· 운영하는 합리적인 행동이다.
⑤ 사회복지제도와 정책을 서비스 급여, 프로그램으로 전환시키기 위한 전달체계이다.

3. 사회복지조직에서 활용되고 있는 관료제의 역기능으로 옳지 않은 것은?

① 조직운영규정 자체가 목적으로 인식될 수 있다.
② 조직변화가 어렵다.
③ 부서이기주의가 나타날 수 있다.
④ 서비스가 최저수준에 머무를 수 있다.
⑤ 조직의 복잡한 규칙을 적용하면서 창조성이 향상된다.

4. 다음에서 설명하고 있는 이론은?

- 서비스 전달체계에서 업무환경을 강조한다.
- 생존을 위해서 환경으로부터 합법성을 부여받아야 한다.
- 조직의 내·외부 환경의 역학 관계가 서비스 전달체계에 영향을 미친다.

① 관료제이론 ② 정치경제이론 ③ 인간관계이론
④ 목표관리이론(MBO) ⑤ 총체적 품질관리(TQM)

5. 사회복지조직의 조직문화에 관한 설명으로 옳은 것을 모두 고른 것은?

ㄱ. 사회복지서비스 체계의 규범과 가치로서 역할을 한다.
ㄴ. 사회복지서비스 제공자의 상황인식에 중요한 역할을 한다.
ㄷ. 조직구성원의 행태와 인식 그리고 태도를 통해서 조직효과성과 연결하는 역할을 한다.

① ㄱ ② ㄷ ③ ㄱ, ㄴ
④ ㄴ, ㄷ ⑤ ㄱ, ㄴ, ㄷ

6. 사회복지행정의 특성에 관한 설명으로 옳지 않은 것은?

① 조직들 간의 통합과 연계를 중시한다.
② 지역사회 욕구를 충족시키기 위한 조직관리 기술을 필요로 한다.
③ 모든 구성원들이 조직운영 과정에 참여하여 일정 부분 역할을 미친다.
④ 조직내부 부서 간의 관료적이고 위계적인 조직관리 기술을 필요로 한다.
⑤ 사회복지조직의 관리자는 조직의 운영을 지역사회와 연관시킬 책임이 있다.

7. 1950년대 우리나라 사회복지행정 역사에 관한 설명으로 옳지 않은 것은?

① 외국민간원조기관협의회(KAVA, Korea Association of Voluntary Agencies)는 구호물자의 배분을 중심으로 사회복지행정 활동을 하였다.
② KAVA는 구호 활동과 관련된 조직관리 기술을 도입했다.
③ 사회복지기관들은 수용·보호에 바탕을 둔 행정관리 기술을 사용하였다.
④ KAVA는 서비스 중복, 능력, 서비스 제공자간의 협력체계 구축에 초점을 두었다.
⑤ KAVA는 지역사회 조직화나 공동체 형성을 위한 조직관리 기술을 적극적으로 활용하였다.

8. 하센필드(Y. Hasenfeld)가 주장하는 조직환경 대응전략이 아닌 것은?

① 권위주의 전략
② 경쟁전략
③ 협동전략
④ 방해전략
⑤ 전문화 전략

9. 리더십이론에 관한 설명으로 옳지 않은 것은?

① 관리격자이론은 조직원의 특성과 같은 상황적 요소를 고려하고 있다.
② 특성이론의 비판적 대안으로 행동이론이 등장하였다.
③ 성김의 리더십(servant leadership)은 힘과 권력에 의한 조직지배를 지양한다.
④ 거래적 리더십은 교환관계를 기반으로 하여 조직성과를 높이고자 한다.
⑤ 상황이론은 과업환경에 따라 적합하게 대응하는 리더십이 효과적이라고 가정한다.

10. 다음 사례에서 설명하는 동기이론은?

A는 자신보다 승진이 빠른 입사 동기인 사회복지사 B와의 비교로, 보충해야 할 업무역량을 분석하였다. A는 B가 가진 프로그램 기획력과 사례관리 역량의 필요성을 알게 되었고, 직무 향상과 승진을 위해 대학원 진학을 결정하였다.

① 욕구위계이론(A. Maslow) ② 동기위생이론(F. Herzberg)
③ ERG이론(C. Alderfer) ④ 형평성이론(J. S. Adams)
⑤ 기대이론(V. H. Vroom)

11. 사회복지시설평가에 관한 설명으로 옳지 않은 것은?

① 평가의 근거는 1997년 개정된 사회복지사업법이다.
② 평가의 목적은 시설운영의 효율화 등을 위한 것이다.
③ 이용자의 권리에 관한 지표의 경우 거주시설(생활시설)에 한해서 적용하여 평가한다.
④ 개별 사회복지시설의 고유성이 반영되지 못하는 점은 평가의 한계점으로 여겨진다.
⑤ 평가지표 선정 시 현장의견수렴 절차가 필요하다.

12. 직무수행평가에 관한 설명으로 옳은 것은?

① 기준의 확립은 평가의 마지막 단계에서 이루어진다.
② 조직원들에게 직무수행의 기대치를 전달하는 목적을 지니고 있다.
③ 도표평정식평가(graphic rating scale)는 관대화오류(leniency error)가 발생되지 않는다.
④ 자기평가는 서비스 이용자에 의한 평가보다 많은 비용이 소모되는 어려움이 있다.
⑤ 동료평가는 직무에 대해서 평가대상자보다 넓은 지식과 이해를 하고 있다는 전제를 바탕으로 실시한다.

13. 사회복지조직의 책임성을 확보하기 위한 노력이 아닌 것은?

① 개인정보 보호를 위해 사회복지조직 후원금 사용 정보의 미공개
② 「사회복지사업법」에 따른 사회복지법인 이사회 구성
③ 「사회복지법인 및 사회복지시설 재무·회계 규칙」에 근거한 예산 편성
④ 배분사업 공모를 통한 사회복지프로그램 재정지원 시행
⑤ 사회복지예산 수립을 위한 주민참여제도 시행

14. 최근 사회복지행정의 환경 변화로 옳지 않은 것은?

① 지역사회주민운동의 활성화
② 사회서비스 공급의 주체로서 영리부문의 참여
③ 지역사회보장협의체를 통한 민·관 협력체계 구축
④ 사회적 경제에 의한 비영리조직의 시장경쟁력 강화 필요
⑤ 복지다원주의 패러다임 등장으로 국가 주도의 복지서비스 공급

15. 다음에서 설명하는 직원능력 개발방법은?

- 지속적이고 새로운 전문지식 습득 방법
- 지역사회의 필요 및 구성원의 욕구에 따라 융통성있게 실시 가능
- 사회복지사에게 직무연수 방식으로 제공

① 패널토의(Panel Discussion)
② 순환보직(Job Rotation)
③ 계속교육(Continuing Education)
④ 역할연기(Role Playing)
⑤ 분임토의(Syndicate)

16. 직무소진(burnout)에 관한 설명으로 옳은 것을 모두 고른 것은?

ㄱ. 직무에서 비롯되는 스트레스에 대한 반응이다.
ㄴ. 목적의식이나 관심을 점차적으로 상실하는 과정이다.
ㄷ. 감정이입이 업무의 주요 기술인 직무현장에서 발생하는 현상이다.

① ㄱ
② ㄴ
③ ㄱ, ㄷ
④ ㄴ, ㄷ
⑤ ㄱ, ㄴ, ㄷ

17. **변혁적 리더십에 관한 설명으로 옳은 것을 모두 고른 것은?**

ㄱ. 새로운 비전제시 및 지적 자극, 조직 문화 창출을 지향한다.
ㄴ. 성과에 대한 금전적인 보상이 구성원의 높은 헌신을 가능하게 한다.
ㄷ. 조직목표 중 개인의 사적이익을 가장 우선시 한다.

① ㄱ ② ㄴ ③ ㄱ, ㄷ
④ ㄴ, ㄷ ⑤ ㄱ, ㄴ, ㄷ

18. **사회복지관에서 우편으로 잠재적 후원자에게 기관의 현황이나 정보 등을 제공하여 후원자를 개발하는 마테팅 방법은?**

① 고객관계 관리 마케팅 ② 데이터베이스 마케팅 ③ 다이렉트 마케팅
④ 소셜 마케팅 ⑤ 클라우드 펀딩

19. **사회복지법인 및 사회복지시설 재무·회계규칙상 사회복지관의 결산보고서에 첨부해야 하는 서류가 아닌 것은?**

① 과목 전용조서 ② 사업수입명세서 ③ 사업비 명세서
④ 세입·세출명세서 ⑤ 인건비명세서

20. **총체적 품질관리(TQM) 원칙에 관한 설명으로 옳은 것은?**

① 조직구성원들의 집단적 노력을 강조한다.
② 현상 유지가 조직의 중요한 관점이다.
③ 의사결정은 전문가의 직관을 기반으로 한다.
④ 구성원들의 각 부서는 경쟁체제를 형성한다.
⑤ 품질결정은 전문가가 주도한다.

21. **사회복지서비스 전달체계의 도입을 시대 순으로 나열한 것은?**

ㄱ. 사회복지사무소 시범사업 ㄴ. 희망복지지원단
ㄷ. 사회복지전문요원 ㄹ. 보건복지사무소 시범사업
ㅁ. 지역사회보장협의체

① ㄱ-ㄷ-ㄴ-ㄱ-ㅁ ② ㄷ-ㄹ-ㄱ-ㄴ-ㅁ ③ ㄹ-ㄱ-ㄷ-ㄴ-ㅁ
④ ㄱ-ㄷ-ㄹ-ㅁ-ㄴ ⑤ ㄷ-ㄹ-ㅁ-ㄴ-ㄱ

22. 시간별 활동계획도표(Gantt Chart)의 설명으로 옳은 것을 모두 고른 것은?

ㄱ. 시간별 활동계획의 설계는 확인-조정-계획-실행의 순환적 과정으로 이루어진다.
ㄴ. 헨리간트(H. Gantt)에 의해 최초로 개발되었다.
ㄷ. 목표달성 기한을 정해놓고 목표달성을 위해 설정된 주요활동과 시간계획을 연결시켜 도표로 나타낸 것이다.
ㄹ. 활동과 활동 사이의 상관관계를 파악하기 힘들다.

① ㄱ, ㄴ ② ㄱ, ㄷ ③ ㄴ, ㄷ
④ ㄴ, ㄹ ⑤ ㄷ, ㄹ

23. 사회복지프로그램 목표에서 성과목표로 옳은 것은?

① 1시간씩 학습지도를 제공한다.
② 월 1회 요리교실을 진행한다.
③ 자아존중감을 10% 이상 향상한다.
④ 10분씩 명상훈련을 실시한다.
⑤ 주 2회 물리치료를 제공한다.

24. 품목별 예산에 관한 설명으로 옳지 않은 것은?

① 예산의 남용을 방지할 수 있다.
② 회계책임을 명백히 할 수 있다.
③ 신축성 있게 예산을 집행할 수 있다.
④ 급여와 재화 및 서비스 구매에 효과적이다.
⑤ 정책 및 사업의 우선순위를 소홀히 할 수 있다.

25. 중·장기 고독사 예방 프로그램을 기획하기 위해 사회복지관에서 근무하는 사회복지사, 사회복지전담공무원, 보건소 간호사 등이 모여 상호간 질의와 응답을 통해 자료를 수집하는 방법은?

① 패널 조사 ② 초점집단 조사 ③ 델파이 기법
④ 사회지표 조사 ⑤ 서베이 조사

16회, 17회, 18회 행정론 정답

16회				17회				18회			
문항	답	문항	답	문항	답	문항	답	문항	답	문항	답
1.	3	13.	2	1.	3	13.	5	1.	1	13.	1
2.	4	14.	1	2.	2	14.	2	2.	2	14.	5
3.	5	15.	2	3.	4	15.	5	3.	5	15.	3
4.	1	16.	5	4.	1	16.	1	4.	2	16.	5
5.	3	17.	1	5.	1	17.	5	5.	5	17.	1
6.	3	18.	5	6.	4	18.	1	6.	4	18.	3
7.	4	19.	2	7.	4	19.	3	7.	5	19.	4
8.	1	20.	5	8.	5	20.	2	8.	5	20.	1
9.	3	21.	4	9.	3	21.	3	9.	1	21.	2
10	2	22.	1	10.	4	22.	4	10	4	22.	4
11.	3	23.	2	11.	2	23.	5	11.	3	23.	3
12.	4	24.	4	12.	4	24.	5	12.	2	24.	3
		25.	5			25.	2			25.	2

참고문헌

강용규, 김희성, 배은영, 양정하, 오종희, 유용식, 주익수 (2017). 사회복지행정론. 고양: 공동체.

강종수 (2011). 사회복지행정론. 서울: 학지사.

강종수 (2014). 사회복지행정의 이해: 복지경영적 접근. 서울: 학지사.

강홍구 (2001). 조직문화가 조직유용성에 미치는 영향에 관한 연구. 한국사회복지학, 47, pp. 7~33.

구자헌 (1984). 한국사회복지사. 서울: 홍익재.

권기성, 나운환 (1995). 장애인복지기관의 조직효과성 지표에 관한 연구. 한국사회복지학, 27, pp. 9~33.

김경우, 신상수, 이승현, 김재경 (2013). 사회복지행정론. 파주: 대왕사.

김영종 (2010) 사회복지행정. 서울: 학지사.

김영종 (2017). 사회복지행정. 서울: 학지사.

김익균, 이창수, 이현기, 이형진 (2011). 사회복지행정론. 파주: 정민사.

김인혁, 김정기, 문수열, 유태완, 이은정, 장유미 (2013). 사회복지행정론. 파주: 양서원.

김중규 (2016). 신행정학: 7급. 서울: 카스파.

김학만 외 (2005). 사회복지행정론. 파주: 대왕사.

김형식, 이영철, 신준섭 (2013). 사회복지행정론. 파주: 양서원.

남세진 (1979). 한국 사회사업 교과과정 개정을 위한 연구. 한국사회복지학, 1, pp. 51~71.

남일재, 문영주, 오주 (2015). 사회복지행정론. 파주: 정민사.

박선태, 최병태, 서보준, 김우호, 김영숙 김학란 (2012). 사회복지행정론. 파주: 정민사.

박용순, 김성철, 김세원, 이명남 (2010). 사회복지행정론. 서울: 창지사.

박종팔, 구재관, 김명근, 박용권, 조국행, 송노원, 이양훈 (2013). 사회복지행정론. 파주: 양서원.

박차상 (2011). 사회복지행정론. 파주: 양서원.

배은영, 류기덕, 김남수, 조당호, 조대홍, 권도국 (2010). 사회복지행정론. 고양: 공동체.

서울대학교 사범대학 교육연구소 (1995). 교육학용어사전. 서울: 배영사.

성규탁 (2003). 사회복지행정론. 서울: 법문사.

신복기, 박경일, 이명현 (2013). 사회복지행정론. 고양: 공동체.

안운석, 정형섭 (2011). 마케팅: 이론과 사례. 서울: 대진.

양난주 (2014). 사회복지 시설평가제도에 대한 비판적 고찰. 한국사회복지행정학, 16(3), pp. 493~517.

양승일 (2014). 사회복지행정론. 파주: 양서원.

오세영 (2015). 사회복지행정론. 서울: 신정.

원석조 (2013). 사회복지행정론. 파주: 양서원.

유기현, 신형재, 권용만 (2017). 경영학원론. 서울: 무역경영사.

윤권종 (2014). 함께하는 행복한 복지사회: 사회복지행정론. 서울: 박영사.

이덕희, 김구, 박서영, 박서춘, 이은영, 이진용, 한승협 (2015). 사회복지행정론. 서울: 창지사.

이봉주, 이선우, 백종만 (2012). 사회복지행정론. 파주: 나남.

이수도 (2002). 인간관계론. 서울: 형설출판사.

이종복, 이상구, 전남련, 나예원, 최홍성, 박주선, 김정애, 이유선 (2014). 사회복지행정론. 파주: 정민사.

이철수 (2013). 사회복지학사전. 고양: 혜민북스.

임상록, 박주현 (2010). 사회복지행정론. 서울: 창지사.

임정문, 나직균, 송기영, 안원철 (2017). 사회복지행정론. 서울: 동문사.

장동일 (2010). 사회복지행정론. 서울: 동문사.

장천식 (2016). 현대 사회복지행정론. 서울: 퍼시픽북스.

전해황, 김종명, 송낙길, 송혜자, 이영희, 이장희, 장정순 (2016). 사회복지지행정론. 파주: 양서원.

정수진, 김양호(2005). 현대조직행동론. 서울: 삼우사.

최덕경, 강도명, 김준환, 김태동, 박주현, 이은경, 전영록 (2014). 사회복지행정론. 서울: 창지사.

최성재, 남기민 (2016). 사회복지행정론. 파주: 나남.

최용민, 김치영, 김경희, 이종모 (2015). 사회복지행정론. 서울: 동문사.

한동일, 전해황, 김종명, 박상도, 송낙길, 이승현, 이장희, 장정순 (2011). 사회복지행정론. 파주: 양서원.

행정학용어표준화연구회 편 (2010). 이해하기 쉽게 쓴 행정학 용어 사전. 서울: 새정보미디어.

홍봉수, 임안나, 장승전, 전경란, 이해의, 황영의, 오현숙, 김한덕, 이순자, 정경수 (2016). 사회복지행정론. 고양: 공동체.

홍현미라, 정진경, 이은정, 심선경, 김가율, 함수연 (2014). 사회복지행정론. 고양: 공동체.

황성철, 정무성, 강철희, 최재성 (2014). 사회복지행정론. 파주: 정민사.

황진수, 이종모 (2014). 사회복지행정론. 서울: 대영문화사.

Blake, R. R., & Mouton, J. S. (1964). *The Managerail Grid.* Houston Tex.: Gulf Publishing Co.

Capp, C. A., & Poertner, J. (2002). 사회복지기관행정-클라이언트 중심 접근. 정무섭, 박차상 공역. 서울: 나눔의 집.

Gilbert, N., & Terrell, P. (2007). 사회복지정책론. 남찬섭, 유태균 공역. 서울: 나눔의 집.

Hanlan, A. (1978) From Social Work to Social Administration, in Slavin, S. (Ed.) *Social Administration: The Management of the Social Services.* N.Y.: Haworth.

Hasenfeld, Y. (1985). 사회복지행정조직론. 성규탁 역. 서울: 박영사.

Kahn, Si. (2002). 지역복지 실천전략. 이문국, 이인재 공역. 서울: 나눔의 집.

Kapfer, L. (2005). Das GAMMA-Modell: ganzheitliches Marketing-Managementmodell [und wie wir damit Erfolg haben]. Verlag GUPE.

Kaplan, R. S., & Norton, D. P. (1996). *The Balanced Scorecard: Translating Strategy into Action*. Boston: Harvard Business School Press.

Kettner, P. M. (2000). 사회복지 프로그램 기획과 관리. 정무성 역. 서울: 나눔의 집.

NASW (1999). 사회복지대백과사전. 이문국, 이용표 외 공역. 서울: 나눔의 집.

Sarri, R. (1987). Administration in Social Welfare. *Encyclopedia of Social Work*(18th ed.) Ⅰ. pp. 27~40.

Whitemore, J. (2007). 성과향상을 위한 코칭 리더십. 김영순 역. 서울: 김영사.

네이버 백과사전(http://www.naver.com)

사회복지공동모금회(http://www.chest.or.kr)

사회복지시설정보시스템(http://www.w4c.go.kr)

서울시복지재단 복지시설인증(http://www.welfare.seoul.kr/business/accreditation/facilities#).

한국보건복지정보개발원(http://www.khwis.or.kr)

찾아보기

〈인명〉

〈내용〉

저자 약력

■ 김학만

2003년 충남대학교 대학원에서 '지방정부 GIS사업집행의 영향요인과 전략'으로 행정학 박사학위를 취득하였으며, 현재 우송대학교 사회복지·아동학부 교수로 재직 중이다.
주요 관심 분야는 정보정책, 사회복지정책, 사회복지행정이며, 저서로는 《사회복지정책론》, 《정책집행론》, 《사회복지행정론》, 《저출산 고령사회의 복지정책》 등이 있고, "사회복지정책의 과정과 분석틀에 관한 연구", "지역혁신을 위한 LGIS사업집행의 실증분석", "노인복지시설과 프로그램의 적절성 제고방안" 등을 발표하였다.
한국행정학회, 한국정책학회, 한국정책분석평가학회, 한국지방자치학회, 한국지역사회복지학회 평생회원, 운영이사, 대전광역시 사회복지공동모금회 배분분과평가위원, 대전광역시 복지재단 이사, 교육부 규제완화위원회 위원장, 우송대학교 기획처장, 학생처장, 대외협력처장, 산학협력단장, 대전광역시 양성평등위원회 위원장, 도시계획위원, 대전지방법원 조정위원 등을 역임하였다.
연락처는 042) 630-9847(연구실), hakman@hanmail.net이다.

사회복지행정론

초판발행 2018년 8월 15일 **1판 1쇄** | 2019년 9월 10일 **1판 2쇄** | 2021년 9월 10일 **1판 3쇄 발행**

지은이 김학만
펴낸이 최용구 | **펴낸곳** **도서출판 신정**
주소 (04316) 서울시 용산구 원효로 89길 19 (원효로1가)
전화 02)3211-4782, 0266(영업부), 3211-4783(편집부), 3211-4784(팩스)
이메일 shinjeong72@naver.com | **홈페이지** www.sjbook.co.kr
등록 2001년 5월 11일 제13-702호
기획마케팅 최용구 장만동 최충구 진소희 | **책임편집** 석기은 황가연

ISBN 978-89-5912-468-8 93330
정가 16,000원